W0198042

MEHDI MATURI
MIT KERSTIN GREINER

IN DEN IRAN

ZU FUSS. OHNE PASS.

Auf der Suche
nach meiner Mutter

FISCHER

Dies ist eine wahre Geschichte. Zum Schutze der Beteiligten wurden Personen, Orte und Ereignisse zum Teil verfremdet.

Originalausgabe

Erschienen bei FISCHER Taschenbuch
Frankfurt am Main, März 2020

© 2020 S. Fischer Verlag GmbH,
Hedderichstr. 114, D-60596 Frankfurt am Main

Satz: Dörlemann Satz, Lemförde
Karte: Peter Palm, Berlin
Druck und Bindung: CPI books GmbH
Printed in Germany
ISBN 978-3-596-70021-9

FÜR MEINE MUTTER

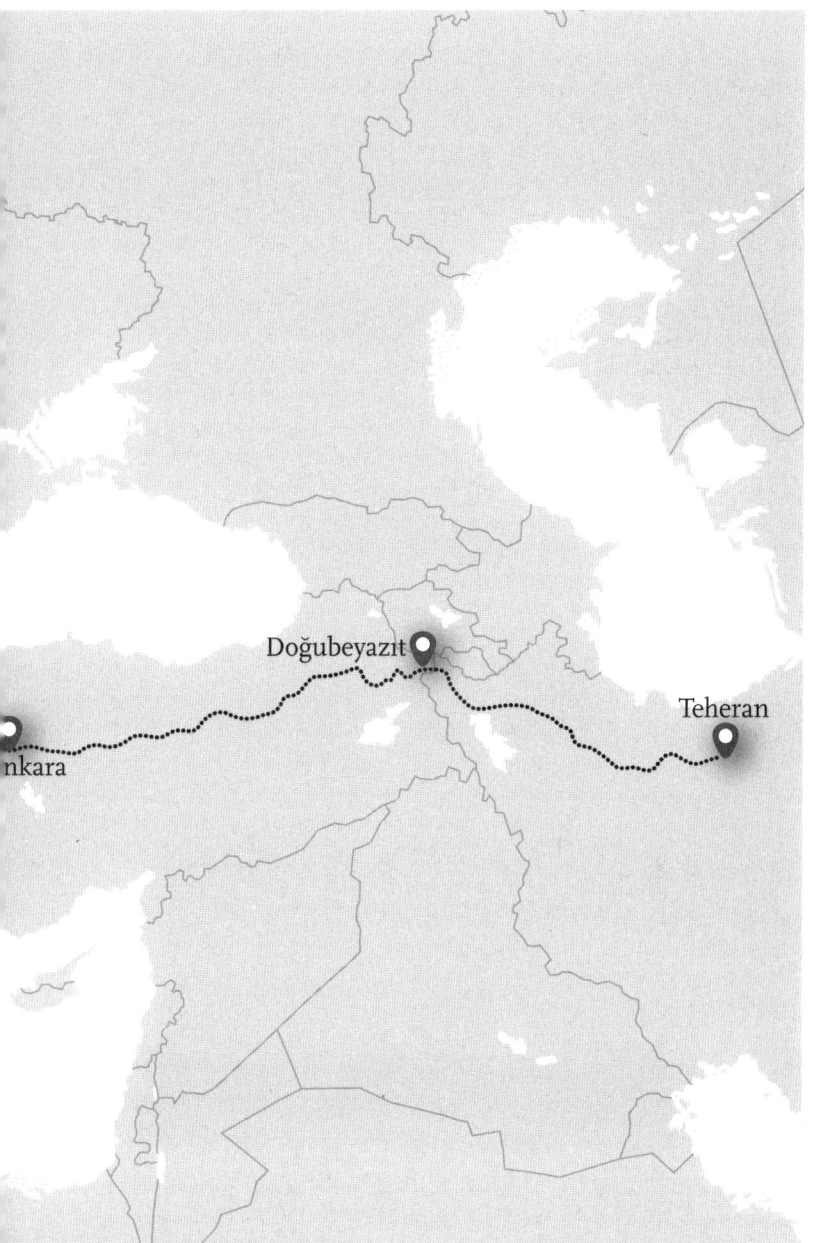

1

IN DEUTSCHLAND:

STUTTGART, JANUAR 2018

Nachtsichtgerät, wasserfeste Stirnlampe, GPS-Empfänger, Laptop, Smartwatch mit GPS-Funktion, Smartphone, Powerbank, Kopfhörer. Spiegelreflexkamera, Solar-Lade-Panel, Kompass. Sturmstreichhölzer, Jagdmesser. Multifunktionsjacke, Strickjacke, Thermoshirt, Thermo-Kapuzensweatshirt, Thermohose, Jeans. Zwei T-Shirts.

Damenbinden, extra saugfähig. Ich würde mich viele Tage nicht waschen können, so viel wusste ich. Aber verlottert wollte ich auf dieser Route auch nicht aussehen oder stinken, sonst würde ich aufgegriffen werden. Bei denen, die besonders verwahrlost aussahen, schöpften sie Verdacht – auch das wusste ich. Darum die Damenbinden. Die würde ich mir unter die Achseln kleben und wegwerfen, wenn sie nassgeschwitzt waren. So könnte es funktionieren, war ich mir sicher.

Zwei lange Unterhosen. Zwei Paar Skisocken, drei Paar normale Socken. Sieben Boxershorts. Zwei Paar Handschuhe. Doc-Martensstiefel, Air-Max-Turnschuhe. Gelsohlen, Fellsohlen, Blasenpflaster. Sonnenbrille, Mütze. Rucksack mit Regenschutz, wasserfester Beutel. Aufblasbare Isomatte, Schlafsack für extreme Niedrigtemperaturen. Parfüm, Elektrorasierer, neunzig weiche Tageskontaktlinsen, ein paar weiche Monatslinsen, Kontaktlinsenlösung, Zahnbürste, Zahnpasta, Feuchttücher. Erste-Hilfe-Set. Wiederbefüllbare Trinkflasche, Energieriegel.

Eine Plastikplane, sechs Heringe und Seile zum Spannen für die Plane. Ein Zelt wäre zu schwer gewesen. Ich hatte zwar schon eins gekauft, aber wegen den Stangen wäre es ziemlich unhandlich für jemanden, der sich schnell bewegen, vielleicht rennen, fliehen musste.

Nur ein Buch: *Wie man Freunde gewinnt* von Dale Carnegie. Ich hatte es mal gelesen und fand die Tipps gut, wie man Leute überzeugt, einem zu helfen. Oder wie man Konflikten aus dem Weg geht.

Und drei Armbanduhren. Zum Bestechen. Falls ich Hilfe brauchen würde. Oder ich mich freikaufen müsste. Was wusste ich schon zu diesem Zeitpunkt? Auf jeden Fall schienen mir diese drei Uhren eine gute Idee; dazu 580 Euro in bar und mein Pass, der mir auf dieser Reise nicht viel helfen würde.

Ich saß auf dem Boden in der Wohnung meines Jugendfreundes Olek in Stuttgart, bei dem ich die letzten Wochen untergeschlüpft war, hatte alles um mich herum ausgebreitet, was ich auf meine Reise mitnehmen wollte. Drei Mal nacheinander hatte ich ausgesondert. Pullis weg, eine Lederjacke, Hosen, alles zu viel. Dann saß ich vor dieser letzten Auswahl und fühlte mich gut vorbereitet. Das war es. Ich fühlte mich gewappnet, mit allen Wassern gewaschen, ein bisschen wie dieser Typ aus der Serie *Ausgesetzt in der Wildnis* auf DMAX, ein ehemaliger Soldat, der sich durch Regenwälder und Sümpfe kämpfen muss. Im Sommerferienlager hatte ich als Kind den Umgang mit dem Kompass gelernt, auch das Schnitzen und wie man eine Hütte baut. Eigentlich konnte doch gar nichts mehr schiefgehen, dachte ich. Ich wäre so gut wie im Iran. Im Nachhinein war das natürlich vollkommen blauäugig. Ungefähr so, als würde es genügen, ein gutes Paar Turnschuhe zu kaufen, schon kannst du einen Marathon laufen. Aber das wusste ich an diesem Tag noch nicht.

Mein Plan war, von Stuttgart nach Teheran der Flüchtlingsroute in die entgegengesetzte Richtung zu folgen, mehr als 4000 Kilometer, durch neun Länder, zwei Klimazonen, über Gebirge und Flüsse, Schmugglerwege, Schotterpisten, Trampelpfade, durch Gestrüpp und Geröll, Schnee und Eis. Ich hatte über die Satellitenbilder von Google Maps eine Route ausgewählt, die ich plausibel fand: in der Europäischen Union hoffte ich, noch fliegen zu können – über Wien in die am weitest östlich gelegene griechische Stadt mit Flughafen, Alexandroupoli. Von dort würde ich loslaufen und über den Evros-Fluss schwimmen, der die griechisch-türkische Grenze bildet. Danach müsste ich mich einmal durch die Türkei und über ein Gebirge in den Iran kämpfen.

Ich hatte mich auf den Weg, nicht auf das Risiko konzentriert: Ich verdrängte, dass ich beraubt, verschleppt, verprügelt, verletzt, krank, in Gefängnissen verschwinden, von Grenzern misshandelt oder erschossen werden könnte. Die einzige echte Hürde schien mir in diesem Januar nur der eiskalte und reißende Fluss zu sein. Der Rest würde sich zeigen.

Vom Deutschland illegal in den Iran – dafür packte ich meine Sachen. Weil ich endlich meine Mutter finden wollte. Fast mein ganzes Leben hatte ich geglaubt, sie sei tot. Das hatte mein Vater immer behauptet. Zu Fuß war er Ende der 1980er Jahre vor dem Regime aus dem Iran geflüchtet, meine Geschwister an der Hand, eineinhalb und zweieinhalb Jahre, ich auf seinem Arm, vier Monate alt. 1988 kamen wir in Deutschland an. Unsere Mutter habe uns immer vernachlässigt, erzählte unser Vater: »Sie hat euch allein in ein Zimmer mit vollen Windeln und rotzigen Nasen gesperrt, ihr wart ihr eine Last. Sie war eine Rabenmutter! Am liebsten hätte sie euch auf der Straße ausgesetzt. Die Scharia-Polizei hat sie ins Gefängnis geworfen, wo sie starb.«

Wenn mein Vater über unsere Mutter sprach, dann nur schlecht. Wie wussten nicht mal, wie sie hieß. Ich glaube, ich habe meinen Vater zum letzten Mal nach meiner Mutter gefragt, als ich sechs Jahre alt war. Er war ein Tyrann, der unangefochtene Obermufti der Familie. Er erzog uns mit eiserner Faust. Man fuhr besser, wenn man ihn nicht auf unsere Mutter ansprach.

Der Tag, der Jahrzehnte später mein Leben verändern sollte, begann wie jeder andere. Am Morgen des 22. Februar 2010 klappte ich in meiner Fünfer-WG in München wie jeden Tag meinen Laptop auf. Ich hatte über Facebook eine Mail bekommen, von einem Absender, den ich nicht kannte – von einem Mahan Kharzi.

Er schrieb, er sei der Bruder meiner Mutter und sie suche seit dem plötzlichen Verschwinden ihrer drei Kinder 1988 seit über zwei Jahrzehnten sehnsüchtig nach ihnen; deren Verschleppung sei die grausame Rache eines Despoten an seiner Ehefrau, die sich trennen wollte. Seine Schwester hätte seitdem nie aufgehört, uns zu suchen, lebe aber allein, ohne Zugang zu Internet oder Computern. Sie habe nie wieder geheiratet und war noch nie im Ausland. Eigentlich würde unser Nachname anders geschrieben, deswegen habe er uns immer unter anderen Schreibweisen gesucht, Matauri, Matouri, Matoori, Matauori. Jetzt aber glaube er, uns endlich gefunden zu haben.

Ich war wie versteinert. Geschockt. Verwirrt. Ich wusste nicht, was ich mit der Mail anfangen sollte. Als ich mich wieder gesammelt hatte, antwortete ich:

Ihre Nachricht überrascht mich. Ich habe andere Informationen über meine Mutter. Sie sind der Bruder meiner Mutter? Das heißt: Mein Onkel, oder?

Er schrieb, ja, er sei mein Onkel und Ende der achtziger Jahre aus dem Iran nach Deutschland emigriert, lebe in Köln. Meine Mutter aber wohne im Iran und versuche seit Jahrzehnten ihre entführten Kinder zu finden. Jetzt, mit Hilfe von Facebook, sei es endlich gelungen: Sie würde sich nichts sehnlicher wünschen, als ihre Kinder zu sehen. Ich erfuhr zum ersten Mal ihren Namen: Nada Kharzi.

Das Verhältnis zu meinem Vater war zu dieser Zeit schon so zerrüttet, dass ich ihn nicht fragen wollte. Man stellt einen Despoten nicht zur Rede und überführt ihn einer Lüge. Damals, 2010, hatte er auch schon Leukämie, Lungenembolien und einige Schlaganfälle hinter sich. Er lebte zurückgezogen und allein in einer Wohnung in Stuttgart. Ich vermied den Kontakt zu ihm. Als ich ihn, ein paar Wochen später, doch zur Rede stellte, herrschte er mich an, die Familie meiner Mutter seien Lügner und schlechte Menschen.

Nach der Nachricht meines angeblichen Onkels rief ich jedoch meine Geschwister Biana und Attila an. »Hast du auch diese Mail bekommen?«, fragte ich meine Schwester Biana. »Ja, und ich habe dicscm Mann geantwortet, er soll uns in Ruhe lassen.« Zu groß war der Hass auf die Rabenmutter.

»Aber sie lebt!«

»Für mich ist sie gestorben, wie für unseren Vater auch.«

Mein Bruder Attila meinte nur, er habe nicht geantwortet und auch kein Interesse, Weiteres zu erfahren, er wollte nichts mehr mit meinem Vater zu tun haben, er hatte mit ihm gebrochen.

Nach diesem Tag im Februar, als die Mail kam, schrieb ich noch ein paarmal mit meinem Onkel hin und her – bis ich wusste, dass die Geschichte wirklich stimmte: Wir waren als Kleinkinder ohne das Wissen unserer Mutter verschleppt worden. Denn mein Onkel schickte mir ein Foto meiner Mutter, auf dem sie in ihren Dreißigern war: Meine Schwester sieht der Frau auf dem Foto wie aus dem Gesicht geschnitten aus.

Trotzdem vergingen sieben volle Jahre, bis ich etwas unternahm. Ich haderte, zögerte, und obwohl ich oft nachts wach lag, versuchte ich das alles zu verdrängen. Aber ich konnte mir gut vorstellen, dass mein Vater nicht nur über den Tod meiner Mutter gelogen hatte, sondern auch über ihren Charakter.

Als mein Vater 2014 unter ungeklärten Umständen starb, nahm er seine Lügen mit ins Grab. Er war in seiner Wohnung erstochen worden, vielleicht von einem Bekannten: Die Polizei suchte nach einem flüchtigen Afghanen oder Iraker, mit dem er noch gesehen wurde, konnte die Tat aber nie aufklären. Vielleicht hatte mein Vater seine Lügen einem Menschen zu viel aufgetischt; wir wissen es bis heute nicht.

Nach seinem Tod wollte ich wie mein Bruder mit meinem Vater und meinen iranischen Wurzeln abschließen, nur meine Geschwister sollten meine Familie sein. Wir überführten die Leiche in den Iran zur Schwester meines Vaters und ihrem Mann, den einzigen uns bekannten Verwandten, mit denen mein Vater Kontakt gehalten hatte. Als Kinder hatten wir sie einmal in einem Urlaub in der Türkei getroffen. Mein Vater wollte immer neben seinen Eltern im Iran begraben liegen. Dafür mussten wir auf dem Konsulat Papiere unterschreiben, ohne mit ihnen persönlich Kontakt zu haben. Sie organisierten die Beerdigung. Danach versuchte ich nicht mehr an meinen Vater, meine angebliche Mutter und überhaupt an unsere seltsame, verschrobene Familiengeschichte zu denken. Ich kappte meine Wurzeln zum Land meiner Herkunft, dem Iran.

Dann stieg ab 2015 die Zahl der Flüchtlinge aus dem Mittleren Osten, und Angela Merkel sagte ihr berühmtes »Wir schaffen das«. Ich dachte immer öfter über unsere Flucht nach, über Vertreibung und entwurzelte, zerrissene Familien, so wie meine. Ich spürte, dass ich mich irgendwann meiner Geschichte stellen musste.

Der Sog zu meiner Geistermutter im fernen Iran wurde stärker. Ich spürte, dass da so etwas wie Sehnsucht war: Ich wollte sie kennenlernen. Was für ein Mensch wäre sie?

Ein Freund, Dariusch, Iraner mit britischem Pass, den ich bei einer Party auf Ibiza im Juni 2017 kennenlernte und dem ich meine Geschichte erzählt hatte, sprach mir immer wieder ins Gewissen: »Du musst deine Mutter kennenlernen, das ist dir klar, Mehdi, oder? Familie ist das Wichtigste im Leben! Du musst doch wissen, wo du herkommst, wer du bist!«

Nachdem Dariusch mir den entscheidenden Ruck gegeben hatte, fasste ich mir ein Herz: Ich würde mich entgegengesetzt der Flüchtlingsrouten auf den Weg in den Iran machen, entgegengesetzt der Richtung, aus der die Menschen auf gefährlichen Routen vor Krieg und Terror in die EU flüchteten. Damals hatte jeder in Deutschland, jeder in Europa, von Flüchtlingsrouten gehört: Magere Gestalten in zerschlissenen Jacken versuchten mit Schleppern irgendwie in ein anderes Leben zu gelangen als das, was sich in ihrer Heimat bot. Ich sah sie im Fernsehen, auf YouTube oder in Schlangen vor dem Münchener Kreisverwaltungsreferat vor dem Wegweiser stehen mit der Aufschrift »Asyl«: Menschen aus Syrien, Pakistan, Bangladesch, Irak, Afghanistan, Libyen, Libanon. Auf einer Karte von Europa sahen ihre Routen aus wie Blutzuflüsse in ein Organ. Manchmal wurden Routen geschlossen, wie die Balkanroute, als Ungarns Präsident Orban die Grenzen seines Landes dichtgemacht und damit die ganze Route lahmgelegt hatte. Auf anderen Routen über das Meer sanken immer wieder überfüllte Gummiboote mit Hunderten von Menschen; und wenn Kinderleichen an die Badestrände Griechenlands oder Spaniens gespült wurden, hörte die Welt kurz auf zu atmen.

Aber die Schlepper suchten immer neue Wege. Schlepper sind wie Logistiker für Menschenleben, wie Dealer der Freiheit. So viel wusste ich damals; ich wusste, dass ihnen egal war, wer am Ende eines Weges ankommt und in welchem Zustand, Hauptsache, das Geld stimmt; ich wusste, dass sie nur darauf warteten, so viele Menschen wie möglich auf für sie lukrative Weise ins Ungewisse zu schicken. Aber ich ahnte zu diesem Zeitpunkt noch nicht, dass auch ich auf sie angewiesen sein würde.

Heute war für lange Zeit meine letzte ruhige Nacht in Stuttgart. Ich dachte daran, was mein Vater über unsere Flucht vom Iran nach Deutschland erzählt hatte: nicht viel. Nur, dass er uns drei Kinder mit Schlaftabletten ruhigstellen musste, als es mit einem Schlepper in einem Laster über die deutsche Grenze ging. Meine Geschwister packte er in eine Kiste mit alten Kleidern, die er auf die Ladefläche stellte, mich legte er in der Fahrerkabine in Lumpen gewickelt auf den Boden. Als er die Altkleiderkiste öffnete, dachte er, die beiden Kinder seien erstickt. Panisch warf er meine Schwester in den Schnee, um sie wieder zu beleben: Durch die Kälte wachte sie auf und schrie. Wir konnten uns daran natürlich nicht erinnern. Aber ich habe mir diese Kiste mit den Altkleidern oft vorgestellt, in der meine mit Schlaftabletten sedierten Geschwister schliefen. Wie sie da liegen: wie Wachsfiguren, wie eine Dekoration aus einer schlechten Geisterbahn. Das Bild lässt mich nicht mehr los: Obwohl ich sie nie bewusst gesehen habe, ist diese Kiste immer in meinem Kopf geblieben: als Symbol für das Grauen von Flucht und Vertreibung.

Und jetzt würde ich den gleichen Weg wieder zurückgehen, den gleichen Weg wie vor dreißig Jahren, als mein Vater mit uns illegal über die Grenzen kam. Denn mit meinem Pass blieb mir keine andere Wahl: ein deutscher Reisepass mit Bundesadler darauf, aber mit blauem Einband, nicht mit bordeauxrotem. Unter dem Wort »Reiseausweis« steht in Klammern klein der Zusatz: »Abkommen vom 28. Juli 1951«, das Datum der Genfer Konvention. Ich bin anerkannter Flüchtling in Deutschland. Dieser Pass ist eine große Chance für Menschen auf der Flucht, wie wir es 1988 waren.

In Europa kommt man mit dem blauen Pass gut zurecht, außerhalb der Schengen-Staaten aber braucht man für viele Länder Visa, die ein Flüchtling oft nicht bekommt. Ich habe einmal ein Visum für die USA beantragt: Die Frau im Konsulat stempelte vor meinen Augen den roten »Declined«-Stempel auf meinen Antrag und zuckte nur mit den Achseln, als ich sie fragte, warum ich nicht einreisen dürfe.

Sogar innerhalb der EU hat mir einmal ein British-Airways-Mitarbeiter trotz gültigem Ticket grundlos den Flug nach London verweigert. Außerdem ist der blaue Pass nur gültig mit einer Aufenthaltskarte, auf der der Wohnsitz eingetragen ist. Man muss ihn alle drei Jahre verlängern, wofür man den Nachweis des Wohnsitzes mit einer Bestätigung des Wohnungseigentümers braucht. Das war für mich immer schwierig, weil ich viel bei Freunden oder in Wohngemeinschaften gewohnt habe, wovon die Eigentümer nicht unbedingt etwas wussten. Unter der Zeile »gültig bis« stand bei mir: 2016. Er war schon zwei Jahre abgelaufen. Als ich ihn aber 2013 das letzte Mal verlängern ließ, meine Wohnsitze jedoch kaum nachweisen konnte, drohte mir die Frau im Einwohnermeldeamt, mir keinen Meldenachweis zu geben, sollte ich die fehlenden Wohnungsnachweise nicht erbringen: Aber ohne Meldenachweis gibt es keine Verlängerung des Passes, ja, es wäre sogar Grund genug, ihn einzuziehen. Dieses Mal drückte sie noch ein Auge zu, das nächste Mal nicht mehr. Das wollte ich nicht riskieren. Außerdem würde ich wieder nicht die Wohnungsnachweise bringen können. Und wollte nicht Gefahr laufen, ganz ohne Pass dazustehen. Ich dachte: Ein abgelaufener Ausweis ist immer noch besser als ein eingezogener.

Als ich mich entschlossen hatte, meine Mutter zu finden, versuchte ich erst auf legalem Weg in den Iran zu reisen. Im Sommer 2017 war ich innerhalb weniger Wochen viermal beim iranischen Konsulat in München sowie bei der iranischen Botschaft in Berlin. Die iranischen Beamten musterten mich und meinen blauen Pass. Sie hatten beigefarbene Hemden ohne Krawatte an, die obersten Knöpfe offen. Mein Vater hatte mir erzählt, dass die Krawatte nach der iranischen Revolution 1979 als Zeichen westlicher Dekadenz sogar verboten war. Ich schätze, sie sind bei iranischen Gesetzestreuen bis heute verpönt.

In der Schalterhalle der Botschaft roch es nach Männerschweiß, meine Turnschuhe quietschten auf dem Linoleum. Dem Mann am Schalter schien nicht zu gefallen, dass ich meine Haare lang und zum Zopf gebunden trug, das spürte ich an seinem Blick. Ich fühlte mich fremd. Ich hatte nicht das Gefühl, bei Menschen aus meiner Heimat vorzusprechen.

Die Beamten machten mir klar, dass ich ohne roten, deutschen Reisepass keine Chance auf ein Visum für den Iran hatte. Also wollte ich einen iranischen Pass beantragen. Schließlich stand in meinem blauen Flüchtlingspass unter Staatsangehörigkeit: »Islamische Republik Iran«.

Bisher hatte ich nicht viel mit iranischen Behörden zu tun gehabt. Meine Geschwister und ich kannten den Iran kaum. Ich wusste, dass der Iran ein Staat vieler Völker ist, in dem neben Persern noch andere Ethnien wie Türken, Kurden, Araber leben: Jeder Perser ist Iraner, nicht jeder Iraner Perser. Mein Vater war immer stolz darauf, Perser zu sein. Die Perser betrachten sich als eine Art auserwähltes Volk, als besonders alte und weise Hochkultur. In Deutschland hatte mein Vater zwar gern persisch gekocht, Tschelo Kebab, persische Hackspieße, oder Ghormesabsi, Fleischeintopf mit Kräutern und Limetten, und manchmal auch einen Schafskopf, vor dem wir Kinder uns nicht gruselten, weil wir oft Schafsköpfe gegessen haben. Das war es aber auch an persischer Kultur in unserer Familie. Meine Geschwister und ich waren noch nie in einer Moschee gewesen, wir sprachen kaum ein Wort der persischen Sprache, die Farsi heißt, wir hielten kaum Kontakt zu Verwandten, und in den Iran waren wir nie gereist. Wir feierten Neujahr nicht im März wie die Perser, sondern wie alle Deutschen an Silvester, wir spielten Fußball im Verein in Schwäbisch Hall, wo wir aufwuchsen, und lebten auch sonst wie ganz normale deutsche Jugendliche. Außer vielleicht, dass auf den Klingelschildern unseres Mietshauses ausschließlich Namen standen, die die meisten Deutschen nicht mal versuchsweise aussprechen konnten, und wir Jungs in der Pubertät anfingen, diese komische selbst erfundene Kanaken-Sprache zu sprechen, wie es alle ausländischen Jugendlichen irgendwann mal tun und dann vielleicht auch wieder bleiben lassen, so wie wir.

Bei jedem meiner Besuche in den Konsulaten und der Botschaft musste ein Übersetzer geholt werden, weil mein Farsi ungefähr so schlecht war wie das Deutsch der Mitarbeiter dort. Ein Wort aber habe ich immer verstanden: Shenosnome? Geburtsurkunde? »Habe ich nicht«, sagte ich immer wieder, »ich war erst vier Monate, ein Baby, als mein Vater mit uns hierherkam.« Er hatte vor unserer Flucht einfach keine für mich beantragt. Ohne Geburtsnachweis aber gibt es keinen iranischen Pass.

Bei meinem letzten Besuch ließ der Mann im Münchner Konsulat meinen blauen Flüchtlingspass auf die Schreibtischunterlage seines Schalters fallen und sagte: »Mit Ihren Papieren werden Sie niemals in den Iran fliegen!« In einer Mischung aus Wut und Verzweiflung antwortete ich: »Dann laufe ich eben!« Der Mann lachte. Er dachte, ich hätte einen Witz gemacht.

Ich kenne meine Wurzeln nicht, meinen Stammbaum, meine Verwandten. Ich kenne auch keine Familienriten und -geschichten. Ich weiß noch nicht mal, wie alt ich bin. Wahrscheinlich um die dreißig. In meinem Pass steht, ich wäre am 15. Mai 1987 geboren worden. Keine Ahnung, ob das mein echtes Geburtsdatum ist. Mein Vater sagte immer, »drei Jahre, jedes Jahr ein Kind, 1985, 1986, 1987«, mehr nicht. Doch das kann nicht stimmen. Mein Bruder ist im September geboren, ich im Mai, dann hätte ich acht Monate nach ihm zur Welt kommen müssen. Vielleicht wurde ich 1988 geboren. Trotzdem wurde festgelegt, dass unsere Geburtsjahre 84, 85, 87 sind. Mit meinem Vater konnten wir über so etwas wie unsere Geburt nicht sprechen. Wir konnten mit unserem Vater sowieso über kaum etwas reden. Wir haben es auch nur selten versucht, denn wir wussten, was uns sonst drohte. Er war hartherzig und streng, der unangefochtene Patriarch der Familie. Wir sprachen auch nie über seine Familienangehörigen oder die Gründe seiner Flucht. Er wäre als politisch verfolgter Journalist und Fotograf andauernd im Gefängnis gelandet, gefoltert und von der Geheimpolizei gejagt worden, nur so viel. Er duldete keine Widerrede. Es galt als ungeschriebenes Gesetz, unsere Mutter unsere ganze Kindheit lang totzuschweigen.

An den Geburtstagen meiner Freunde erzählten die Mütter gern, was für ein süßes Baby das Geburtstagskind gewesen war oder wie sich die Krankenschwester über die vielen Locken gefreut habe. Ich wusste nichts über meine Geburt und kenne kein Babyfoto von mir. In meinen Kindheitserinnerungen kommen keine Cousins oder Cousinen vor, mit denen ich persische Kinderlieder gesungen habe, oder Onkel und Tanten, die mir persische Süßigkeiten zugesteckt haben. Die andere, die persische Hälfte meines Lebens ist ein Rätsel für mich.

Ich schaute auf das Foto in meinem Pass. Was habe ich von ihr? Die Augen? Was für ein Mensch ist sie? Und wie würde sie reagieren, sollte ich es wirklich zu ihr schaffen? Sie ahnte ja nicht, was ich vorhatte. Und was würde ich zu ihr sagen, wenn ich plötzlich vor ihr stand, in einer kleinen Stadt im Iran, von der der Onkel schrieb, dass sie dort noch lebe: »Hallo, ich bin es, dein Sohn?«

Seit Wochen hatte ich mich auf meine Abreise vorbereitet. Ich hatte alle Verbindungen gekappt: Ich antwortete nicht mehr auf SMS oder Mails und ging bei Anrufen nicht an mein Handy. Die letzten Tage wohnte ich bei Olek in Stuttgart, mit dem ich in Schwäbisch Hall zur Schule gegangen war und auf dessen Zimmerboden ich jetzt saß. Mein WG-Zimmer in München, wo ich die letzten Jahre lebte, hatte ich aufgegeben. Bei meiner Arbeit in einer Münchener Tagesbar hatte ich nicht um neue Schichten gebeten. Ich habe damals als Barkeeper und im Eventmanagement für Partys und Clubs gearbeitet, Organisation, Auf- und Abbau, solche Dinge. Wenn man arbeiten will, sagt man Bescheid. Wenn nicht, fällt das auch nicht weiter auf. Ich hatte nur drei Freunden erzählt, dass ich länger weg sein würde und was ich vorhatte. Ich wollte nicht, dass sich jemand sorgt. Oder mich aufhält.

Seit ich neunzehn Jahre alt bin, habe ich in Bars und Clubs gearbeitet. Ich hatte keine Lust mehr aufs Gymnasium, wo ich nur zufällig gelandet war, weil es nach meinem eher dürftigen Realschulabschluss einen Test gab, der ermittelte, wer aufs Gymnasium gehen sollte. Ich war darunter. Aber ich wollte keinen Lehrplan mit Stoffen abarbeiten, die ich niemals mehr brauchen würde, also brach ich ab und zog von Schwäbisch Hall nach München, wo ich sofort im *Sausalitos* anfangen konnte, in der *089 Bar* und in der *Bar Lehel*. Von dort bin ich immer wieder woanders hin, nach Mallorca, Ibiza, Kitzbühel, Zürich. Meine Reisen finanzierte ich durchs Pokern. Eigentumswohnung, Autos, Uhren interessierten mich nie. Ich wollte immer mit möglichst wenig Besitz durchs Leben gehen.

Ich konnte meinen Besitz gut auf das Nötigste reduzieren. Das sollte mir auf dieser Reise helfen. Ich wollte unter dem Radar segeln, verschwinden, unbemerkt durch die Maschen der Kontrollen schlüpfen. Mein abgelaufener blauer Pass würde mir nicht viel helfen, das wusste ich. Die Aufenthaltskarte mit einer alten Adresse darauf hatte ich am Ende noch dazu bei meinem Freund vergessen. Egal jetzt, dachte ich. Die, die mir entgegenkommen werden, haben gar keine Pässe.

2 VON DEUTSCHLAND NACH GRIECHENLAND: STUTTGART – FERES, 17. – 18. JANUAR 2018

Am Morgen des 17. Januar, einem kalten Mittwoch, ging die Reise los, von der ich nicht ahnte, wie sehr sie mein Leben verändern würde. Ich trug einen großen Rucksack mit meiner Kleidung auf dem Rücken und einen kleinen mit meinen technischen Geräten vor der Brust. Mein Kumpel Olek umarmte mich und wünschte mir Glück.

Über die App Blabla-Car für Mitfahrgelegenheiten hatte ich eine Fahrt nach München gebucht, von dort weiter nach Wien. Ich wollte nicht mit meinem abgelaufenen Flüchtlingspass von einem deutschen Flughafen abfliegen: Aus Erfahrung wusste ich, dass im Ausland nicht so genau auf den deutschen Flüchtlingspass geschaut wird, weil ihn viele Flughafenmitarbeiter nicht kennen. Oft reichte es ihnen, dass der blaue Pass ein offizielles Dokument der Bundesrepublik Deutschland mit einem Bundesadler darauf war. In Wien schlief ich in einer Jugendherberge in der Nähe des Hauptbahnhofes. Am 18. Januar flog ich in einer Maschine der *Aegean Air* nach Athen, dort stieg ich um und landete in der Hafenstadt Alexandroupoli, deren winziger Flughafen der östlichste Flughafen Griechenlands ist.

Es war schon dunkel, als ich ankam: eine Dunkelheit, die man nur von Orten kennt, deren Himmel nicht vom Licht einer Großstadt verschmutzt wird. Die Nacht verschluckte mich. Ich trat in die Kälte, mein Atem bildete Nebel. Dann sah ich das erste Mal auf mein Handy, auf Google Maps. Tausend Mal würde ich noch auf dieses Handy und das braungrüne Relief des Satellitenbildes starren. Wo war ich?

Ich sah mich selbst als blauen, pulsierenden Punkt an Europas Ostgrenze: im Norden Bulgarien und Rumänien, die Türkei im Osten nur 43 Kilometer entfernt. Der Flughafen von Alexandroupoli lag weit außerhalb der Stadt, schon in Richtung des griechisch-türkischen Grenzgebietes. Ich entschied, direkt vom Flughafen in Richtung Grenze zu fahren, zu dem Fluss, den die Griechen Evros nennen und die Türken Meriç.

Wahrscheinlich war es gut, dass ich damals nicht viel über diese Gegend wusste. Hätte ich nämlich zu viel gewusst, wäre ich vielleicht nicht losgegangen. Was ich hingegen damals wusste: 180 Kilometer des Evros bilden die östlichste Grenze zwischen Griechenland und der Türkei. Wie ich auf den Satellitenbildern sah, ist der Fluss nicht sehr breit, höchstens 150 Meter. Das müsste machbar sein.

Ich hatte gegoogelt, dass es schon Tausende Flüchtlinge über diesen Fluss geschafft hatten und von Griechenland über die Balkanroute in ein weiter nördlich gelegenes europäisches Land wie Deutschland oder Schweden kamen. Noch in Stuttgart hatte ich in einem Artikel im Internet gelesen, dass griechische Dorfbewohner in Klappstühlen vor ihren Häusern saßen und zusahen, wie Flüchtlinge in großen Gruppen über die Felder zu ihnen in die Dörfer rannten. Die Griechen warteten mit Wasserflaschen auf sie, die sie ihnen schenkten.

Ich dachte: Wenn Menschen von der türkischen Seite über den Fluss kommen, kann ich es auch von der griechischen Seite versuchen. Ich hatte noch keine Idee, wie ich das alles schaffen sollte:

durch den Evros schwimmen, die Türkei durchqueren bis zum Zagros-Gebirge, das die Grenze zum Iran bildete. Und dann irgendwie da drüber. Aber es würde sich schon fügen, war ich mir sicher. Mir fiel das Sprichwort ein: Wege entstehen beim Gehen.

Heute weiß ich: Bisher starben schon Hunderte Menschen bei der Überquerung des Evros. Oft finden Grenzschützer Seile von Schleppern zwischen den Ufern gespannt, an denen sich die Flüchtlinge in windigen Schlauchbooten über den Fluss ziehen wollten. Wenn die viel zu leichten und mit Menschen überfüllten Boote kentern, ertrinken viele. Dann hängen die Leichen manchmal tagelang in den Ästen der Bäume am Ufer des Flusses, bis jemand sie findet. Griechische Grenzschützer haben Fotoalben von Wasserleichen in ihren Computern angelegt: Sie fotografieren die Toten, vielleicht suchen Angehörige eines Tages nach ihnen. Die Ertrunkenen liegen in Gräbern ohne Namen, markiert mit einer Nummer auf einer weißen Plakette.

All das wusste ich nicht an diesem Abend, als ich aus dem Flugzeug stieg. Ich ging zu einem Taxi – in Griechenland sind sie kanariengelb. Eine Frau saß am Steuer, Anfang dreißig, mittellange braune Haare, ein freundliches »Yassas«, »Hallo« auf Griechisch. Ich nannte ihr den Namen des griechischen Dorfes, das sich mir auf dem Satellitenbild am nächsten zur Grenze anbot: Feres.

Im Lichtkegel des Taxis sah ich Kieswege, abgeerntete Felder, Gestrüpp. Feres lag düster und wie ausgestorben da. Ich zeigte der Fahrerin mit einer Handbewegung, dass sie noch weiterfahren sollte, raus aus dem Dorf, Richtung Grenze. Sie schaute in den Rückspiegel und beobachtete mich. Ich konnte mir denken, was in ihrem Kopf vorging: Was wollte dieser dunkelhäutige, langhaarige, bärtige Typ in dieser Gegend? Ich hatte auf dem Satellitenbild auf Google Maps eine Haltestelle an einem Bahngleis ausgemacht, dort wollte ich hin. Ich wusste nicht, dass von dieser Haltestelle keine Züge mehr fuhren. Kein Wunder also, dass die Taxifahrerin sich nicht erklären konnte, was ich dort wollte.

Ihre Augen huschten immer wieder zum Rückspiegel und sahen mich fragend an. »No worries, keine Angst«, sagte ich zu ihr, dann »Stopp«, und »Thank you«. Ich stieg an dem unbeleuchteten Wartehäuschen aus und gab ihr drei Euro Trinkgeld. Sie wuchtete meinen großen Rucksack auf den Kiesweg, den kleinen behielt ich immer nah bei mir. Dann stand ich da. Allein. In der Dunkelheit.

Weil ich vor Kälte schlotterte, zog ich neben dem Wartehäuschen meine warme Kleidung an: Skiunterwäsche, lange Unterhose, Unterhemd, Skisocken, Thermopulli, Jeans, Mütze, Handschuhe, Stiefel. Ich klebte mir das erste Mal die Damenbinden unter die Achseln, setzte die Stirnlampe auf, sah auf mein GPS-Gerät und auf mein Handy. Ich wollte heute Nacht noch durch den Fluss schwimmen: Er war vielleicht vier Kilometer entfernt – aber ich hatte keine Ahnung, wie ich dorthin gelangen sollte.

Ich lief viele Stunden. Schilf schlug mir ins Gesicht. Der Boden war sumpfig. Unter meinen Stiefeln klebte der Matsch, so dass sich dicke Klumpen bildeten. Ich kämpfte mich durch Felder, Gestrüpp und Wald und schwitzte in meiner Skiunterwäsche. Aus Angst, entdeckt zu werden, wollte ich die Stirnlampe nur selten anschalten. Immer wieder sah ich durch mein Nachtsichtgerät, um mich zu orientieren; leider war es umständlich zu bedienen und nur für ein Auge konzipiert.

Ich malte mir aus, ein Floß zu bauen, wenn ich es zum Fluss geschafft haben würde, auf das ich meinen großen Rucksack legen könnte. Seile hatte ich dabei. Dann würde ich mich bis auf die Badehose ausziehen, ein paar Kleidungsstücke in dem wasserfesten Sack verstauen und alles auf dem Floß ans gegenüberliegende Ufer bringen.

Aber ich schaffte es nicht, zum Fluss zu kommen. Ich konnte ihn auf Google Maps gut sehen, einmal lief er nur 100 Meter von mir entfernt. Ich geriet immer wieder in Sackgassen aus dichtem Gestrüpp und musste umdrehen. Einmal war ich dem Fluss ganz nah, ich konnte das Wasser schon hören und riechen. Aber es war alles voller Schilf, so dicht, dass ich nicht durchkam. Ich musste wieder umdrehen. Dann stand ich an einer Stelle, an der das Wasser knöcheltief stand. Ich wusste nicht, ob es das Ufer des Flusses oder ein anderes flaches Gewässer am Fluss war. Weil ich nicht sicher war, ob ich es durch das niedrige Wasser zum Fluss schaffen würde, drehte ich um; bei der Kälte wollte ich nicht unnötig nass werden.

Plötzlich hörte ich Rascheln im Schilf und Stimmen, vielleicht fünf Meter von mir entfernt. Ich erschrak und horchte. Augenblicklich wurde es still. Die anderen Menschen hatten mich auch bemerkt. Ich machte das Licht meiner Stirnlampe aus. Mein Herz klopfte. Ich ordnete meine Gedanken: Soldaten waren es sicher nicht, wenn sie sich vor mir versteckten und nicht gehört werden wollten. Wenn es aber Flüchtlinge sein würden und sie die Flussüberquerung geschafft haben sollten, könnten sie mir vielleicht sagen, welche Stelle sich gut eignet. Vielleicht jedoch dachten sie, ich sei ein Soldat, und versteckten sich deshalb vor mir? Obwohl das Schilf dicht und die Nacht stockdunkel war, mussten meine Umrisse wie die eines Soldaten ausgesehen haben. Wir belauerten uns. Dann rief ich in die Dunkelheit: »Hello! I am a friend! I am not police!«

Ich erschrak vor meiner eigenen Stimme. Natürlich war mir klar, dass sie nicht aus ihren Verstecken springen und mich mit einem coolen Faustcheck begrüßen würden, um dann ein Bierchen am Lagerfeuer mit mir zu trinken. Und plötzlich fand ich die Vorstellung gar nicht erstrebenswert, dass vielleicht gleich vier, fünf Männer aus dem Schilf springen und sehen würden, dass ich allein und gut ausgerüstet war. Wagten nicht besonders oft Gruppen von jungen Männern die gefährliche Flucht? Ich malte mir aus, dass sie lange unterwegs wären, hungrig, müde, und bereit, alles für ihren Traum vom Paradies Europa zu tun. Schnell drehte ich um und suchte meinen Weg aus dem matschigen Schilf.

Zum ersten Mal wurde mir bewusst, dass ich allein auf dieser Reise war und ausgeraubt oder überfallen werden könnte. Immerhin zeigte mir diese Begegnung, dass ich auf dem richtigen Weg war.

Dann verlor ich einen meiner Handschuhe. Ich hatte mir für die Bedienung des GPS-Gerätes und des Handys Handschuhe mit display-freundlichem Daumen und Zeigefinger gekauft, mit denen man die Touchpads jedoch nur sehr umständlich bedienen konnte. Handschuhe aber waren für meinen Weg wichtig. Ein zweites Paar hatte ich schon im Flugzeug liegen lassen. Mit Hilfe meiner GPS-Daten verfolgte ich meinen Weg ein Stück zurück und fand den Handschuh.

Schließlich kam ich an einem roten Schild mit weißer Schrift vorbei: »Restricted Area«, »Sperrgebiet«. Ich dachte, wenn dies hier militärisches Sperrgebiet ist und man in dieser Gegend nicht herumlaufen darf, kommen hier bestimmt viele Flüchtlinge über den Fluss. Also lief ich genau in diese Richtung. Ich drehte das Schild noch um – falls mich jemand aufgreifen würde. Dann hätte ich gesagt, »Schild? Habe ich keins gesehen!« Das war natürlich eine Übersprunghandlung und ziemlich unsinnig, weil sicher kein Polizist mit mir zu diesem Schild laufen würde, um zu beweisen, dass es tatsächlich dort steht. Ich ging über eine kleine Brücke über einen Bach, dann etwa eine Stunde an einem Feldweg entlang.

Plötzlich blinkten von weitem die Lichter eines Lasters auf.

Eine Sekunde rasten meine Gedanken: Verstecke ich mich? Renne ich weg? Oder gehe ich ganz normal weiter, als wäre nichts? Ich entschied mich, ganz normal weiterzugehen, noch hatte ich nichts Verbotenes getan. Ich lief im griechischen Grenzgebiet herum, na und? Der Militärlaster rumpelte mir entgegen und hielt mit laufendem Motor zwei Meter von mir entfernt. Ein Soldat fragte mich aus dem Fenster etwas auf Griechisch. »English!«, rief ich zurück. Er zeigte mir mit einer Handbewegung, dass ich zu ihm kommen soll. Ich trat an sein Fenster. Der Soldat war vielleicht Mitte dreißig, dunkelhaarig, Dreitagebart. Was ich hier wolle, fragte er auf Englisch.

»Ich wandere hier!«

Er schaute auf seine Uhr, 22.15 Uhr, und runzelte die Stirn. »Wohin wollen Sie denn?«

Ich hatte mir schon zu Beginn einen Plan gemacht, was ich für den Fall, dass ich aufgegriffen werde, sagen würde:

»Ich will nach Kipoi.« Das Dorf lag nah an der Grenze.

»Sie sind hier komplett falsch«, sagte der Soldat, und dass es verboten sei, sich hier herumzutreiben: militärisches Sperrgebiet. Ich solle sofort umdrehen.

»Ah okay, sorry, das wusste ich nicht«, und wollte gehen, da rief er: »Steigen Sie ein, ich nehme Sie mit!« Mir blieb nichts anderes übrig, als zu dem Soldaten in den Laster zu steigen.

Als ich auf den Beifahrersitz kletterte, sagte der Soldat: »Ihren Pass bitte!« »Ich bin deutscher Tourist«, antwortete ich und gab ihm meinen abgelaufenen blauen Flüchtlingspass. Der Soldat sah ihn verwirrt an, schien sich aber damit zufriedenzugeben, dass das ein deutscher Pass war – zumindest zeigte er den Bundesadler auf dem Umschlag. Weil er das Dokument nicht zu kennen schien, blätterte er ein bisschen darin herum. Das ist mir besonders unangenehm, weil ich ein paar Seiten aus dem Pass herausgetrennt hatte. Ich habe meinen Pass einmal im *Call me Drella,* einem Club in München, verloren. Irgendein Spaßvogel fand ihn und dachte, es wäre witzig, mit schwarzem Edding ein großes Kreuz über zwei Seiten zu schmieren und das Wort »abgeschoben« quer über die Seiten zu schreiben. Haha, wie lustig. War bestimmt ein Betrunkener. Ein befreundeter Barkeeper aus dem Club fand den Pass und gab ihn mir zurück. Aber ich bekäme natürlich Probleme mit Grenzern, Polizisten, Soldaten, würden sie diese zwei vollgeschmierten Seiten sehen. Also habe ich die Seiten vorsichtig mit einem Teppichmesser herausgetrennt. Man merkte es nur, wenn man den Pass durchblätterte und die Seitenzahlen nachprüfte.

Zum Glück fiel dem Soldaten nichts auf, und er gab ihn mir zurück. Wir fuhren aus dem Sperrbezirk in Richtung des Dorfes, das ich ihm genannt hatte: Kipoi. Der Ort liegt nur ein paar hundert Meter von der Grenze entfernt, und es gibt einen offiziellen Grenzübergang. Wir fuhren etwa fünfzehn Minuten und unterhielten uns. Er erzählte mir von Hunden, die in der Gegend wilderten, gefährliche, aggressive Rudel. Ich sollte auf der Hut sein.

Wir kamen an eine Kreuzung kurz vor dem Dorf Ardani, etwa 12 Kilometer vor Kipoi. Der Lichtkegel des Lasters erfasste einen Polizisten, der eine Familie kontrollierte, Vater und Mutter mit zwei kleinen Kindern. Vermutlich Syrer. Sie hatten ihr Hab und Gut in Plastiktüten wasserfest verschnürt. Vielleicht waren sie gerade mit einem Schlauchboot über den Fluss gekommen?

Der Mann trug kurze Hosen. Die ganze Familie war nicht für den Winter ausgerüstet: Die Mutter hatte nur eine dünne Windjacke an. Ihre Haare steckten unter einem hellen Kopftuch. Sie hielt an der rechten Hand einen Jungen, an der linken ein Mädchen mit struppigen Haaren. Das Mädchen umklammerte mit seiner freien Hand ein rotes Plastikauto.

Das waren die ersten Flüchtlinge, die ich auf meiner Route sah. Ich weiß nicht, was mit ihnen geschehen ist. Vielleicht kamen sie ins griechische Auffanglager Fylakio, in das die meisten Illegalen zur Erstaufnahme gebracht werden.

Immer wieder werden auch Flüchtlinge, die es nach Griechenland geschafft haben, zurück in türkische Lager abgeschoben. Ich weiß, dass schon die griechischen Lager nicht angenehm sind – aber die Lager in der Türkei sind menschenunwürdig. Die Türken haben weltweit die meisten Flüchtlinge aufgenommen und sind über jeden froh, der ihr Land wieder verlässt. Die Flüchtenden schlagen sich irgendwie in der Türkei durch – wenn es sein muss, versuchen sie den Grenzübertritt wieder und wieder, mit nichts anderem im Gepäck als ihren zu dünnen Jacken und großen Hoffnungen, dass ihnen die Flucht eines Tages glückt.

Der Laster hielt etwa 100 Meter weiter am Straßenrand. Ich stieg aus und ging los. Weil ich meine Stirnlampe im Laster vergaß, rannte ich zurück und holte sie. Dabei sah mich der Polizist, der bei den Flüchtlingen auf der Straße stand.

Er rief mich zu sich: »Passport, Passport.« Langsam ging ich in seine Richtung. Wenn jemand meinen Pass sehen will, stehe ich immer wie unter Schock. Andere Menschen werden stark durch ihren Pass. Ich fühle mich unsicher.

Der Mann war ein wenig älter als der Soldat im Laster und trug eine griechische Polizeiuniform. Er blätterte in meinem Pass hin und her, doch auch er konnte nichts mit dem deutschen Flüchtlingspass anfangen. Den haben sie hier noch nie gesehen, dachte ich. Hier kommen nur Flüchtlinge mit ausländischen oder gar keinen Pässen an. Der Polizist entließ mich kopfschüttelnd und zeigte mir mit einer Handbewegung, dass ich gehen solle. Ich lief zurück in die Dunkelheit. Ich hatte noch mal Glück gehabt.

Wieder wanderte ich durch die Nacht, immer mit Blick auf den Verlauf des Flusses und den blauen leuchtenden Punkt auf meiner Navigations-App. Immer in der Hoffnung, einen Ort zu finden, an dem ich zum Fluss vorstoßen und ihn überqueren könnte. Und wenn ich die ganzen 180 Kilometer der griechischen Flussseite ablaufen müsste: Ich wollte über diesen verdammten Fluss. Um 3 Uhr morgens wurde ich müde. Vor mir lag eine Anhöhe. Ich kletterte hoch und sah stoppelige Felder. Raureif lag über dem harten Boden. Mitten auf dem Feld stand ein einziger Baum. Ich konnte seine Umrisse in der Dunkelheit erkennen. Dort würde man mich von dem Feldweg unten nicht sehen können.

Ich lief zu dem Baum, legte meine Plastikplane aus und pumpte meine Luft-Isomatte auf. Das Aufpumpen mit dem mitgelieferten Pumpsack dauerte ewig. Das hatte auf dem YouTube-Video des Herstellers viel einfacher ausgesehen. Ich legte mich in den Schlafsack, zog die andere Hälfte der Plane über mich. Trotz Isomatte und Schlafsack spürte ich die Kälte, besonders im Gesicht.

Ich war kaputt. Der erste Tag, die schweren Rucksäcke, meine Füße brannten. Ich hörte den Wind in den winterkahlen Ästen des

Baumes pfeifen. Ich freute mich über diesen einsamen Baum, der mit seinen Wurzeln die Erde unter mir festhielt. Er gab mir ein Gefühl von Schutz – obwohl wir als Kinder oft nur ungern in den Wald gingen.

Mein Vater fuhr mit meinem Bruder oft in den Wald, wenn er ihn verprügeln wollte. Niemand sollte ihn schreien hören. Die Prügelei wäre in unserer Wohnung zu laut gewesen. Die Nachbarn sollten nichts mitkriegen. Die Bäume schluckten seine Schreie. Vor den Gewaltausbrüchen meines Vaters durfte sich mein Bruder aussuchen, mit welcher Art Stock er verprügelt werden wollte, aus dem Wald oder von unserem Balkon, auf dem immer ein paar Stöcke lagen.

Eine schlechte Note oder eine Rauferei in der Schule – und ab ging es in den Wald. Ich habe auch oft Schläge bekommen, meistens in der Wohnung. Ich versuchte mehr unter dem Radar zu segeln und meinem Vater wenig Anlässe für seine Prügeleien zu geben. Er steckte uns Kindern auch oft Stifte zwischen die Finger und drückte so heftig zu, bis die Gelenke krachten. Das tat höllisch weh, hinterließ aber kaum Spuren. Die Hand schwoll nur augenblicklich an, weshalb er immer unsere linke Hand nahm. Mit der rechten mussten wir in der Schule schreiben können. Mein Vater achtete penibel darauf, dass wir nicht zu viele blaue Flecke bekamen. Ins Gesicht schlug er nie.

Als Kind betrat ich einmal die Wohnung mit schmutzigen Winterstiefeln. Ich lief ins Bad, um die Schuhe sauber zu machen – machte aber alles noch schlimmer. Der Boden, das Waschbecken, alles war schmutzig. Die Wut übermannte ihn: Er prügelte mich durch die ganze Wohnung. Meine Schwester schlug er seltener, uns Jungs fast jede Woche, je nach Vergehen. Er wurde selbst so viel verprügelt, sagte er. Am Sterbebett seines Vaters hätte der ihm noch eine geklatscht.

Er dachte, man müsste Kinder so erziehen, anders funktioniere

Erziehung nicht. Er erzählte uns, wie die Leute im Iran nach dem Schah-Sturz 1979 mit Stöcken und Peitschen auf offener Straße von den Sittenwächtern verprügelt wurden, wenn sie etwas falsch gemacht hatten. Prügeleien und Gewalt gehörte zur DNA meines Vaters, seiner Familie und zum politischen System des Iran der 1980er. Mein Vater kannte nichts anderes, weder aus seiner Familie noch aus seinem Land. Obwohl er auf eine seltsame Art selbst darunter litt, was er tat, glaubte er auch fest daran, dass das so sein müsste. Er sagte, dass er sich – wenn er uns schlafen sah – weinend an unsere Betten setzte: weil er so traurig war, uns so grausam züchtigen zu müssen. Unser kindliches Fehlverhalten würde ihn zwingen, uns zu verprügeln. Er könne gar nicht anders. Wenn er es nicht täte, würde er uns großen Schaden zufügen. Was für ein Unfug. Aber er glaubte wirklich daran.

Meine Schwester war sein Liebling. Sie bekam es nicht so ab wie wir. Als Kinder haben wir ihn gehasst und geliebt: Er hat uns allein großgezogen. Und er ging mit uns nach Deutschland, weg von einem grausamen Regime und gab uns eine Zukunft. Aber er war gewalttätig. Wir sprachen ihn mit »Ihr« an: »Vater, könnt Ihr mir das Salz geben?« Ich habe meinen Vater nicht ein einziges Mal geduzt.

Ich erinnere mich, dass er zu mir als Kleinkind sagte, wenn ich keine Windel mehr bräuchte, dürfte ich in den Kindergarten. Vom nächsten Tag an ging ich aufs Klo. Ich wollte in den Kindergarten und keine Probleme machen.

Als ich mal eine Tasse kaputt gemacht hatte, stellte er uns Kinder in eine Reihe und gab uns abwechselnd eine Ohrfeige, meiner Schwester, meinem Bruder und mir, um herauszufinden, wer die Tasse zerbrochen hatte. Mein älterer Bruder log, dass er es gewesen sei. Er kassierte Prügel. Daraufhin gab ich zu, dass ich es war, und es setzte wieder Prügel – für meinen Bruder, weil er gelogen hatte.

Unser Vater sperrte uns Kinder auch in den Keller. Meinen Bruder oft, manchmal auch zwei, drei Tage. Mich nur zweimal. Ich musste über Nacht dort bleiben. Es war dunkel und alles voller Dreck und Spinnweben. Ich nahm heimlich ein Teelicht und Comics für mich mit. Auf dem blanken Boden musste ich im Schlafsack ohne Isomatte schlafen. Weil ich Angst vor Ratten und Spinnen hatte, krabbelte ich in den Schlafsack und zog ihn mir über den Kopf. Um ein Comic zu lesen, zündete ich im Schlafsack die Kerze an. Aus Versehen verschüttete ich Wachs und brannte Löcher in den Stoff, was mein Vater zum Glück nie herausfand. Mein Bruder, der die Nächte im Keller kannte, hatte mir Proviant mitgegeben: Er schmierte Nutella in die gelbe Plastikverpackung eines Überraschungseis, das ich ausleckte. Für meinen Bruder waren die vielen Tage und Nächte im Keller traumatisch. Heute nennt man die Art der Erziehung meines Vaters Kindesmisshandlung. Aber damals war das normal für uns.

Mein Vater limitierte Nutella, Wurst, Käse, Obst, Joghurt und Müsli: Nutella durfte wir nur dünn streichen, nur eine halbe Scheibe Käse aufs Brot legen, nur eine Mandarine am Tag essen. Wir mussten nicht hungern, durften aber auch nicht frei entscheiden. Wir Geschwister zählten uns gegenseitig die Erdnussflips ab, wenn wir welche essen durften.

Wir mussten immer in Pfeifweite der Wohnung bleiben. Er entschied nach Lust und Laune, ob wir mit den Nachbarskindern spielen durften oder nicht. Er erlaubte mir Fußball, American Football und Baseball aber verbot er. Also machte ich das heimlich und sagte, ich müsse zum Nachmittagsunterricht in die Schule. Er merkte es irgendwann, ab diesem Zeitpunkt durfte ich auch nicht mehr zum Fußballtraining. Er bestrafte mich oft, indem er mir mein Vergnügen nahm.

Er kaufte uns niemals etwas, keine Fahrräder oder Spielsachen. Unsere Nachbarn schenkten uns zu Weihnachten oder zum Geburtstag hin und wieder etwas von Legotechnik. Markenturnschuhe oder modische Kleidung hätte er uns nie gekauft. Kleidung war in seinen Augen Mittel zum Zweck, mehr nicht.

Einmal fand ich auf einem Haufen Altkleider auf der Straße

einige T-Shirts und Hosen mit Adidas-Streifen und Nike-Logo. Ich schnitt die Marken aus und nähte sie auf meine eigenen T-Shirts von Kik und Takko. Ein besonders großes Adidas-Logo trennte ich immer wieder ab und nähte es auf, mal auf ein Käppi, mal auf ein T-Shirt, mal auf ein Sweatshirt. Manchmal nähte ich es in einer Woche mehrmals um. Mein Vater merkte nie was davon.

Wir sind ohne Mutter bei einem herrschsüchtigen Vater aufgewachsen: Liebe, Nähe oder Zuneigung in der Familie kenne ich nicht. Ich kann mich nicht daran erinnern, dass unser Vater uns einmal umarmt hätte. Wir Geschwister uns auch nicht. Wir haben so was nicht gelernt.

Unser Vater verprügelte uns, bis wir sechzehn oder siebzehn waren. Bis wir seine Schläge abwehren konnten. Vielleicht hatte er auch ein Alkoholproblem, er trank Discounter-Whisky und trug oft einen Flachmann in der Jacke. Meine Geschwister und ich zogen aus, als wir volljährig waren. Abhauen wäre das bessere Wort. Wir schlugen uns mit selbst verdientem Geld aus Bars, Cafés, Restaurants durch. Ich ging nach München, wo ich in Clubs und Bars arbeiten konnte, mein Bruder nach Schwäbisch Hall und Gran Canaria, später zum Sportstudium nach Stuttgart. Dann machte er eine Ausbildung zum Schreiner. Er brach den Kontakt zu meinem Vater für lange Zeit ab. Meine Schwester studierte Zahnmedizin in Freiburg und finanzierte sich ihr Studium durch Gastronomiejobs und bei Events und Konzerten im Bühnenbau und als Security. Heute ist sie Zahnärztin.

Mein Vater war eine Mischung aus Hochstapler, Lebenskünstler, Taugenichts. Ich weiß bis heute nicht, womit er im Iran seinen Lebensunterhalt verdiente. Mal erzählte er, er habe als Zahntechniker gearbeitet, mal im Autoteile-Handel, mal bei einem Friseur, mal als Fischverkäufer, mal bei einem Tierarzt. Mal tingelte er als Sänger durch Musikclubs, mal behauptete er, er wäre Journalist und Fotograf gewesen und entschied sich deshalb zur Flucht.

Nach unserer Ankunft in Deutschland bekamen wir politisches

Asyl. Einmal wachte ich als kleines Kind nachts auf. Ich war vielleicht zweieinhalb, es ist eine meiner ersten Erinnerungen. Wir lebten in einer kleinen Wohnung in Saarburg in Rheinland-Pfalz. Ich musste in der Nacht zur Toilette und kletterte aus dem Bett. Ich schlief mit meinem Bruder in einem Bett, meine Schwester lag im gleichen Zimmer in ihrem eigenen Bett. Ich tapste durch das dunkle Zimmer und öffnete die Tür. Ich sah Licht im Wohnzimmer. Man musste durch das Wohnzimmer, um zur Toilette zu gelangen. Am Esstisch saß mein Vater. Er war mit einem Draht an den Stuhl gefesselt. Der Draht war wie eine Spule um seinen Körper gewickelt. »Papa, was machst du da?«, fragte ich. »Nichts, das ist nur ein Spiel, mach mich frei!« Ich schaffte es nicht, den Draht zu entfernen, und lief ins Schlafzimmer zu meinen Geschwistern. Meine Schwester befreite meinen Vater. »Das war nur ein Spiel!«, sagte er wieder, und wir legten uns ins Bett. Wir wissen bis heute nicht, was damals geschah, ob er das inszeniert hatte oder ob er wirklich verfolgt wurde. Ich traue meinem Vater zu, dass das gestellt war. Vielleicht aber auch nicht.

Nach dieser Nacht kamen wir ins Zeugenschutzprogramm. Mein Vater übergab den Behörden auch Fotos von Hinrichtungen und Massengräbern im Iran, keine Ahnung, woher er die hatte. Ich erinnere mich an ein schwarz-weißes Foto von einer Turnhalle, in der Leichen von der Decke hingen. Er sagte, er habe die Fotos selbst gemacht. Vielleicht hat er sie auch von jemand bekommen. Er übergab der Polizei auch Karikaturen über die Mullahs, die sie als Kraken und Monster darstellten. Die waren wirklich von ihm. Hatte er sie schon im Iran gezeichnet? Wir wissen es nicht. Aber wir wissen, dass unser Vater ein guter Geschichtenerzähler war.

Im Zeugenschutz bekamen wir Wohnungen gestellt und zogen oft um, nach Koblenz, Saarbrücken, Schwäbisch Hall. Mein Vater rasierte seinen Bart ab. In Koblenz wohnten wir in einer möblierten Wohnung im Erdgeschoss. Ich erinnere mich, dass uns morgens Polizeibeamte zur Schule und zum Kindergarten brachten. Ich kletterte vom Balkon aus dem Erdgeschoss auf die Schultern des Polizisten, der mich so zum Auto trug.

In Deutschland schlug sich mein Vater als Künstler und Musiker durch: Er malte psychedelisch bunte Bilder, oft mit dem Thema Herzschmerz oder unter dem Titel »Angst und Phantasien«. Er verkaufte immer wieder mal ein Bild. Er baute Skulpturen aus Ton und Metall. Auf seinen Vernissagen sang er persische Volkslieder. Meine Schwester begleitete ihn auf der Gitarre. Später, mit über fünfzig, arbeitete er als selbsternannter Hypnosetherapeut. Dafür druckte er sich aus dem Internet eine gefälschte Urkunde aus, einen Universitätsabschluss, rahmte ihn, stellte anschließend einen Sessel in unsere Wohnung und behandelte als angeblicher Hypnotiseur Menschen, die abnehmen oder mit dem Rauchen aufhören wollten – obwohl er selbst rauchte wie ein Schlot. Er konnte Menschen gut was vormachen. Einige glaubten sogar, es habe ihnen geholfen. Bestimmt bekamen wir auch Sozialhilfe, so genau wussten wir Kinder das nicht; wir konnten mit unserem Vater nicht reden. Einmal, ich war sechzehn, hatten wir uns mit meiner Tante Saadia, der Schwester meines Vaters, und ihrer Familie im Urlaub in der Türkei verabredet. Ich hatte bei einem Wettbewerb eines Radiosenders einen Reisegutschein im Wert von 2500 Euro gewonnen. Ich lud meine Familie ein, kann mich aber kaum mehr an die Reise und das Treffen mit meiner Tante erinnern. Nur, dass es unser erster Urlaub war und wir als Familie länger zusammen etwas unternahmen. Es war auch das einzige Mal, dass wir jemanden von unserer Familie trafen. Für uns alle war es auch der erste Flug. Mein Bruder durfte nicht mit – das war wieder irgendeine Strafe.

Mein Vater starb in der ersten Maiwoche 2014. Weil er nicht mehr ans Telefon ging, fuhr mein Bruder bei ihm vorbei, die Rollos waren heruntergelassen, Licht brannte. Durch ein Fenster im Erdgeschoss sah mein Bruder einen Körper auf dem Boden und trat die Tür ein. Die Leiche lag dort schon drei Tage. Die Wohnung war verwüstet. Es sollte wohl ein Raubmord vorgetäuscht werden. Alle Nachbarn,

Bekannten, Freunde wurden befragt, auch wir Kinder. Die Polizei sicherte Spuren und ließ nach Zeugenaussagen ein Fahndungsfoto von einem Verdächtigen anfertigen, mit dem mein Vater gesehen wurde. Doch er konnte nie gefasst werden.

Ich schätze, der Fall ist mittlerweile ungelöst zu den Akten gelegt worden. Bis heute kann niemand erklären, was genau passierte. Keiner weiß, ob das alles stimmte, was mein Vater erzählt hatte: Vielleicht hatte ihn der lange Arm des iranischen Geheimdienstes doch noch zu fassen bekommen. Aber ich glaube nicht, dass ein Mord eines Geheimdienstes so aussieht. Vielleicht war mein Vater einfach an den Falschen geraten, den er nicht so leicht mit seinen Geschichten einwickeln konnte.

Vielleicht war auch alles, was unser Vater uns jahrzehntelang über unsere Mutter erzählt hatte, erstunken und erlogen: eine große Lebenslüge. Was wäre, wenn ich meine Mutter nun tatsächlich finden und treffen würde? Wie würde ich mich ihr gegenüber verhalten? Was für Gefühle hätte ich ihr gegenüber? Wie würde sie sich mir gegenüber verhalten und welche Gefühle hegte sie mir gegenüber? Ich hatte unendlich viele Fragen: Wenn sie nicht im Gefängnis starb, wie mein Vater jahrzehntelang behauptete – hatte sie uns weggegeben? Oder hatte er uns wirklich entführt, wie mein Onkel in seiner Mail behauptete? Wie hatte mein Vater das angestellt?

Solche Gedanken geisterten in dieser ersten Nacht meiner Reise unter dem knorrigen Baum in meinem Kopf herum. Ich ahnte, dass ein großes Stück Arbeit und Anstrengung vor mir läge: körperlich, aber auch geistig, für meine Biographie und den Blick auf mein Leben. Dann schlief ich ein.

3

IM GRIECHISCHEN GRENZGEBIET:
FERES – ALEXANDROUPOLI,
19. – 25. JANUAR 2018

Draußen schlafen im Winter ist kein Spaß. Du wachst morgens auf mit eingefrorener Nase. Aber du denkst und fühlst anders drinnen: Die Sinne verändern sich. Du bist sofort hellwach, auch wenn du nur ein paar Stunden geschlafen hast. Du hörst, riechst, siehst besser, klarer irgendwie. So kam es mir zumindest an diesem Tag vor.

Selbst meine Gedanken wurden langsamer und drehten sich um andere Dinge als noch vor zwei Tagen in Stuttgart, als ich mir über Turnschuhe und Sweater Gedanken gemacht hatte. Jetzt sprang ich auf, packte meine Sachen, aß einen Energieriegel und fotografierte mich mit dem Baum, unter dem ich geschlafen hatte, als Erinnerung an die erste Nacht meiner Reise. Als ich losging, dachte ich nur an die nächste Steigung, den sumpfigen Boden, die Wärme eines Sonnenstrahls, die Kälte des Winterwindes. Ich sah auf Google Maps, wo ich gerade war: Der blaue Punkt pulsierte, natürlich immer noch auf griechischer Seite, westlich hinter Kipoi. Wegen meines Zickzackkurses in der Nacht gestern war ich viel zu weit weg vom Grenzfluss Evros geraten. Jetzt würde ich mich wieder Richtung Osten vorarbeiten müssen.

Ich war fest entschlossen, heute zum Fluss vorzustoßen. Sicher ist es tagsüber einfacher, einen Weg zum Wasser zu finden, dachte ich. Doch egal, was ich unternahm und an welcher Stelle ich es versuchte: Ich kam einfach nicht in seine Nähe. Es war wie verhext.

Ich wanderte über Felder und Dörfer. Als ich an einer Kirche vorbeikam, einer Art Basilika, fotografierte ich sie: Es war die *Kirche des Propheten Elias* im griechischen Dorf Peplos. Anscheinend hatte noch nie jemand ein Foto von dieser Kirche gemacht, denn Google Maps fragte mich, ob ich das Foto anderen Personen zur Verfügung stellen möchte. Ich habe »Ja« geklickt. Man kann es immer noch sehen. Es hat einige tausend Views.

Ich wanderte kreuz und quer und folgte auf Google Maps dem Flusslauf, kilometerlang, immer mit meinen zwanzig Kilo Gepäck auf dem Rücken und dem kleinen Rucksack vor der Brust, immer auf der Suche nach einer Stelle, wo ich den Fluss überqueren könnte. Manchmal führte mich das Gelände weit weg vom Fluss, manchmal glaubte ich, so nah zu sein, dass ich sein Gurgeln hören konnte. Aber immer wenn ich in seine Nähe geriet, war da kein Wasser, nur zehn Meter breite Uferböschungen aus Schilf und Gestrüpp, Treibgut und Matsch, so dicht und unwegsam, kein Durchkommen möglich.

Als ich auf einer Anhöhe stand, konnte ich den Evros von oben sehen und entdeckte sogar eine türkische Flagge auf der gegenüberliegenden Seite des Flusses. Doch auf der Seite, auf der ich war, standen Wachtürme. Ich traute mich nicht, Richtung Wasser zu gehen. Warum fand ich keinen Weg? Wenn Flüchtlinge von der einen Seite kamen, musste es auch von dieser, also meiner Seite, funktionieren.

Auf der Anhöhe erkannte ich auch, was ich zuvor schon auf Google Maps gesehen hatte: Der Evros teilt sich an einigen Stellen in bis zu drei Arme. Und er windet sich in vielen engen Kurven. Es konnte also sein, dass ich mich immer noch auf griechischem Boden befunden hätte, selbst wenn ich die Überquerung eines Armes geschafft hätte. Dann müsste ich noch ein zweites oder drittes Mal durch den Evros schwimmen. Das wollte ich vermeiden, denn ich kann nicht gut schwimmen. Über Wasser halten, ja, jedoch mehr nicht. Schon in der Schule war ich ein schlechter Schwimmer, schaffte gerade mal zwei Bahnen, wo die anderen vier zurücklegten. Zum Glück fiel das beim Gewusel der vielen Kinder nicht auf. Für meinen Vater war das Thema Schwimmen damit erledigt. Wasser ist einfach nicht mein Element. Aber ich dachte, ich könnte mich sicher auch an einem Floß aus Ästen und Treibgut festhalten, das ich für meinen Rucksack bauen wollte, sobald ich das Ufer erreicht hätte.

Das Gelände war karg, flach, kahl, dann wieder matschig und voller Gestrüpp und Schilf. Ich versank andauernd und fluchte. Ich stolperte, kletterte, watete, marschierte durch Sumpf, über Feldwege und Trampelpfade. Auf den Satellitenbildern von Google Maps sahen diese Feldwege aus, als könne man gut auf ihnen gehen, aber weil es viel geregnet hatte, war alles schlammig. Ich kam schlecht vorwärts. Unter meinen Stiefeln bildeten sich wieder und wieder diese Klumpen, so dick und schwer, dass ich die Füße nicht mehr heben konnte.

Egal, wie viele Kilometer ich am Fluss auf und ab lief: Ich sah ihn auf meinem Google Maps immer ein paar hundert Meter oder weniger entfernt, konnte aber nicht zu ihm durchdringen. Mal kam ein Dorf. Dann wieder Felder und noch mal Felder. Oder Wege und Straßen. Manchmal führte ein Tunnel unter einer Schnellstraße hindurch, oder eine Autobahn durchschnitt die Landschaft. Meistens aber führten die Wege ewig geradeaus an Feldern entlang bis zum Horizont. Du kannst schnell in ein psychisches Loch fallen, wenn du einen Weg siehst, der sich kilometerlang vor dir erstreckt und du keine Ahnung hast, wie du das schaffen sollst. Mir fiel eine Szene aus dem Kinderbuch *Momo* von Michael Ende ein. Als Kind habe ich es gern gelesen. Momo fragt den Straßenkehrer Beppo, wie er es schafft, eine unglaublich lange Straße zu kehren, er müsse doch beim Putzen verzweifeln. Der Straßenkehrer sagte: »Immer einen Schritt vor den anderen, nie an die ganze Straße auf einmal denken! Man muss immer nur an den nächsten Schritt denken, an den nächsten Atemzug, an den nächsten Besenstrich. Auf einmal merkt man, dass man Schritt für Schritt die ganze Straße gemacht hat. Man hat gar nicht gemerkt, wie, und man ist nicht außer Puste.« Genau das versuchte ich. Versuchte, mit den Gedanken abzudriften, mich zu verlieren. Ich hörte meinen Schritten zu, manchmal meinem Atem.

In keinem der Artikel im Internet hatte ich gelesen, an welcher Stelle die Flüchtlinge den Evros überquerten. Ich hatte aber auch nicht damit gerechnet, dass es so kompliziert werden würde, zum Fluss zu gelangen. Ich dachte ehrlich, das wäre so, wie zur Münchener Isar zu gehen und von einer Seite zur anderen zu schwimmen.

Ich aß noch einen Energieriegel. Bald war ich wieder nahe dem Dorf Ardani, wo mich der Soldat gestern Nacht aus dem Laster aussteigen ließ. Es war zum Verzweifeln. Ich drehte mich im Kreis. Ich kam an einer Hütte vorbei mit einer Tanksäule und einem rostigen Schild, das im Wind wackelnd quietschte. Wie im Film. Der Typ in der Tankstelle schlief auf seinem Stuhl. Ich weckte ihn und kaufte eine Cola.

Ich war jetzt zwei Tage unterwegs und hatte es nicht einmal geschafft, zu diesem verdammten Fluss vorzustoßen. Ich ärgerte mich. Ich hatte nicht damit gerechnet, dass diese Gegend so unwegsam sein würde. Aber im Grunde hätte es mir doch klar sein müssen, dass man nicht so einfach über die EU-Außengrenze schwimmen konnte. Was hatte ich mir dabei gedacht?

Am frühen Nachmittag ging ich auf einer Straße an einem Feld entlang. Ich sah das blau-weiße Auto der griechischen Polizei schon von weitem. Einer der beiden Polizisten fragte mich erst auf Griechisch, dann auf Englisch: »Was machen Sie hier?« Ich log auf Englisch, ich würde eine Art Outdoor-Führer mit Survival-Tipps schreiben und wandere dafür in dieser schönen Gegend. Mit meinem Rucksack und der Funktionskleidung sah ich wirklich aus wie ein Wanderer. Der Polizist sah mich ungläubig an. Wieso macht das einer ausgerechnet im Januar? »Woher kommen Sie?«, wollte er wissen. »Aus Deutschland«, antwortete ich. Dann prüften sie meinen Pass. Ich hoffte, sie würden nicht sehen, dass er abgelaufen war und zwei Seiten fehlten. Ich versuchte, das Gespräch am Laufen zu halten, zu plaudern. Als EU-Bürger durfte ich hier herumlaufen, keine Frage. Der eine Polizist sagte noch, ich solle meine Halskette verstecken. Aber ich antwortete, das sei nur billiger Modeschmuck. Dann ließen sie mich kopfschüttelnd ziehen.

Ich ging weiter und bog in einen Weg ein, von dem ich dachte, es sei ein richtiger Weg. Aber mir kam ein alter Mann entgegen, der mir auf Griechisch etwas zurief und wild gestikulierte. Ich verstand nicht, was er mir sagen wollte. In diesem Moment kam ein Pick-up. Der Wagen hielt, und der Mann übersetzte für mich auf Englisch, der Alte warne mich davor, diesen Weg zu nehmen: Es gäbe gefährliche wilde Hunde. Von denen hatte mir der Soldat gestern auch schon erzählt, der mich im Laster bis nach Ardani mitnahm. Viele Griechen würden sich Wachhunde für ihre Grundstücke oder Höfe anschaffen, die sich unkontrolliert vermehrten. Sie verwilderten, schlossen sich zu Rudeln zusammen, jagten. Der Mann im Pick-up bot an, mich ein Stück mitzunehmen, vorbei an den Hunden. Er arbeitete als Ingenieur, wie sich herausstellte. Wohin ich wolle? Ich sagte, wie immer: nach Kipoi, wieder mal der einzige Ort nahe der türkischen Grenze, der mir einfiel.

Wir fuhren zu einer Baustelle, und der Fahrer ließ mich aussteigen. Die Baustelle lag auf einer Anhöhe, von der man die Landschaft gut überblicken konnte. Ich konnte nun zum ersten Mal das ganze Gelände von oben betrachten, das ich heute schon abgelaufen war. Von dieser Anhöhe sah ich unten im Tal auch zum ersten Mal den offiziellen Grenzübergang von Griechenland in die Türkei ganz nah dem Dorf Kipoi. Über diese Grenze fuhren nicht nur Autos und

Laster, sondern auch Busse für Pendler und Touristen, das hatte ich gegoogelt. Es herrschte reger Verkehr.

Ich beobachtete die Grenze: Über den Fluss führte eine Brücke. Wie von den Schnellstraßen die Autos, Busse und Laster auf die Brücke fuhren und vor und nach der Brücke kontrolliert wurden, konnte man gut sehen, sogar die griechischen und türkischen Grenzposten konnte ich erkennen. Auf Google Maps hatte ich in dieser Gegend auch immer etwas gesehen, was ich mir nicht erklären konnte. Es sah aus wie eine Straße auf türkischer Seite: Doch es war ein tiefer Betongraben, mehr eine Schlucht, der nahe dem Fluss zur Grenzsicherung diente. Wenn man dort hineinfiele, käme man nicht mehr ohne Hilfe hinaus. Wahrscheinlich würde man sich alle Knochen brechen.

Ich wanderte vom Berg in die Ebene, die ich gerade von oben angesehen hatte. Unten angekommen, ging ich an einer Straße entlang, die vielleicht nur 50 Meter von der Grenze entfernt lief. Die LKWs stauten sich vor dem Grenzübertritt. Jetzt sah ich die Grenze ganz nah, die Zäune, den griechischen Transitbereich, hinter dem Fluss den türkischen Transitbereich. Eine Kaserne lag nahe der Grenze auf griechischer Seite.

Vielleicht bin ich in den letzten zwei Tagen deswegen so schlecht zum Ufer des Evros gekommen, weil hier alles viel zu nah an diesem Grenzübergang liegt und das Flussufer stark gesichert ist. Vielleicht muss ich mich viel weiter nördlich oder südwestlich halten, weiter weg vom Grenzübergang in Kipoi? Zumindest brauchte ich es in dieser Gegend nicht zu versuchen: Hier konnte ich nicht durchschlüpfen, hier gab es Zäune und Stacheldraht.

Ich ging die Straße entlang, auf der die Autos vor dem Grenzübergang im Stau standen, nahm eine Abzweigung nach rechts Richtung Norden und kam an der Kaserne vorbei. Hinter dem Maschendrahtzaun standen zwei Soldaten. Ich sagte noch freundlich auf Griechisch »Jassas«. Aber sie winkten mich zu sich und riefen, erst auf Griechisch, dann auf Englisch: »Was willst du hier?«

»Ich wandere!«

»Woher kommst du?«

»Aus Deutschland!«

Sie diskutierten. Dann holten sie ihren Kommandeur, der meinen Ausweis verlangte. Ich sagte, dass mich die Polizei schon kontrolliert habe. »Ist mir doch egal!«, erwiderte der Kommandeur. Ich steckte den Pass durch den Zaun. Der Kommandant sah ihn lange an. Langsam hatte ich mich daran gewöhnt, dass sie nichts beanstandeten, weil sie nichts mit ihm anfangen konnten. »Schönen Tag«, wünschte er. Die Soldaten hatten hier andere Sorgen.

Ich ging durch Kipoi. An einer Tankstelle setzte ich mich auf eine Stufe und wechselte die Fellsohlen in meinen Stiefeln gegen die Gelsohlen. Ich konnte kaum noch laufen. Ich lud mein Handy und mein Akkupack an meinem Solar-Ladepanel. Eine weißgrau getigerte Katze ließ sich den Bauch von der Wintersonne wärmen. Einen Augenblick lang wünschte ich, das zufriedene Tier zu sein, das nicht so getrieben war wie ich.

Ich entschied, Richtung Südwesten zu laufen, und kam an vielen roten Verbotsschildern vorbei – immer wieder mit Hinweisen auf Griechisch, Englisch und mit Graphiken, dass ich mich im Grenzgebiet befand. In einem betonierten Flussbett, einer Art Kanal, sah ich ein totes Schaf. Es lag mit verdrehtem Körper in dem Betonbett. Aus dem Bauch quollen die Därme. Ich fotografierte das Schaf als Mahnung für mich, aufzupassen und mich nicht zu verletzen.

Von Stunde zu Stunde, die ich wanderte, wurde ich desillusionierter. Ich rannte auf und ab und hin und her mit meinen zwanzig Kilo auf dem Rücken. Es fing an zu regnen. Ich packte meinen großen Rucksack in einen Plastiküberzug, den kleinen bedeckte ich mit meiner Jacke und zog meine Kapuze über den Kopf.

Am frühen Abend war ich erschöpft, schmutzig, hungrig, müde, durchnässt und meine Stimmung im Keller. Ich muss das jetzt abbrechen, dachte ich. Das macht so keinen Sinn. Alleine finde ich keinen Weg, wie ich zum Fluss gelange. Ich muss jemanden suchen, der Tipps hat, der sich auskennt. Ein neuer Schlachtplan muss her. Mit meinem schweren Gepäck konnte ich mich auch kaum mehr bewegen. Ich wollte versuchen, von einem der Dörfer hier in der Umgebung nach Alexandroupoli zu gelangen, um dort einen neuen Plan zu schmieden. Das war ein Dämpfer. Aber aufgegeben hätte ich nie: Ich hatte mir geschworen, endlich meine Mutter zu finden.

Erst versuchte ich, per Anhalter mitgenommen zu werden, aber niemand hielt. Ich erfuhr erst später, dass es sogar verboten war, Menschen mitzunehmen, weil es Flüchtlinge sein könnten.

Mit Hilfe von Google Maps suchte ich das nächste Dorf, in dem eine Bushaltestelle angezeigt wurde. Dort angekommen, fragte ich einen älteren Mann auf der Straße: »Alexandroupoli? Omnibus?«, und er zeigte mir die Kreuzung. Ich verstand nur, dass der Bus bald kommen würde. Ich wartete zwei Stunden.

Während ich wartete, öffnete ich die Couchsurfing-App auf meinem Handy. Über Couchsurfing bieten meist junge Leute und Studenten ihre Couch und ihre Gesellschaft an: Sie lassen dich bei sich übernachten, zeigen dir die Stadt oder trinken Kaffee mit dir. Ich habe das schon oft gemacht und viele gute Erfahrungen gesammelt. Mit manchen Couchsurfern bin ich bis heute befreundet. In meiner Situation war ich nun auf Menschen angewiesen, die sich in der Gegend auskannten und mir weiterhelfen würden. An welcher Stelle kreuzten die Flüchtlinge den Fluss, was hörte man in der Gegend, was schrieben die lokalen Zeitungen?

Ich hatte ein schwarz-weißes Foto von mir hochgeladen, auf dem ich meiner Meinung nach ganz nett und herzlich aussehe.

Doch nur ein Mensch in Alexandroupoli bot einen Schlafplatz an, sah ich auf der App: Er hieß Evangelis und war etwa so alt wie ich. Ich fragte ihn auf Englisch über die App, ob ich bei ihm schlafen könne:

Ich möchte meine Mutter finden und kennenlernen. Einer meiner Stopps auf meinem Weg Richtung Türkei und Iran ist in Alexandroupoli. Die meiste Zeit werde ich draußen gehen und schlafen. Aber wenn ich Glück habe, finde ich auch manchmal ein Bett ... :) Ich bin sehr offen und liebe es, neue Menschen aus der ganzen Welt zu treffen. Viele Grüße, Mehdi

Um 8 Uhr abends kam der Bus. Eine halbe Stunde später antwortete Evangelis, er sei nicht in Alexandroupoli und könne mir leider nicht weiterhelfen. Ich reservierte über die Hotelbuchungs-App Booking eine billige Absteige am Hauptbahnhof, *Hotel Regina*, zwanzig Euro die Nacht.

Etwa um 9 Uhr abends kam ich in Alexandroupoli an und kaufte ein Gyros Pita. In Griechenland aß ich fast ausschließlich Gyros, das war am billigsten, nur zwei Euro. In meinem Hotel standen im Zimmer Möbel aus Pressspanplatten, im Bad hing ein Gummischlauch als Dusche an der Wand. Aber ich war zufrieden: Nach den letzten beiden Tagen und der eisigen Nacht draußen fühlte sich dieses Zimmer wie Luxus an.

Ich sah auf Google Maps, dass ich an diesem Tag 39,2 Kilometer in 8 Stunden 59 Minuten gegangen und 55 Kilometer mit dem Bus gefahren war.

Alexandroupoli ist eine Hafenstadt, die Grenze zur Türkei, nicht weit entfernt, bildet der Fluss Evros, den ich die letzten zwei Tage nicht überqueren konnte. Der Evros mündete bei Alexandroupoli ins Meer. Ich könnte also auch ein Stück auf dem Meer überqueren, um in die Türkei zu gelangen. Ich spielte mit dem Gedanken, den Seeweg zu nehmen. Dazu bräuchte ich ein Schlauchboot. Im Nachhinein betrachtet war das aber eine ziemliche Schnapsidee: Der Evros fließt in zwei Armen ins Meer, das Flussdelta ist riesig, man müsste bestimmt 5 Kilometer übers Wasser. Und dafür bräuchte man ein richtiges Boot, am besten mit Motor.

Mir fiel aber auf, dass auch für die Überquerung des Evros ein

Schlauchboot gut wäre. Dann müsste ich kein Floß bauen. Morgen würde ich mich nach einem Schlauchboot umsehen.

Ich wollte jetzt verschiedenen Möglichkeiten ausloten: Ich sah mir auch auf Google Maps die Grenze zwischen Griechenland und der Türkei Richtung Bulgarien an, immer in der Hoffnung, mir möge eine gute Stelle zur Flussüberquerung auffallen.

Ich redete mir selbst gut zu. Natürlich war es schwierig, illegal über die EU-Außengrenzen zu gelangen, obwohl sicher nicht viele Menschen vorhatten, die Grenze in meiner Richtung, also entgegen der Flüchtlingsroute, zu überqueren. Dass das alles nur ein Anfang all meiner Probleme sein würde und welche Strapazen und Gefahren noch auf mich zukämen, konnte ich damals nicht ahnen.

Zum Glück hatte ich keinen Zeitdruck. Ich musste es nur irgendwie hinkriegen, in den Iran zu kommen, bevor mir das Geld ausging.

Beim Surfen im Netz fiel mir plötzlich etwas auf: Weder als Deutscher noch als Iraner braucht man ein Visum für die Türkei, vorausgesetzt, man hat einen gültigen Reisepass. Ich dachte, ich bin doch eigentlich Iraner mit einem deutschen Flüchtlingspass: Was, wenn ich mich blöd stelle und den Grenzübertritt einfach versuche? Ich wusste natürlich, dass ich mit meinem Pass ein Visum brauche. Aber alle Polizisten und Soldaten, die meinen Pass bislang gesehen hatten, konnten damit nicht viel anfangen.

Was, wenn auch die Grenzsoldaten beim Grenzübergang in Kipoi keine Ahnung vom deutschen Flüchtlingspass hätten? Was konnte schon geschehen, wenn sie mich erwischten? Ich beschloss, am nächsten Tag am Busbahnhof vorbeizugehen, um herauszufinden, wann die Busse für Touristen und Pendler über die Grenze fuhren.

Am nächsten Morgen ging ich zuerst in ein Café. Der Kaffee dort war wirklich gut. Ich kam sofort mit den Angestellten ins Gespräch. Plötzlich kam auch noch der Kaffeelieferant auf seinem dunkelblauen Motorroller angefahren und hatte ein paar Säcke frische Bohnen dabei. Er hörte, dass ich aus Deutschland war, und sprach mich auf Deutsch an. Er lebte und arbeitete früher in Dortmund, wohnte aber seit ein paar Jahren wieder in Griechenland mit seinem Cousin in einer WG in der Nähe seiner Eltern. Er hieß Dimitri und war ein cooler Typ, Dreitagebart, gut trainiert, lässige Turnschuhe, er sah nach Ausgehen aus, nach Club.

Anschließend ging ich zum Busterminal. Es gab zwei Busse am Tag, einen um 15 Uhr, einen um 3 Uhr nachts, beide mit der Endhaltestelle Istanbul. Ich kaufte ein One-Way-Ticket für umgerechnet 25 Euro für den Bus am nächsten Tag um 15 Uhr. Nachts wollte ich nicht fahren, denn ich sollte wie ein unbedarfter Tourist aussehen. Den Rest des Tages suchte ich nach einem Schlauchboot. Aber alle Geschäfte waren geschlossen. Alexandroupoli ist im Sommer voller Touristen. Dann sind in der Stadt doppelt so viele Menschen wie im Winter. Die Stadt lebt vom Tourismus und dem Hafen, im Winter war alles wie ausgestorben. Ich vertrieb mir den Tag und aß einen Burger in *Goodys Burger House*.

Am nächsten Mittag holte ich mir zwei süße Gebäckstücke und eine Käsestange für die Fahrt, trank noch einen Kaffee und stieg um 15 Uhr in den Bus nach Istanbul. Im Bus saßen hauptsächlich Pendler und Familien – aber keine Touristen. Ich fiel mit meinen zwei Rucksäcken und meiner Funktionskleidung auf. Als wir nach fünfzig Minuten an die Grenze kamen, sammelte eine Mitarbeiterin des Busunternehmens die Pässe ein. Mit meinem wusste sie nichts anzufangen. Ich beobachtete sie, wie sie in meinem Pass vor und zurück blätterte, ihn wieder zuschlug und versuchte, die Schrift auf dem Umschlag zu entziffern. Dann kam sie zu mir zurück und fragte, welche Nationalität ich habe. Ich sagte »Deutsch«. Sie trug die Daten der Passagiere in eine Liste ein. Dann fuhr der Bus in den Transitbereich der Zollabfertigung auf der griechischen Seite. Die Mitarbeiterin des Busunternehmens gab jedem den Pass zurück. Wir sollten aussteigen und dabei dem Polizisten vor der Bustür noch mal unseren Pass zeigen.

Als ich dran war, blätterte der griechische Grenzpolizist in meinem Pass vor und zurück und sagte auf Deutsch zu mir: »Sie haben kein Visum. Mit diesem Pass brauchen Sie für die Türkei ein Visum.« Oh Mann, was hatte ich mir denn gedacht? Natürlich wusste der Grenzer über meinen Pass Bescheid! Er war ein Grenzbeamter, nicht irgendein Polizist, der draußen rumfährt. Das ist sein Job. Was denn sonst? Ich kam mir vor wie ein dummer Schuljunge, der beim Spicken erwischt wurde.

Ich sollte zur Seite treten und warten, bis er die restlichen Passagiere abgefertigt hatte. »Aber das ist doch ein deutscher Pass, und ich bin noch dazu Iraner, die brauchen kein Visum«, sagte ich und stellte mich doof.

Er erklärte mir, was ich sowieso schon wusste: dass man mit dem blauen deutschen Flüchtlingspass für viele Länder außerhalb der EU ein Visum braucht.

»Kann ich es trotzdem versuchen?«

»Von mir aus, aber Sie werden mit diesem Pass nicht in die Türkei einreisen können.«

Die meisten Busreisenden gingen in den Duty-free-Shop, um Alkohol zu kaufen. Nach einer halben Stunde fuhren wir 400 Meter weiter und hielten diesmal im türkischen Transitbereich. Wieder mussten wir aussteigen, diesmal aber unseren Pass selbst zu einem Grenzhäuschen bringen, um einen Einreisestempel zu bekommen.

Als der türkische Grenzbeamte meinen Pass durchblätterte, rief er: »Oh no, no, no, no! No Visa?« Ich stellte mich dumm. »I need a Visa?«, fragte ich. Er legte meinen Pass zur Seite und rief nach einem Kollegen, während er die anderen abfertigte.

Ich bin mir sicher, dass der so einen Fall wie mich nur einmal im Jahr hatte und er jetzt so richtig schön auf wichtig machen konnte. So was passiert sonst nicht oft an diesem Grenzübergang. Ich war andererseits sicher, meine Reise wäre hier vorerst zu Ende.

Der Grenzer verbreitete Aufregung, ruderte mit den Armen, schrie in die eine Richtung, dann wieder in die andere. Soldaten rannten herbei, es wurde unübersichtlich. Alle gestikulierten wild. Ich musste meine Tasche aus dem Bus holen, dann zur Polizeistation gehen, mein Pass wurde kopiert. Der Grenzer überreichte mir schließlich ein Schreiben, nach dem ich nun offiziell aus der Türkei ausgewiesen wurde. Zum Glück sah niemand, dass mein Pass auch noch abgelaufen war.

Als Einziger aus dem Bus wurde ich mit dem Polizeiauto auf die griechische Seite gefahren und im griechischen Transitbereich rausgelassen. Jetzt war ich einmal offiziell abgeschoben worden. Der Bus mit den anderen Reisenden fuhr Richtung Istanbul. Der griechische Grenzer sagte ganz nett: »Ich habe es Ihnen doch prophezeit!« Er rief mir noch hinterher: »Versuchen Sie doch, ein Visum zu bekommen. In Komotini ist ein Konsulat, nicht weit von hier.« Ich bedankte mich.

Und dann stand ich an der Grenze – und keine öffentlichen Verkehrsmittel weit und breit. Eine Stunde versuchte ich erfolglos, einen Laster oder ein Auto anzuhalten. Also ging ich wieder los. Ich kannte diese Gegend nun schon. Ich kam wieder zu der BP-Tankstelle mit der weiß-grau getigerten Katze und sah auf Google Maps, dass von dieser Tankstelle auch Busse fuhren. Es fing an zu regnen. Ich fragte die Frau in der Tankstelle, wann der nächste Bus komme. »Um 20 Uhr fährt einer«, erklärte sie in gebrochenem Englisch. Aber man müsse rausgehen, winken und den Bus anhalten. Sie würde mir Bescheid sagen, wenn ich zum Winken auf die Straße gehen sollte.

Ich setzte mich auf einen der Plastikstühle und wartete. Um kurz vor 20 Uhr kam die Frau und sagte, ich solle jetzt raus. Ich stellte mich auf die Straße. Der Bus kam, ich winkte, aber es war stockdunkel und regnete, wahrscheinlich sah er mich nicht – er rauschte vorbei.

Ich lief wieder in die Tankstelle und fragte: »Habe ich was falsch gemacht?« Sie schüttelte nur den Kopf und sagte: »Morgen um sechs fährt der nächste.« Sie schaute mich mitleidsvoll an. Ich seufzte.

Die ganze Nacht saß ich auf einem der Plastikstühle unter dem Vordach, neuneinhalb Stunden, von 20 Uhr bis 6 Uhr morgens. Es schüttete aus Kübeln. Die Frau von der Tankstelle brachte mir einmal Kaffee, und die Katze legte sich auf meinen Schoß.

Der Bus kam im Morgengrauen. Er sammelte alle Menschen in dieser Gegend ein, die nach Alexandroupoli zur Arbeit mussten. Diesmal hielt er an, und ich konnte tatsächlich einsteigen.

Zurück in der Stadt lief ich wieder zu meinem *Hotel Regina,* aber es hieß, ich müsse ein paar Stunden warten, bis ich ein neues Zimmer beziehen könne.

In der Zwischenzeit trank ich einen Kaffee in dem Laden, den ich schon einmal besucht hatte. Dimitri, der Kaffeelieferant, fuhr wieder mit seinem blauen Motorroller vor, weil er wie jeden Tag Kaffee lieferte. Wir redeten ein bisschen, und er bot an, mir seine Telefonnummer zu geben, damit wir zusammen etwas unternehmen könnten. Wir verabredeten uns für den gleichen Abend in einer Kneipe auf ein Bier.

Ich war müde, ungewaschen, unrasiert, stank. Und trotzdem dachte ich, ich müsse jetzt alles versuchen, was möglich sei. Wenn ich mir selbst nicht helfe, würde es niemand tun. Ich beschloss, den nächsten Bus nach Komotini zu nehmen, zum türkischen Konsulat, von dem der Grenzbeamte sprach. Jetzt schöpfte ich einfach jede Möglichkeit aus.

Zurück im Hotel, fragte ich den Besitzer, ob ich meine Tasche abstellen könne. Ich machte noch Passfotos, in der Hoffnung, ein Visum zu bekommen. Auf den Fotos sah ich ziemlich zerstört aus, wie ein entflohener Sträfling. Ich fuhr etwa eine Stunde mit dem Bus nach Komotini zum türkischen Konsulat.

Als ich aber beim Konsulat klingelte, ließ mich der Mitarbeiter nicht mal ins Haus. Stattdessen trat er heraus, hörte sich meine Geschichte an – und wimmelte mich ab: Ich müsse mein Visum beim türkischen Konsulat in Deutschland beantragen. Wenn er meinen

Pass von hier nach Deutschland schicke, könne das Wochen, sogar Monate dauern. Ob ich hier so lange warten wolle? Er könne das gern versuchen, aber ohne Garantie auf Erfolg.

Enttäuscht fuhr ich zurück. Um halb eins war ich wieder in Alexandroupoli.

Im Bus kam mir noch eine andere Idee: Ich würde Evangelis schreiben, der mir auf der Couchsurfing-App geantwortet hatte. Vielleicht wäre er jetzt wieder in der Stadt und könnte mir weiterhelfen. Ich schrieb ihm um 12.22 Uhr, und schon um 12.33 Uhr schickte er mir seine Telefonnummer. Wir verabredeten uns um 17 Uhr im Café *Room 6*. Ein Lichtblick.

Gegen 14 Uhr war mein Zimmer im *Hotel Regina* frei. Ich schlief ein paar Stunden. Um kurz vor fünf kam ich im Café an, das offensichtlich fest in der Hand der Hipster dieser Stadt war. Es hätte genauso gut in New York stehen können. An den Wänden hingen dramatisch beleuchtete, schwarzlackierte Hirschgeweihe, alles war schwarz und weiß angemalt, an den Wänden Sprüche wie *Dance till world ends*. Es gab ein DJ-Pult. Abends war das Café wohl auch eine Art Bar und Club.

Evangelis trug lange Haare, war ein wenig kleiner als ich, drahtig, seine Haut dunkel, das Gesicht breit. Er sah aus, als wäre er einer Jack-Wolfskin-Werbung entsprungen, und war auch so gekleidet. Er war ein Typ, der gern draußen war. Wir bestellten einen Fredo, griechischen kalten Kaffee, und setzten uns in eine Art Wintergarten, der von Heizpilzen erwärmt wurde. Ich erzählte ihm meine Geschichte, zeigte ihm meinen Pass und fragte ihn, ob er Tipps habe, wie ich den Evros überqueren könne. Das träfe sich gut, sagte er, denn er arbeite als Soldat genau in der Gegend um den Evros. Aber er wäre natürlich dafür zuständig, die Flüchtlinge von der türkischen Seite nach Griechenland abzuhalten, nicht umgekehrt. Er reagierte sehr cool auf meine Geschichte. Was für ein Zufall, dass ich gleich einen Soldaten erwischt hatte.

Es war das erste Mal auf meiner Reise, dass ich jemandem meine

Geschichte erzählte. Noch viele Male würden die Menschen ähnlich reagieren und mir weiterhelfen, wenn sie wussten, warum ich diese Reise auf mich nahm. Evangelis war der erste der guten Menschen auf meinem Weg.

Ich zeigte ihm auf Google Maps, wo ich schon überall gewesen war, und er zeigte mir, wo die Flussüberquerung vielversprechender sei – viel weiter nördlich als von mir geplant. Allerdings nicht im Winter, ich könnte es nur im Sommer versuchen.

»Im Sommer könntest du es an mehreren Stellen probieren«, sagte er, »aber der Fluss trägt im Winter viel zu viel Wasser. Im Winter regnet es zu viel. Dann wird der Fluss gefährlich.« Ich zeigte ihm eine Stelle, an der ich geplant hatte, den Evros zu überqueren, an der aber zu viele Wachtürme der Griechen standen. »Genau dort war ich früher stationiert«, sagte er, »dann hätte ich dich einfach rüberlassen können! Jetzt bin ich im Ort Feres und nicht mehr direkt am Fluss. Ich fahre auch keine Patrouille mehr.« Feres war der Ort, den ich der Taxifahrerin ganz zu Anfang genannt hatte, durch den wir als Erstes fuhren.

Ich fand es super, dass ich an einen Soldaten geraten war, der auch noch an der Quelle der Informationen saß. Es kämen immer noch recht viele Flüchtlinge über den Fluss, sagte Evangelis, obwohl die Grenzen zu beiden Seiten stärker gesichert waren als noch vor ein paar Jahren, als es den größten Ansturm gab. Die Griechen warfen den Türken vor, die Grenzen nicht richtig zu sichern: »Geht rüber, ist dann nicht mehr unser Problem!« Die Türken wären froh über jeden, der ihr Land wieder verlasse. Deswegen hatte Griechenland stark gesicherte Grenzanlagen und -zäune gebaut.

Zwei Stunden später bedankte ich mich für seine Tipps, ging zurück ins Hotel und legte mich aufs Bett. Es war 7 Uhr abends, ich klickte mich durchs Internet. Obwohl Evangelis mir von der Flussüberquerung abgeraten hatte, wollte ich diese Idee nicht verwerfen.

Etwa um halb zehn traf ich mich mit Dimitri, dem Kaffeelieferanten mit dem Motorroller. Wir tranken ein paar Tequila in einer Bar.

Ich erzählte, was ich vorhabe. Er fand das spannend und erzählte mir auch von sich und seinen chronischen Geldproblemen. Viele junge Leute fänden keine Jobs, deswegen hätten sie kein Geld. Er spiele im Onlinecasino und wohne mit seinem Cousin in einer WG, der wäre auch immer klamm.

Während er über seine Schwierigkeiten sprach, Geld zu verdienen, fiel mir plötzlich Ramin ein, ein Freund von mir, der ähnliche Probleme mit seinem Pass hatte wie ich. Er lieh sich manchmal Pässe von anderen Leuten, wenn er verreiste – das klappte eigentlich immer. Wenn die Grenzer einen gültigen Pass vor sich sehen, achten sie nicht so genau auf die Gesichter.

Ich fragte Dimitri, ob er nicht jemanden kenne, der mir gegen Geld seinen Pass leihen könne. Ich würde hundert Euro zahlen und den Pass nach dem Grenzübertritt wieder zurückschicken. Würde ich aufgegriffen, könnte ich sagen, ich hätte ihn gestohlen oder gefunden. Ich würde alles sagen, damit Dimitri und seine Freunde keine Probleme bekommen.

Dimitri sagte: »Ich höre mich um. Ich denke an einen Kumpel. Und meinen Pass suche ich auch. Der müsste bei meinen Eltern liegen. Vielleicht ist er noch gültig. Ich habe ihn ewig nicht mehr benutzt.«

Ich hatte ein gutes Gefühl. Es gab ein paar Optionen. Irgendwas musste doch klappen.

Ich fragte Dimitri auch nach einem Boot. Er sagte, ich solle meinen Hotelbesitzer fragen. Vielleicht konnte der weiterhelfen.

Im Hotel schrieb ich Evangelis, dass ich jemanden kennengelernt hätte, der mir vielleicht seinen Pass leihen würde.

Er schrieb zurück: Ah cool, wenn das nicht klappt, leihe ich dir meinen!

Ich weiß nicht, ob er das ernst meinte oder nicht. Aber in meiner Situation würde ich mir jeden Grashalm schnappen, um darauf zu balancieren, egal ob Spaß oder Ernst. Ich würde mir sein Angebot merken. Dann legte ich mich schlafen. Am nächsten Tag würde sich alles entscheiden. Entweder ich fände einen Pass. Oder ein Boot.

Am nächsten Morgen fragte ich den Hotelbesitzer durch die Blume, ob er eine Stelle kenne, an der ich über den Fluss in die Türkei übersetzen könnte. Er sah mich entgeistert an. Aber als ich ihn fragte, wo ich ein Schlauchboot kaufen könne, verstand er sofort. »Don't do it!«, sagte er. Aber er rief einen Bekannten an, der ein Geschäft besaß. Dort ging ich hin und schaute mir das Schlauchboot an. Es war ein Kinderboot aus sehr dünnem Plastik mit aufgedruckten Mini-Mäusen. Dafür war die Staubschicht umso dicker. Ob ich es reservieren wolle, fragte mich der Ladenbesitzer, was ich lustig fand, denn wer soll schon ein Kinderboot im Januar kaufen. Es waren keine Touristen in der Gegend. Trotzdem reservierte ich es sicherheitshalber.

Dann rief Dimitri an und erklärte mir, dass es nichts werden würde mit den fremden Pässen. »Mein Freund will es nicht machen, und meiner ist abgelaufen – ich habe ihn sein zehn Jahren nicht benutzt.«

Ich schrieb Evangelis per WhatsApp: Was er mache, ob er Lust auf Essen habe, ich würde ihn einladen. Aber er arbeitete und hatte auch schon gegessen. Ich könne am Abend bei ihm vorbeikommen, ein bisschen mit ihm an der Playstation zocken, bevor er selbst um 23 Uhr zu einem Spieleabend ginge.

Gute Idee, dachte ich und besuchte ihn am Abend. Er wohnte in einem Sechziger-Jahre-Bau in einer Dreizimmerwohnung, vielleicht 60 Quadratmeter. Sein Wohnzimmertisch war eine Kloschüssel mit einer Glasscheibe darauf. Er hatte ein gemütliches Sofa und einen großen Fernseher.

Wir zockten an der Playstation *Mortal Combat*. Ich verlor. Er war gut in dem Spiel. Wir zockten bis kurz vor elf. Als er sich fertig machte für seinen Spieleabend, fragte ich: »Hey, Evangelis, es hat nicht geklappt mit dem Pass von dem anderen Typen. Kann ich deinen haben?«

»Du willst wirklich meinen Pass haben?« Dann fing er an, rumzudrucksen, der sei gar nicht da, wo könne der nur sein?

»Du hast gesagt, du hast ihn neulich erst angesehen und er war gar nicht mehr so lang gültig.«

Ich spürte, wie Evangelis mit sich kämpfte: »Ich habe mir schon ein Boot ausgesucht, aber ich habe keine Lust zu ersaufen«, sagte ich. Evangelis wusste, was auf dem Spiel stand. Er hätte sich bestimmt nicht gut gefühlt, wäre mir etwas zugestoßen. Er kannte die Toten aus dem Evros. Dann traf er eine Entscheidung.

»Ich glaube, er ist im Auto«, sagte er, und weil er mich sowieso ein Stück mitnehmen wollte, gingen wir beide runter zum Auto. Er klappte das Handschuhfach auf und holte den Pass heraus: noch drei Monate gültig.

»Und den soll ich dir jetzt geben?«

»Du hast gesagt, es ist zu gefährlich mit dem Boot!«

»Hier!« Widerwillig gab er ihn mir. Er habe in nächster Zeit nicht vor, das Land zu verlassen, und er würde sagen, er sei beim Umzug verloren gegangen.

Ich versuchte ihm Mut zu machen, damit er seine Entscheidung nicht bereute: »Wenn irgendwas ist, dann zeig mich an, sag, wie ich heiße, sag, ich habe ihn dir geklaut, der Couchsurfing-Typ hat ihn dir gestohlen, als er bei dir zum Playstation-Spielen war. Zeige mein Foto, gib der Polizei meinen Namen.«

Dann gab er mir tatsächlich seinen Pass. Ich bedankte mich und versicherte ihm, mich zu melden, wie es mir ergangen sei. Er fuhr Richtung Stadtmitte, ließ mich raus, ich ging noch ein paar Blocks zu meinem Hotel.

Am nächsten Tag fuhr ich zum Busterminal, um herauszufinden, wie das Buspersonal eingesetzt wurde: Ich wollte sehen, ob die gleichen Leute immer zur gleichen Zeit arbeiteten. Ich bin bei meinem ersten Versuch, die Grenze zur Türkei zu passieren, sicher ziemlich vielen Menschen im Gedächtnis geblieben – und wollte nicht von denselben Leuten erkannt werden.

Um kurz vor 15 Uhr beobachtete ich den Bus und sah, dass die Busmitarbeiterin dieselbe war wie auf meiner ersten Fahrt, der Busfahrer aber nicht. Die Frau würde sich an mich erinnern. Ich beschloss, erst den Bus um 3 Uhr nachts zu nehmen, in der Hoffnung, dass dann eine andere Person die Arbeit der Busmitarbeiterin machte.

Also fuhr ich um kurz vor 3 Uhr in der Nacht wieder zum Busterminal. Diesmal war der Busfahrer derselbe, aber den Dienst der Frau hatte ein Mann übernommen.

Ich trug Mütze und Schal, den ich mir über das Gesicht bis unter die Augen gezogen hatte. Beim Einladen des Gepäcks half der Busfahrer. Den Bus nahmen eher Pendelarbeiter, keine Urlauber, von denen im Januar sowieso keine zu sehen waren. Doch auch wenn der Busfahrer mich erkannte, ließ er sich nichts anmerken.

Ich hatte Angst, dass jemand griechisch mit mir spricht und merkt, dass ich einen griechischen Pass hatte, aber kein Griechisch konnte. Zum Glück war es nachts, alle waren müde und wortkarg. Ich steckte meine Kopfhörer in die Ohren und stellte mich schlafend.

Der Bus fuhr Richtung Grenze. Natürlich war der Grenzbeamte auf der griechischen Seite genau der, der Deutsch konnte. Bestimmt erinnerte sich der Grenzer an mich. Oft kommen hier nicht so Typen wie ich vorbei.

Ich zog die Mütze tiefer runter und den Schal noch höher ins Gesicht. Wieder sollten wir unsere Pässe dem Grenzbeamten zeigen. Vor mir ging jemand, der seinen Pass aus Versehen kurz vor dem Grenzer fallen ließ. Der Mann hob ihn auf, und genau in diesem Moment gab ich meinen Pass dem Kontrolleur, er schaute auf meinen Pass, und als der Typ wieder hochkam, wollte der Grenzer mir ins Gesicht sehen, konnte mich aber nicht erkennen hinter dem Typen, der jetzt seinen Pass hinstreckte. Ich sah noch, wie er versuchte, einen Blick auf mich zu erhaschen, doch dann kamen schon die Nächsten hinterhergedrängelt und streckten ihre Pässe hin, er war abgelenkt. Ich war durch. Zumindest durch den griechischen Teil der Grenze.

Wir fuhren weiter in den türkischen Transitbereich zu dem Grenzhäuschen, an dem man ebenfalls seine Pässe vorzeigen musste. Und wer saß drin? Genau der türkische Grenzer, der mich bei meinem ersten Versuch gestern auf türkischer Seite ausgewiesen hatte. Aber diesmal sah er nur müde und gelangweilt auf die Pässe und stempelte meinen Pass, ohne Notiz von mir zu nehmen. Ich traute mich zum ersten Mal, zu denken: Das klappt!

Wir stiegen wieder in den Bus. Der Busmitarbeiter bekam vom Grenzsoldaten alle Pässe. Ich stöpselte wieder meine Kopfhörer in die Ohren, damit mich niemand auf Griechisch ansprüche, Mütze ins Gesicht, Schal hoch. Der Bus fuhr langsam an. Ich dachte, hoffentlich kommt jetzt nicht wieder jemand angerannt und stoppt den Bus und ich müsste wieder zurück in das Häuschen und es gäbe richtig schlimm Ärger.

Aber alles blieb still, bis auf das Brummen des Motors. Der Bus setzte sich in Bewegung. Wir fuhren auf der türkischen Seite auf die Schnellstraße. Der Mitarbeiter ging durch den Bus und gab jedem seinen Pass zurück.

Um kurz vor 5 Uhr morgens hatte mich der griechische Zöllner durchgewinkt, eine halbe Stunde später bekam ich vom türkischen Grenzbeamten den Einreisestempel für die Türkei.

Ich saß still auf meinem Sitz, aber in mir tobte ein sehr lautes Gefühl: Yeah!

4

DURCH DIE TÜRKEI:
ISTANBUL – DOĞUBEYAZIT,
25. – 31. JANUAR 2018

Mein erstes Erlebnis in der Türkei: Ich wurde voll abgezockt. Nach sechs Stunden Fahrt kam ich morgens gegen neun am Istanbuler Busbahnhof an und ging zum Taxistand. Ich hatte in Griechenland schon etwas Geld in türkische Lira gewechselt. Von Google Maps und der App Booking wusste ich, wo es viele Hostels in Istanbul gab: im Stadtteil Beşiktaş. Ich sagte dem Taxifahrer, dass ich dorthin wolle, sah aber während der Fahrt, dass es rund um die Blaue Moschee auch viele Hostels gab, und änderte meinen Plan. Vielleicht merkte der Fahrer dadurch, dass ich mich null auskannte.

Als wir in die Nähe der Blauen Moschee kamen, sagte ich, er solle mich rauslassen, ich wolle noch ein paar Schritte laufen. Er verlangte 200 türkische Lira, alles, was ich zuvor in Griechenland gewechselt hatte, umgerechnet ein bisschen weniger als fünfzig Euro. Es gab zwar eine Taxiuhr, aber die sprang wie aus dem Nichts auf den Betrag um. Ich wollte keinen Ärger und gab ihm mein ganzes Geld. Als ich meinen Rucksack aus dem Kofferraum holte, machte er mir eine Szene, dass ich ihm mehr geben solle. Ich gestikulierte, dass ich nicht mehr habe. Er sah noch ein paar Euroscheine in meiner Hand, vielleicht 25 Euro, und schrie, dass er auch diese Scheine wolle – er riefe sonst die Polizei. Er flippte total aus, und ich schrie zurück.

Die Situation war kurz vor der Eskalation. Zum Glück parkte er ein paar Meter neben einem Souvenir- und Teegeschäft. Wegen des Geschreis rannte der Besitzer aus seinem Laden. Der Taxifahrer sprang in seinen Wagen und rauschte davon. Der Ladenbesitzer fragte mich auf Englisch, was los sei.

»Er wollte all mein Geld.«

»Wie viel hast du ihm gegeben?«

»200 Lira vom Busbahnhof hierher.«

Der Ladenbesitzer pfiff durch die Zähne: »Das ist das Zehnfache dessen, was die Fahrt kostet«, und er fügte hinzu, das komme leider ständig vor.

Der Ladenbesitzer bot mir seine Hilfe an, auch, wenn ich eine Telefonkarte oder ein Busticket bräuchte. Aber vorerst hatte ich kein Geld. Mit den restlichen 25 Euro blieb mir nichts übrig, als ihm zu danken, ein paar Schritte zu laufen und mich auf eine Betonabsperrung zu setzen.

Ich hatte noch ein wenig Geld auf meinem Paypal-Konto. Aber als ich die Paypal-Seite anklickte, sah ich, dass man Geld per Paypal nicht in die Türkei senden kann. Oh Shit, was mache ich jetzt? Ich schrieb meinem Freund Johannes in München eine WhatsApp: Kann ich dir Geld über Paypal senden und du schickst es mir über Western Union in die Türkei?

Er antwortete, er hätte erst am Nachmittag Zeit, zu spät für mich. Also schrieb ich einer Freundin, Theresa. Sie hatte schon seit zwei Monaten nichts von mir gehört. Trotzdem zögerte sie keine Sekunde.

Innerhalb einer halben Stunde waren 300 Euro bei einem *Western-Union*-Kiosk, zehn Minuten zu Fuß entfernt von der Betonabsperrung, auf der ich gerade saß. Für den Geldtransfer gab ich die Daten aus dem griechischen Pass von Evangelis an, zur Sicherheit. Ich wusste nicht, ob die dort darauf achteten, ob Pässe abgelaufen waren oder die nötigen Einreisestempel hatten. Natürlich hatte ich Angst, dass mich jemand auf Griechisch anspräche, weil ich ja laut Pass Grieche war. Zum Glück interessierten sich die beiden Männer in dem Kiosk nicht für mich. Das Geld wurde mir in türkischer Lira ausgezahlt.

Obwohl Theresa seit Ende November nichts mehr von mir gehört hatte, schickte sie das Geld ruckzuck 1500 Kilometer um die Welt. Theresa und ich kannten uns seit letztem Sommer aus dem Münchener Club *Heart* und waren seitdem befreundet. Sie ist neben meinen Freunden Johannes und Olek eine der drei Menschen, die ich in meine Reisepläne eingeweiht hatte. Obwohl wir uns erst kurz kannten, vertraute ich ihr. Wir hatten immer wieder Kontakt per SMS oder WhatsApp und gingen manchmal aus. Sie war freundlich, den Menschen zugewandt, hilfsbereit und sehr patent. Aber auch mit ihr hatte ich den Kontakt eingestellt, als ich mich in den letzten zwei Monaten vor meiner Abreise nach Stuttgart zu Olek, meinem Freund aus Jugendtagen, zurückzog, um alles vorzubereiten.

Theresa ist klein, zart, blond, hübsch, aber wenn es eine Situation zu lösen gibt, ist sie knallhart. Sie arbeitet bei einem amerikanischen Konzern als Vorstandsassistentin und ist es gewöhnt, Probleme zu lösen. Auch bei meinem Hilferuf verlor sie keine Sekunde, obwohl sie gerade arbeitete. Ich ahnte zu diesem Zeitpunkt noch nicht, wie wichtig Theresa für mich und meine Geschichte werden würde.

Ich ging zurück in den Souvenirladen mit dem hilfsbereiten Besitzer und kaufte mir eine Telefonkarte. Dann suchte ich ein Hostel. Ich nahm das erstbeste: *Sultan Hostel.* Ja, es gäbe ein freies Bett in einem Sechser-Zimmer, sagte die Frau an der Rezeption. Aber ich müsse noch bis 13 Uhr warten, bis zum Gästewechsel. Ich ließ meine Tasche im Hostel und spazierte durch die Stadt zur Blauen Moschee. Die wollte ich mir schon lang mal ansehen.

Das war ziemlich blauäugig. Mir fiel schon auf, dass rund um die Blaue Moschee und die Hagia Sophia viele Soldaten standen. Ich hatte aber vergessen, dass es hier vor zwei Jahren einen Terroranschlag gegeben hatte: Ein Selbstmordattentäter mit Verbindung zum IS hatte sich in einer Touristengruppe in die Luft gesprengt. Unter den 33 Toten waren elf Deutsche. Ein Jahr später gab es einen zweiten Anschlag im Club *Reina*, einem Luxus-Open-Air-Nachtclub am Bosporus mit 39 Toten. 2016 scheiterte ein Putschversuch, den Erdogan der Gülen-Bewegung zuschob. Es war klar, dass es viele Kontrollen geben musste. Dachte ich natürlich keine Sekunde dran. Ich sehe mit meinen dunklen Haaren, dunklen Augen und Bart aus wie viele Südländer, könnte aber auch aus Syrien stammen. Ich latschte unbedarft zur Blauen Moschee.

Ein Soldat hob den Arm und sagte: »Pasaport!« Ich hatte beide Hände in den Hosentaschen – und in jeder Tasche einen Pass. Wenn ich Evangelis' griechischen Pass rausziehen würde und es dem Soldaten auffiel, dass es nicht meiner war, hätte ich riesige Probleme. Aber mein abgelaufener Flüchtlingspass war auch keine gute Idee.

»Ich habe meinen Pass im Hotel!«, log ich auf Englisch.

»Wo ist das?«

»In Beşiktaş.«.

Das war eine Lüge, doch ich wusste, dass Beşiktaş zu weit weg lag, um schnell hinzulaufen. Ich hatte Angst, er würde sagen: Dann holen wir jetzt deinen Pass. Noch mehr Angst hatte ich aber, dass er gleich eine Taschenkontrolle durchführen und beide Pässe finden würde. Einen türkischen Soldaten am Ort eines Terroranschlags anzulügen kann ganz schön in die Hose gehen. Und zwei Pässe dabei zu haben, einer davon offensichtlich nicht der eigene, ist dein Ticket ins Gefängnis.

»Welche Nationalität?«, schnauzte er mich an. »Deutscher«, sagte ich. Da machte er eine Handbewegung, ich solle mich verziehen. Glück gehabt.

Menschen, die einen normalen Pass aus einem westlichen Land haben, können meine Probleme sicher kaum nachvollziehen: Diese andauernde Unsicherheit, diese Angst, der Stress.

Natürlich hätte ich gern einen bordeauxroten deutschen Reisepass. Der deutsche Pass ist der zweitmächtigste der Welt, hinter dem japanischen und dem aus Singapur, die sich Platz eins teilen, weil man mit ihnen in 189 Länder ohne Visum einreisen kann. Mit dem roten deutschen Pass braucht man für 187 Länder kein Visum. So was weiß ich, weil man sich als Flüchtling zwangsweise mit Pässen und ihren Möglichkeiten beschäftigt. Ich bekomme bei jeder Situation mit einem Polizisten Herzrasen. Während meiner vielen Passkontrollen auf meiner Reise habe ich gelernt, welches Privileg es ist, einen gültigen Reisepass eines westlichen Landes zu besitzen.

Meine Schwester ist problemlos in Deutschland eingebürgert worden und hat einen roten Pass. Aber mein Bruder und ich konnten ihn nicht so einfach beantragen: Dafür muss man zehn Jahre ohne Vergehen oder Straftaten gelebt und mindestens ein Jahr in die Sozialkassen eingezahlt haben. Wir haben aber beide noch blöde Einträge im Strafregister, Jugendsünden, Raufereien, Drogenquatsch, Schwarzfahren, was man eben so macht in dem Alter. Meine letzte Strafe bekam ich 2012: Ich wurde wegen illegaler Einreise nach Deutschland festgenommen, weil ich mit meinem abgelaufenen Pass bei *Rave on Snow* in Österreich war, einem Technofestival. Als ich mit dem Zug über München nach Stuttgart zu meinem Vater fahren wollte, griff mich die Bundespolizei auf und steckte mich ins Gefängnis. Ich kam einfach mit diesen andauernden Verlängerungen alle drei Jahre und den Wohnsitznachweisen nicht hinterher. »Dieser Pass wird ungültig, wenn er abgelaufen ist. Sie bekommen eine Anzeige wegen illegaler Einreise und illegalem Aufenthalt«, sagten die Beamten. Ein Freund bezahlte 1500 Euro Kaution. Mein Anwalt brauchte ewig, bis ich wieder einen gültigen Flüchtlingspass bekam, und hätte das Kreisverwaltungsreferat in München fast verklagt. Das Ganze hat mich 2000 Euro Strafe und eine hohe Anwaltsrechnung gekostet und verlängert meine Verjährungsfrist wieder auf zehn Jahre. Alles blöd und selbstverschuldet –

ich will mich nicht beschweren. In Passangelegenheiten bin ich kein vorbildlicher ausländischer Bürger. Den roten Pass bekommt man so nicht. Zukünftig will ich mich bessern. Bislang kam ich mit dem blauen aber auch gut zurecht. Bis ich vorhatte, meine Mutter im Iran zu finden.

Nach der Begegnung mit dem Soldaten nahe der Blauen Moschee schwor ich mir, noch vorsichtiger zu sein. Ich ging ins Hotel und checkte ins Sechserzimmer ein. Ich wollte mich ausruhen, schickte aber noch eine SMS an meinem Kumpel Ismael, den ich seit meiner Kindheit Isi nenne. Noch während unserer Schulzeit mit vierzehn oder fünfzehn zog er mit seiner Familie zurück in die Türkei nach Ankara. Wir hielten aber immer weiter Kontakt, gratulierten uns zum Geburtstag. Als ich wusste, dass ich Deutschland bald in Richtung Türkei verlassen würde, schrieb ich ihn noch im Januar aus Stuttgart an, dass ich ihn gern bald besuchen würde, ohne weiter auf mein Vorhaben einzugehen. Er freue sich, antwortete er. Jetzt schrieb ich ihm, ich sei in der Türkei in Istanbul und würde ihn gern in Ankara treffen. Er müsse heute arbeiten, schrieb er zurück, ich solle erst am nächsten Tag kommen. Also würde ich in dieser Nacht in Istanbul bleiben. Dann schlief ich ein paar Stunden.

Als Kind war Isi mein bester Freund. Wir wohnten in Schwäbisch Hall im selben Haus mit den vielen ausländischen Namen an den Klingelschildern. Er besuchte die Hauptschule, ich die Realschule. Als er aber mit seiner Familie zurück in die Türkei ging, konnte er plötzlich aufs Gymnasium, weil er Deutsch, Türkisch und Englisch sprach. In der Türkei machte er ein gutes Abitur, studierte Deutsch auf Lehramt und dürfte heute sogar in Deutschland in der Schule Deutsch unterrichten. Vom Ausländer zum Deutschlehrer! Er arbeitete dann bei Apple im Kundenservice. Apple betreibt in der Türkei Zentren, in denen viele deutschsprachige Türken arbeiten. Schließlich machte er eine Ausbildung zum Flugbegleiter bei *Turkish Airlines*. Er wollte die Welt sehen.

Als ich wieder aufwachte an diesem Nachmittag, kaufte ich als Erstes ein Busticket nach Ankara. Der Rezeptionist meines Hostels buchte es online, ich gab ihm das Geld bar. Ich zahlte neun Euro für die Nacht im Hostel und zehn Euro für die Busfahrkarte nach Ankara. Morgen würde ich 500 Kilometer Richtung Osten, Richtung Iran fahren.

Ich setzte mich in die Bar des Hostels und lernte eine bunte Truppe junger Leute aus der ganzen Welt kennen, Rucksacktouristen, Traveller. Wir aßen zusammen, später zogen wir um die Häuser, tranken ein paar Bier. Ich erzählte von meinem Vorhaben. Es wurde ein netter, entspannter Abend. Aber auch nach diesem Abend wurde Istanbul nicht meine Lieblingsstadt. Istanbul hat schöne Seiten. Aber es herrscht Chaos. Ich lief viel herum, laut Google Maps 15 Kilometer. Aber am Ende war ich nicht so endlos begeistert wie viele Freunde, die Istanbul mit New York vergleichen.

Am nächsten Tag stieg ich um 13 Uhr in den Bus und fuhr siebeneinhalb Stunden. Etwa um 21 Uhr kam ich in Ankara am Busbahnhof an. Isi hatte eine SMS geschickt, er stecke noch im Verkehr. Ich wartete eine Viertelstunde, dann blinkte er mit den Lichtern seines roten Opels, und ich sprang auf den Beifahrersitz – und es war, als hätten wir uns nie getrennt: Sofort waren wir wieder die Kinderfreunde aus dem Ausländerhaus in Schwäbisch Hall.

»Kannst du dich noch erinnern, wie wir mit unseren verbeulten Fahrrädern durch den Wald gefahren sind? Weißt du noch, wie wir versucht haben, auf einem Lagerfeuer eine Dose Ravioli zu kochen?«

Wir zogen damals alle gleichzeitig in das Haus ein, Isi vier und ich etwa fünf Jahre. Wir wohnten im ersten Stock, die Ascis, Isis Familie, im dritten. Unter uns wohnten noch andere Türken, über uns russische und vietnamesische Familien. Das Haus war laut, schlecht gedämmt, feucht und hatte viele Baumängel wie Schimmel und Risse in der Fassade.

Wir verbrachten zehn Jahre zusammen, spielten Fußball auf dem Bolzplatz und später beim SSV Schwäbisch Hall. Wir daddelten an den neusten Aldicomputern, die die Ascis immer hatten. Das durfte unser Vater nicht wissen. Er hätte es uns nie erlaubt. Mein Vater und Isis Eltern grüßten sich, pflegten aber sonst keinen Kontakt.

Jetzt, auf dem Weg zu Isis Wohnung, kauften wir uns erst mal ein paar Bier. Seine Zweizimmerwohnung lag in einer modernen Wohnanlage mit Schranke und Wachdienst und war schick eingerichtet, eine Singlewohnung mit Glasfront und Blick auf die Lichter der Stadt. Jetzt wollte ich ihm meine Geschichte erzählen.

»Du weißt doch, dass mein Vater alleinerziehend und unsere Mutter tot war.«

»Ja, ich weiß, eure Mutter ist früh gestorben.«

»Das war gelogen. Unsere Mutter lebt. Sie hat uns dreißig Jahre gesucht. Unser Vater hat uns entführt. Oder verschleppt, oder wie immer man das nennt. Aber sie lebt.«

»Was? Wie das denn?« Er starrte mich entgeistert an.

Ich erzählte ihm, wie ich im Februar 2010 die Facebook-Mail von einem Onkel fand, der schrieb, unsere Mutter suche uns drei Kinder, seitdem uns unser Vater aus dem Iran entführt hatte – die Rache eines Despoten an seiner Frau, die sich von ihm trennen wollte.

Isi schaute mich ungläubig an. Jedem, dem ich meine Geschichte erzähle, sehe ich am Gesichtsausdruck an, was mit ihm los ist: erst die Zweifel. Das gibt es doch nicht. Das ist unglaublich! Das kann nicht stimmen! Wenn meinem Gegenüber klarwird, dass meine Geschichte wahr ist, sehe ich: Schrecken. Und nur wenige Augenblicke später: Mitgefühl.

»Das ist ja unfassbar! Und was willst du jetzt machen?«, fragte Isi.

Ich erzählte von meinem Hadern: von den sieben Jahren, in denen ich versuchte, alles zu verdrängen, und meine Geistermutter im fernen Iran vergessen wollte. Ich erklärte ihm die Probleme mit meinem Pass und wie mich mein iranischer Freund Dariusch immer wieder beschwor: »Mehdi, du musst deine Mutter kennenlernen! Du musst doch wissen, wer du bist, Mehdi, du musst deine iranischen Wurzeln finden, deine Familie!«

»Und genau das will ich jetzt versuchen! Ich will in den Iran. Zu Fuß. Ohne Pass. Jetzt will ich auf dem gleichen Weg, wie die Flüchtlinge aus Afghanistan oder dem Irak nach Deutschland kommen, über die Berge in den Iran – ich gehe ihre Route entgegengesetzt!«

»Wahnsinn! Und hast du schon einen Plan? Wie kommen denn die Flüchtlinge vom Iran in die Türkei?«

»Ich weiß nur, dass ich über das Zagros-Gebirge muss, das zwischen der Türkei und dem Iran verläuft. Keine Ahnung, wie ich das mache.«

»Du bist verrückt. Aber ich weiß, ich kann dich nicht aufhalten. Egal, was ich sage. Du wirst das tun.«

»Ja, das werde ich.«

Ich blieb drei Tage bei Isi. Wir gingen aus. Dabei versoff ich nahezu mein ganzes Geld. Wir besuchten Isis Schwester und seine Eltern, die einen Dönerstand im Westen von Istanbul betrieben. Seine Eltern kannten mich und meine Geschwister noch als Kinder und Jugendliche.

An meinem letzten Abend, einem Sonntag, setzte ich mich mit meinem Computer aufs Sofa und zoomte Google Maps groß und klein. Wir sahen uns die Grenzverläufe und Grenzübergänge in den Iran an. Ich sah das gewaltige Zagros-Gebirge, das 1500 Kilometer an den Grenzen zum Iran, Irak und der Türkei bis an den Persischen Golf verläuft. Der massive Gebirgszug bildet eine natürliche Grenze. Die politische Grenze schlängelt sich durch das Gebirge.

Ich wollte zuerst bei Başkale östlich der Stadt Van über die Grenze gehen. Auf den Satellitenkarten von Google Maps sah es so aus, als gäbe es überall Wanderwege im Gebirge. Aber ich glaube inzwischen, es waren Patrouillenwege für das Militär. Ich musste auch klären, wie und ob ich mit dem Bus in die Gegend komme: Nach Van hätte ich oft umsteigen müssen. Ich entschied mich für einen anderen Grenzort, zu dem ich mit einem Bus von Ankara in einer sechzehnstündigen Fahrt ohne Umstieg fahren konnte. Den Namen des Ortes hatte ich zuvor noch nie gehört oder gelesen, geschweige denn, dass ich ihn hätte aussprechen können: Doğubeya-zıt. Am nächsten Tag brachte Isi mich zum Busterminal. Ich wollte noch ein Antibiotikum und Durchfallmedikamente mitnehmen. Doch in der Apotheke hieß es, nichts ohne Rezept. Dann eben keine Medikamente.

Er umarmte mich zum Abschied, viel Glück, pass auf dich auf. Auf der Fahrt Richtung Grenze sprach ich immer wieder in Gedanken diesen Ort aus: Do-Gu-Be-Ya-Zit. Ich fuhr in Richtung des gewaltigen Zagros-Gebirges, das sich langsam vor mir aufbaute. Ich war zuversichtlich. Hinter diesem Gebirge würde ich meine Mutter finden. Und von diesem Ort aus würde ich es schaffen: DO-GU-BE-YA-ZIT!

Ich ahnte nicht, wie wichtig dieser Ort für meine Reise werden würde und wie viel Zeit ich dort noch verbringen sollte.

5 IN DER TÜRKEI:
DOĞUBEYAZIT,
30. – 31. JANUAR 2018

Doğubeyazıt liegt im äußersten Osten der Türkei am Fuß des ruhenden Vulkans Ararat und den Ausläufern des Zagros-Gebirges, nah an der Grenze zu Armenien, dem Iran und der autonomen Republik Nachitschewan, von der ich erst weiß, dass es sie überhaupt gibt, seit ich die Gegend auf den Landkarten von Google Maps angesehen habe.

Ich stieg etwa um 13 Uhr am Busbahnhof etwas außerhalb vom Zentrum von Doğubeyazıt aus. Die Transitstadt, 40 Kilometer entfernt vom offiziellen Grenzübergang zum Iran, lag trist und karg in einer verschneiten Berggegend, die aussah wie eine Mondlandschaft. Damals wusste ich noch nicht, dass Doğubeyazıt eine kurdische Stadt ist und sich in den Bergen die von den Türken als Terroristen bezeichneten kurdischen PKK-Kämpfer verstecken. Das ganze Gebiet gilt als militärische Zone.

Ich kramte meinen Kompass aus dem Rucksack. Auf meiner langen Fahrt von Ankara nach Doğubeyazıt hatte ich auf Google Maps die Gegend angesehen und im Gebirge relativ nah an der Grenze einen grünen Fleck entdeckt, den *Arche Noah National Park*. Da wollte ich hin, in die Berge: Denn der Nationalpark auf

2000 Metern Höhe lag genau zwischen Doğubeyazıt und der iranischen Grenze. Ich las, dass Noah mit seiner Arche auf den von der Sintflut überschwemmten Bergen gelandet sein soll. Es gäbe dort eine Steinformation zu sehen, die an ein Schiff erinnere. Ich las auch, dass der Park geschlossen war, aber ich wollte den Unwissenden spielen, falls mich jemand fragen sollte, was ich mitten im Winter in den Bergen mit meiner Wanderausrüstung zu suchen habe.

Der Nationalpark lag etwas südöstlich. Ich suchte meine Mütze, meine Handschuhe, mein Solar-Ladegerät. Ich steckte mein Handy an das Solar-Ladegerät und ließ es vor meiner Brust an meinem kleinen Rucksack in der Sonne baumeln, den großen Rucksack trug ich auf dem Rücken. Dann schnürte ich meine Stiefel fest zu und ging los.

Der Boden war rutschig, und als die erste schneebedeckte Steigung kam, merkte ich, wie alt und abgelaufen meine Schuhsohlen waren. Ich schlitterte. Ich kam an Hütten vorbei, aus denen Kinder rannten, schmutzig, dünn gekleidet. Sie schrien, lachten, ich war ihre Sensation des Tages. Erst dachte ich, vielleicht sind das Flüchtlinge, die hier am Rande der Stadt hausen. Später erzählte man mir, dass viele Familien in der Gegend rund um Doğubeyazıt in Armut leben.

Ich wanderte eine Stunde den Berg hoch, schwitzte, meine Lungen brannten vor Anstrengung. Die Schneedecke wurde immer höher, und ich sank immer tiefer ein. Mist, dachte ich, diese Wanderung schien eine Hochgebirgsüberquerung zu werden, ich kam mit meinen Sohlen im Schnee nicht voran. Das würde so nicht funktionieren.

Plötzlich sackte ich in ein Loch, das sich, für mich unsichtbar, unter dem Schnee auftat. Ich knickte weg und verdrehte mir das rechte Knie so, wie wenn ich beim Fußball nach einem Sprung falsch auf dem Boden aufkommen würde. Bei jeder Bewegung hoffte ich, dass es nichts Ernstes war, kein Bänderriss oder so was.

Ich sah den Berg hoch. Ich war jetzt auf 1900 Metern Höhe, wie ich auf meiner GPS-App auf dem Handy sah. Mit Hilfe von Google Maps hatte ich ausgerechnet, dass ich bis zum Nationalpark 5 Stunden und 32 Minuten zu Fuß würde gehen müssen, auf 2353 Höhenmeter. Aber es war Winter, und der Weg würde sicher um einiges länger dauern. Üzengili hieß der Ort nahe dem Nationalpark. Von dort würde ich irgendwie die Grenze in den Iran überqueren, um am Ende im Dorf Avajiq anzukommen – von Üzengili vielleicht 15 Kilometer über die Berge. Ich hatte zwei Tage kalkuliert, dafür reichten meine Energieriegel. Wasser gab es genug in Form von Schnee, den ich in einer Flasche an meinem Körper tragen wollte, um ihn zu schmelzen. Holz für ein Feuer hätte ich mir suchen müssen. Aber ich würde Eispickel, Spikes und Schneeschuhe brauchen, vielleicht Steigeisen. Auf jeden Fall andere Stiefel. Und jetzt hatte ich mich auch noch verletzt. Wenn ich vor Schmerzen nicht weitermarschieren könnte, würde mich niemand retten.

Ich bin kein Wintermensch. Mit Schnee habe ich nichts am Hut. Ich kann weder Ski noch Snowboard fahren. Gewandert bin ich auch noch nie, außer zwei Stunden mit der Schulklasse am Wandertag – aber ich weiß, was ich kann. Und dass ich mir das zutraue, wenn ich diese Bergbesteigung besser vorbereitet hätte. Aber mein Knie tat verdammt weh. Ich muss das jetzt abbrechen, dachte ich. Also drehte ich um: In der Stadt wollte ich nach einer besseren Ausrüstung für eine Winterbesteigung suchen.

Ich rutschte den Berg runter Richtung Doğubeyazıt. Kurz bevor ich wieder bei den Hütten ankam, lauerte mir ein Rudel wilder Hunde auf und folgte mir. Sie bellten, knurrten und fletschten die Zähne, so aggressiv, dass ich Angst bekam. Ich war ein Fremder, ein Eindringling in ihrem Revier. Zum Glück sah ich einen seichten Bachlauf, zwei, drei Meter breit, mit Steinen drin, auf die ich sprang, in der Hoffnung, dass mir die Hunde bei der Kälte nicht ins Wasser folgen würden. Es klappte, die Hunde blieben kläffend am Ufer zurück. Ich stiefelte wieder an den Hütten und Baracken vorbei und durch Gärten, in denen die Wäsche der Bewohner zum Trocknen hing.

Dann wurde es städtischer, Menschen liefen auf geteerten Straßen und Bürgersteigen. Motorräder, zerbeulte Autos, Transporter knatterten. An einem Dönerstand setzte ich mich: Ich war erschöpft und hungrig. Ich dachte, ich wäre schon im Zentrum. Erst später erkannte ich, dass Doğubeyazıt auch ein richtiges Geschäftszentrum in der Stadtmitte mit Restaurants und Shops hat. Hier war ich erst am Stadtrand. Auf Google Maps sah ich, dass ich 6,9 Kilometer den Berg hoch und wieder runtergelaufen war und dabei vielleicht 200 Höhenmeter zurückgelegt hatte.

Ich öffnete die Couchsurfing-App und sah, dass sogar einige Anbieter Englischkenntnisse angaben. Ich schrieb vier junge Männer auf Englisch an: Silas, Elian, Simeon und Karim.

Hi, ich bin heute in Dogubeyazit angekommen. Ich bin auf einer besonderen Reise von Deutschland nach Teheran, um meine Mutter zu finden. Es ist schwierig, hier jemanden zu finden, der Englisch spricht. Ich wäre superhappy, wenn du Zeit hättest, mich zu beherbergen, oder einfach nur ein bisschen Zeit mit mir verbringst. Ich kann lustige und interessante Geschichten über meine Abenteuer erzählen. Ich hoffe, von dir zu hören. Viele Grüße, Mehdi

Silas und Elian antworteten nicht, Simeon schrieb, er sei nicht in der Stadt. Aber Karim antwortete eine Stunde später, nachdem er die Anfrage angenommen hatte. Er schrieb in gebrochenem Englisch, dass er mich in seiner Stadt willkommen heiße, noch arbeiten müsse, sich aber melden würde, wenn er heute fertig mit der Arbeit sei.

Ich freute mich. Schon als ich den Evros überqueren wollte, wusste ich, dass ich dringend den Rat von Einheimischen brauchen würde. Aber hier war ich nun wirklich auf gute Tipps angewiesen. Als ich mir in Stuttgart ausmalte, über die grüne Grenze in den

Iran zu gehen, hatte ich mir keine Gebirgsüberquerung im Winter vorgestellt.

Ich vertrieb mir die Zeit zum Abend. Es liefen nur Männer auf den Straßen. Ein Junge klebte plötzlich an meinen Fersen und wollte meine Schuhe putzen. Sie waren nass und matschig. Ich versuchte ihn abzuwimmeln, sagte »Yok«, Türkisch für Nein, aber er ließ nicht locker, zog an meiner Jacke, stellte sich in meinen Weg. Die Leute auf der Straße drehten sich schon um.

Ein beleibter, kleiner Mann beobachtete uns und lief aus einem Teehaus. Er herrschte den Jungen an. Der Mann fragte mich auf Englisch, woher ich komme, ich sagte »Germany«. Er zeigte auf das Teehaus. Ich hatte nichts Besseres vor, also folgte ich ihm, und der Junge verschwand.

In dem kleinen Raum mit Plastiktischen und -stühlen saßen nur Männer. Der Mann, der mich hereinbat, bestellte mir einen Tee. Der Schuhputzer kam in den Teeladen und ließ nicht locker. Meine Stiefel waren wirklich schmutzig, also gab ich nach. Er stellte mir Leihsandalen hin und verlangte zehn Lira. Der alte Mann sagte, gib ihm zwei. Ich gab ihm fünf.

»Was machst du hier?«, fragte mich der Mann.

»Ich will in den Iran«, sagte ich, ohne weiter darauf einzugehen, wie.

»Ah, eine Wandertour! Das machen viele hier. Aber im Winter? Gibt es auch Wandergruppen im Winter? Wo schläfst du heute Abend?«

»Bei einem Freund!«

»Du hast hier einen Freund?«

»Über Couchsurfing kennengelernt!«

»Ach, das habe ich auch schon oft gemacht. Du kannst auch bei mir schlafen. Meine einzige Bitte: Vielleicht kannst du mir zu Hause helfen, Möbelstücke von einer Ecke in die andere zu schieben, eine Kommode, ein Bett, ich schaffe das nicht allein. Aber dann kann ich gern dein Gastgeber sein.«

Ich fand das sehr seltsam, dass er einen Wildfremden fragte, ob er mit ihm nach Hause kommen könne. Mein Gefühl sagte mir, der ist viel zu nett, der führt doch was im Schilde. Trotzdem wollte ich keine Möglichkeit ungenutzt lassen, um an Tipps zu kommen, wie ich über die Berge und über diese verdammte Grenze gelangen könnte.

Er bezahlte meinen Tee. Auf dem Weg zu ihm nach Hause erzählte ich ihm durch die Blume, ich müsse anders in den Iran als andere Touristen: dass ich nicht offiziell über die Grenze kann und schon versucht habe, alleine zum Nationalpark zu klettern. Da lachte er.

»Unmöglich, allein über diese Berge zu kommen, da lauern Bären und Wölfe, und die PKK verschanzt sich, außerdem ist es Winter. Das ist viel zu gefährlich. Aber für 1200 Dollar kann ich einen Weg finden. Willst du nur in den Iran oder auch irgendwo im Speziellen hin?«

»Hauptsache in den Iran, egal wohin.«

»Also, ich bringe dich nur hinter die Grenze, und dann schaffst du es allein weiter, ja?«

»Wie willst du das organisieren?«

»Ich kennen in dieser Gegend Soldaten, die ich besteche. Und dann können wir einfach über die Grenze spazieren. Die Grenzsoldaten schauen weg.«

Der Typ war mir suspekt. Ich hielt ihn hin.

»Ich überlege es mir, höchstwahrscheinlich werde ich darauf zurückkommen«

»Weißt du denn, wie du im Iran weiterkommst?«

»Dann nehme ich einen Bus nach Teheran.«

Damals hatte ich keine Ahnung, was vor mir lag. Ich hatte auch keine Ahnung, wie der öffentliche Nahverkehr im Iran funktionierte. Ich behauptete das ihm gegenüber einfach mal so.

Er wollte wissen, ob ich Geld hätte. Ja, sagte ich, und wir tauschten Nummern aus. Aber ich speicherte seine Nummer gar nicht ein.

Mir war klar, dass ich diesem Typ nicht mein Leben anvertrauen würde.

Wir gingen zurück ins Teehaus. Uns kam ein anderer älterer Typ entgegen, mit dem er tuschelte und auf mich zeigte. Das war mir auch suspekt: dass er dem Erstbesten auf der Straße von mir erzählte. Im Teehaus sagte ich, ich hätte bald eine Verabredung mit meinem Freund und müsse gehen. Der Alte wollte wissen, mit wem, bestimmt kenne er ihn. Ich nannte Karims Namen, und den kannte der Alte tatsächlich. Wir spielten noch ein paar Runden Backgammon. Ich gewann jedes Spiel.

Ich tippte eine Nachricht an Karim: Ich bin in einem Teehaus im Zentrum. Ich habe hier jemand getroffen, von dem ich nicht weiß, was ich von ihm halten soll … Der Mann hat mir direkt angeboten, bei ihm zu übernachten. Aber ich weiß nicht, ob er vertrauenswürdig ist.

Karim antwortete: Ich weiß es leider auch nicht und bin heute extrem beschäftigt.

Ich schrieb: Ok easy, ich warte.

Vielleicht kannte Karim das Teehaus oder den Typen und könnte mich warnen oder so. Wir spielten noch ein paar Runden Backgammon. Ich gewann noch gegen drei andere Männer in dem Teehaus, gern hätte ich um Geld gespielt. Aber keiner wollte. Immerhin zeigten die alten Herren nun Respekt: Obwohl sie seit Jahren im Teehaus sitzen und Backgammon spielen, kommt da ein Jungspund und zockt sie ab.

Zwei Stunden später holte mich Karim ab. Tatsächlich kannte auch er den alten Mann. In Doğubeyazıt kennt jeder jeden, es ist eine Kleinstadt. Wir fuhren noch mal alle zusammen zu dem Alten, damit er endlich seine Möbel umgestellt bekam. Er sagte noch, melde dich, aber ich wusste, ich würde ihn nie wiedersehen.

Karim war nett, hellbraune Haare und Augen, helle Haut, gepflegter Vollbart, ein kluger, ruhiger Typ, mit dem man sich gut unterhalten konnte. Er trug Jeans, weißes Hemd, Winterjacke, Lederschuhe. Er arbeitete als Orthopäde und kam gerade aus der Praxis. Wir gingen erst einkaufen, Cola und Fanta, dann wollten wir in die Wohnung seiner Verlobten zum Abendessen. Ich wollte die Getränke bezahlen, aber er winkte ab. Unterwegs erzählte ich ihm von meinem Vorhaben und dass der alte Typ mich für 1200 Dollar über die Grenze bringen wollte. Karim gefiel nicht, dass der alte Mann jetzt von meinem Vorhaben wusste.

Meine Geschichte nahm er total cool und unbewegt entgegen. Wie Evangelis, der Soldat in Griechenland. Aber je länger ich darüber nachdachte, desto klarer wurde mir: Das ist das tägliche Brot der Menschen in Grenzregionen wie diesen. Hier kommen und gehen die Flüchtlinge, die Illegalen. Menschen kommen überhaupt nur hierher, weil sie über die Grenze wollen.

Ich versuchte mir vorzustellen, wie mich Karim in Berlin besuchen und aufgeregt fragen würde, wo die nächste Bar sei, weil es in Doğubeyazıt keine gäbe. Man kann auch nur in ein, zwei Geschäften Bier kaufen. Ich würde ihm meine Tipps geben, das wäre nichts Besonderes für mich: Viele junge Menschen kommen hauptsächlich zum Ausgehen nach Berlin.

Karim sagte zu mir: »Falls der Mann aus dem Teehaus dich noch mal anruft, sag, dass du zurück nach Ankara gefahren bist, weil dir der illegale Grenzübertritt über die Berge zu gefährlich erschien, ja?« Ich versprach es.

Wir fuhren zur Wohnung der Familie von Karims Verlobter Helin. Helin lebte noch bis zur Hochzeit bei ihren Eltern. Ihre Mutter hieß Yara. Helin und Yara trugen beide kein Kopftuch, ich glaube, ich war bei einer modernen kurdischen Familie zu Gast. Yara hatte einen langen Rock an, Helin weite Hosen, dazu trugen beide Frauen weiße Blusen und kurze Haar. Helin war sogar dezent geschminkt.

Die Wohnung war modern eingerichtet, sauber, einladend. Das Haus hatte sogar einen Aufzug. Alles sah schöner aus, als ich es in dieser Stadt erwartet hätte. Die Wohnung hätte auch einer türkischen Familie in Berlin gehören können.

Helin arbeitete als Zahnärztin. Karim erzählte Helin und Yara von meinem Plan. Sie sprachen kein Englisch. Aber sie sahen mich mit diesem Blick an, den ich von Frauen kenne, die meine Geschichte hören: wenn ich erzähle, dass ich Sehnsucht nach meiner Mutter habe, die ich nie im Leben kennenlernen durfte. Und dass ich dafür bereit war, ohne Pass um die halbe Welt zu laufen. Ich spürte, dass da etwas war, was mich innerlich zu dieser Frau, meiner Mutter trieb. Ich sah, wie gerührt und bewegt Helin und Yara waren.

Die Frauen verschwanden in die Küche und bereiteten das Abendessen vor. Aber sie ließen das Lamm zu lang in der Pfanne, es wurde zäh. Das war ihnen so peinlich, dass sie über Karim fragen ließen, ob ich auch Pizza äße. Ich sagte, dass ich das Lamm auch zäh essen würde. Sie tischten noch viel mehr auf, Pizza, Lamm, Pommes frites, Salat, Mayonnaise, Ketchup. Die Pizza schmeckte grauenhaft. Es war diese typische türkische Pizza mit Hefeboden und Belag, so dick wie ein Eintopf und dann noch Mayonnaise drauf. Ich erzählte vorsichtig, wie echte italienische Pizza aussah. Das kannten sie nicht. Obwohl das Lamm zäh war, schmeckte es mir viel besser als die Pizza, und ich aß es allein auf.

Ich zeigte Karim auf den Karten von Google Maps, wo ich die Grenze in den Iran überqueren wollte. Er sagte: »Nein, nein, da kannst du nicht rüber, Erdogan hat eine Mauer gebaut, gegen Illegale und die PKK. Da kommst du nicht durch.«

Erst verstand ich ihn nicht richtig, auch sein Englisch war schwierig zu deuten. Er sagte so was wie »Barrier, Barrier«, was ich aber nicht verstand. Dann aber sagte er »Wall, Wall!« und zeigte auf den Grenzverlauf – und mir wurde klar, was er meinte.

Ich hatte noch nie von dieser Mauer gehört. Während sich die ganze Welt über Trumps Mauer an der Grenze zu Mexiko aufregte, hatte Erdogan unbeobachtet schon lang Mauern zwischen der Türkei und Syrien und dem Iran gebaut. »Da ist noch ein Loch in der Mauer«, sagte Karim in seinem gebrochenen Englisch. Und: »Ich frage gern auch meinen Schwiegervater nach seiner Meinung.«

»Warum? Hat er Erfahrung?«

»Er kennt die Gegend besser«, antwortete Karim ausweichend. Er würde etwa um 9 Uhr kommen. Der Beruf des künftigen Schwiegervaters wurde nicht weiter thematisiert. Ich glaube im Nachhinein, er hatte im weitesten Sinne mit Import-Export zu tun.

Als der Schwiegervater kam, erklärte ihm Karim meine Pläne und seinen Rat, die Grenze dort zu überqueren, wo noch ein Loch in der Mauer war. Der Mann war Anfang sechzig, hieß Mahin, hatte keine Haare mehr. Er sprach rasend schnell. Er konnte Farsi, jedoch einen anderen Dialekt, ein kurdisches Persisch – ich verstand kein Wort. Karim übersetzte. Schließlich baute sich Mahin vor mir auf und fragte in seinem schnellen Farsi: »Du willst in den Iran, ja? Ich kenne jemanden, der dich hinbringen kann. Wenn du willst, heute noch.«

Wow, dachte ich. Das ist mal eine Ansage!

»Klar will ich, gern heute noch!«

»Bist du fit und traust dir das zu?«

»Ich bin fit und bereit.«

Ich dachte noch kurz an mein Problem mit den rutschigen Stiefeln und ihren abgelaufenen Sohlen. Aber dafür war jetzt keine Zeit. Wenn ich die Möglichkeit haben würde, heute über die Grenze zu gehen, würde ich die Gelegenheit beim Schopf packen.

Mahin sprach mit Karim und sagte: »Das wird 750 Lira kosten.« Das waren etwa 160 Euro, nur ein Bruchteil dessen, was der Alte vom Teehaus verlangt hatte.

Doch ich hatte fast kein Geld mehr. Nirgendwo, auch auf meinem Paypal-Konto nicht, ich hatte auch keine Kreditkarte, nichts. Von Theresas Überweisung waren noch 100 oder 150 Lira übrig, vielleicht 20, 30 Euro. Als ob er meine Gedanken lesen könnte, sagte Mahin plötzlich zu Karim:

»Wenn er das Geld nicht hat, kann ich es auslegen. Er soll es mir irgendwann zurückgeben.« Karim übersetzte. Als Mahin das sagte, wusste ich: Das sind keine Leute, die mir die Hosen runterziehen wollen. Wenn ich heute Nacht noch gehen würde, hätte ich keine andere Wahl, dass mir Mahin das Geld leiht. Anders ginge es nicht. Er beteuerte, das wäre völlig in Ordnung.

Mahin sagte, er würde die Grenzüberquerung organisieren, und telefonierte. Karim wollte mir ein wenig seine Stadt zeigen.

Als wir nach einer halben Stunde zurückkamen, wurde ich in die Nachbarwohnung gebeten, die auch der Familie von Helin, Yara und Mahin gehörte. Sie war ein bisschen spärlicher eingerichtet, nur das Nötigste, Sofa, Tisch, Stühle, eine Art Gästewohnung. Am Küchentisch saß ein ausgemergelter Typ, schwarze Augen, sonnengegerbte, faltige Haut, einige Zähne fehlten. Er trug einen Siebentagebart und sprach mit tiefer Raucherstimme. Sein schwarzes Hemd wirkte zu groß und seine Lederschuhe ausgelatscht.

Er nannte einen Namen, den ich nicht verstand. Er sagte, er wäre Iraner, und zeigte mir seinen iranischen Pass. Offensichtlich war er ein iranischer Kurde. Wir setzten und unterhielten uns, ich verstand sein Farsi ein bisschen, und Karim half immer wieder mit Übersetzungen vom Kurdischen ins Englische. Er hatte schon die Basisinfos von Mahin bekommen. Es gäbe zwei Möglichkeiten: Heute Abend in der Dunkelheit oder morgen tagsüber zu gehen. Auch er fragte, ob ich fit wäre. Ich sagte, er solle sich keine Sorgen machen, ich würde das schaffen. »Wie viel Gepäck hast du?«, fragte er. Ich zeigte ihm den großen und den kleinen Rucksack, die ich beide kurz aus der anderen Wohnung holte. Er zog die Augenbrauen hoch. »Das kannst du auf keinen Fall mitnehmen. Du kannst gar nichts mitnehmen. Nur das Nötigste. Pass, Geld, Handy.«

Ich überzeugte ihn davon, dass ich die eine Hälfte des Gepäcks im Iran brauche, die andere ließe ich hier. Er sagte: »Trage Pass, Geld, Handy im wasserfesten Beutel am Körper, falls du deine Rucksäcke wegwerfen musst. Es kann sein, dass du alles liegen lassen musst.«

Er erklärte mir auch die Probleme bei den verschiedenen Möglichkeiten, den Iran zu erreichen: »Wenn wir heute Abend gehen und von türkischen Soldaten entdeckt werden, halten sie dich für ein Mitglied der PKK und erschießen dich. Die einzigen Leute nachts in den Bergen sind PKK-Kämpfer. Wir können aber auch tagsüber gehen, dann ist die Gefahr höher, erwischt zu werden, aber du wirst nicht sofort erschossen. Was möchtest du tun?«, fragte er und sah mich durchdringend mit seinen schwarzen Augen an. »Mir ist das egal«, sagte ich.

»Kannst du nachts im Dunkeln einen Berg hochsteigen?«

»Ja klar, kann ich.«

»Dann hol deine Sachen und mach dein Gepäck fertig.«

Ich packte um und räumte alles raus, was entbehrlich war. Das würde ich hier bei den Kurden lassen und irgendwann abholen. Trotz meines Problems mit den rutschigen Sohlen meiner Stiefel verzichtete ich auf die Turnschuhe. Die waren zwar in besserem Zustand als meine Stiefel, aber nicht warm genug für Schnee und Eis. Plane, Schlafsack, Heringe, Seile blieben da. Ich ließ auch das Solar-Ladegerät und das Nachtsichtgerät da, was ich später bereuen sollte. Ich packte meinen Laptop, mein Handy und die Digitalkamera erst in meinen wasserfesten Beutel und dann in den kleinen Rucksack, das Nötigste an Kleidung in den großen: ein Sweatshirt, Funktionsunterwäsche, Socken, eine Jeans. Die Thermohose zog ich an. Den großen Rucksack könnte ich unterwegs wegwerfen und nur den kleinen behalten. Den kleinen hätte ich zur Not auch auf dem Weg weggeworfen und nur nur noch Pass und Geld in einer Plastiktüte bei mir getragen. Das Handy steckte in meiner Jackentasche.

Der Iraner telefonierte in der Küche. Als ich zu ihm zurückkam, instruierte er mich noch mal: »Es kann sein, dass wir durch Wasser gehen. Sind deine wichtigsten Dinge wasserdicht verpackt? Du musst damit rechnen, schnell dein Gepäck wegzuwerfen, falls wir flüchten müssen. Und nenne keinen Namen der Beteiligten, falls du festgenommen wirst. Ich vertraue dir.« Und Karim sagte noch einmal, falls mich der Alte aus dem Teehaus anrufen solle, sollte ich sagen, ich sei zurück nach Ankara und würde versuchen, ein Visum zu bekommen – nicht, dass er denkt, Karim oder seine Angehörigen hätten mir geholfen.

Ob ich schwimmen könne, wollte der Schlepper wissen. Ich sagte ja. Ich hätte aber auch zu allem ja und amen gesagt. Natürlich war es das Letzte, worauf ich Lust hatte: bei Minusgraden im türkisch-iranischen Gebirge nachts schwimmen.

Der Schlepper sagte, sein Sohn würde sich auf dem Trip um mich kümmern. »Das ist Familie, du kannst ihm vertrauen. Falls jemand auf dem Weg noch mal Geld haben will, sagst du, dass alles mit mir vereinbart ist!« Super, dachte ich, ich weiß nicht mal mehr deinen Namen. Egal, wird schon irgendwie.

Was hätte ich ohne Karim gemacht? Ich kannte ihn erst ein paar Stunden. Und trotzdem nahm er sich meiner Probleme an. Immer wenn ich den Iraner nicht verstand, genügte ein Blick zu Karim, sie sprachen auf Kurdisch, und Karim übersetzte. Ich bin ihm bis heute unendlich dankbar.

Dann sollte es losgehen. Während ich packte, saß die Familie mit dem Iraner in der Küche. Ich hörte sie auf Kurdisch sprechen. Als ich fertig war, ging ich rüber. Sie rauchten. Sie sagten etwas zu Karim, der sich zu mir wendete: »Wir denken doch, dass es besser ist, wenn du erst morgen tagsüber gehst. Das Gelände ist sogar für Menschen aus der Gegend schwierig. Der Preis beträgt 750 Lira, 160 Euro – aber nur für den Grenzübertritt in den Iran. Wohin willst du danach?« Keine Ahnung, warum sie sich anders entschieden hatten, vielleicht aus Sorge um mich. Ich konnte mir zu diesem Zeitpunkt noch nicht vorstellen, wie unwegsam und gefährlich dieser Grenzübertritt werden würde.

Ich sagte: »Okay, was immer ihr wollt. Ich muss nach Teheran.«

»Wie willst du das machen?«

»Ich nehme einen Bus.«

»Was für einen Bus? Da gibt es keinen Bus! Wir bringen dich nach Teheran. Aber das kostet noch mal 750 Lira, um die 160 Euro.«

Damit war klar, dass ich erst am nächsten Tag gehen würde. Mahin sagte, ruhe dich aus, du kannst in der Gästewohnung bleiben. Morgen früh geht es los. Ich sagte noch, dass ich unter diesen Umständen auch den Gesamtbetrag des Geldes morgen besorgen könnte. Es war sowieso besser: So schuldete ich ihnen kein Geld.

Ich hatte schon in Erfahrung gebracht, wo es eine Bank mit *Western-Union*-Service in der Stadt gab. Als ich in der Gästewohnung auf der Couch lag, schrieb ich Theresa, ob sie mir 300 Euro leihen könnte. Ich hatte kein Geld mehr auf meinem Paypal-Konto wie bei ihrer ersten Überweisung, als ich ihr den Betrag, den sie mir schickte, sofort per Paypal rückerstattet hatte; nun müsste sie mir das Geld wirklich leihen. Ein paar Reserven hatte ich noch in meiner Hosentasche, so würde ich morgen auch die 1500 Lira zusammenkriegen. Sie zögerte keine Minute: Morgen früh werde das Geld da sein. Ich legte mich ein paar Stunden hin, ich musste fit sein für das, was vor mir lag. Bevor ich einschlief, schrieb ich noch eine SMS an meinen Freund Dariusch in Teheran:

Ich habe mich ja schon seit ein paar Monaten nicht bei dir gemeldet. Das mit dem Visum für den Iran hat nicht geklappt. Aber ich bin jetzt im Osten der Türkei und ich werde morgen versuchen, über die Grenze in den Iran nach Teheran zu kommen. Kannst du mich dann abholen, wenn ich angekommen bin?

Ich hängte ihm einige Fotos an, die ich tagsüber aufgenommen hatte: die Gebirgslandschaft rund um Doğubeyazıt mit dem schneebedeckten Vulkan Ararat im Hintergrund. Er schrieb zurück: Cool. Ja klar! Wenn ich die Grenzüberquerung geschafft hätte, würde in Teheran alles ganz leicht laufen, war ich mir sicher.

Wäre Dariusch nicht gewesen, wäre ich niemals losgegangen. Dariusch ist der Auslöser meiner Reise. Ihm habe ich viel zu verdanken. Im Juni 2017 lernte ich ihn auf Ibiza auf einer Party in einer Felsenhöhle bei Can Negret kennen, die der Besitzer zum privaten Club *Kave* ausgebaut hatte. Er schmeißt dort exklusive Partys für jeweils 150 ausgewählte Gäste. Ich wurde von der Schwester eines DJs eingeladen und bin nur deshalb für ein paar Tage nach Ibiza geflogen. Mit meinem Pass hatte ich nie Probleme, nach Spanien zu reisen, die Spanier schauen nicht so genau. DJ Solomun legte auf, die Party war der Wahnsinn.

Wer sich einen Drink holen wollte, musste die Felsenhöhle verlassen und einen Berg hinauf zu einer Open-Air-Bar gehen. Auf Felsbrocken am Weg saßen einige Partygäste. Ich ging an einem gutaussehenden Typen und einem hübschen Mädchen vorbei, die Farsi sprachen. »Hey, seid ihr Perser?«, fragte ich in meinem schlechten Farsi und schon ziemlich angetrunken.

»Ja, wir sind aus Teheran, haben aber auch einen britischen Pass«, sagten sie. Sie hießen Dariusch und Linda, waren gut gekleidet, sie trug seidene Hosen und Designershirt, er schwarze Schlabberhosen und Dreitagebart. Ich dachte erst, sie seien ein Paar. Aber sie waren gute Freunde. Wir redeten ein bisschen auf Englisch. Ich hoffte, Linda würde mir ihre Nummer geben. Als wir uns verabschiedeten, diktierte Dariusch mir eine Nummer, ich dachte, es sei Lindas. Ich holte meinen Drink und sah die beiden nicht wieder.

Zwei Wochen später klingelte nachts mein Handy, ich war längst wieder in München in meiner WG und schlief. Ich dachte, es sei Linda, weil ich Lindas Namen zu dieser Handynummer eingetippt hatte. Aber es war Dariusch. Trotzdem freute ich mich. Er war in Teheran, wo er etwa acht Monate des Jahres lebte und arbeitete.

Dariusch ist ein ziemlich lässiger Typ: einer dieser extrem erfolgreichen, hippen Iraner, die im Ausland zur Schule und in die Uni gegangen und dann nach Teheran zurückgekehrt sind. Sie pendeln mit zwei Pässen zwischen der westlichen und der iranischen Welt:

Sie fliegen zum Partymachen nach Berlin, Paris, Ibiza, Südfrankreich, Mykonos, zum Skifahren nach St. Moritz und Gstaad. Diese Generation junger Perser arbeitet hart. Dariusch betreibt ein extrem erfolgreiches Business in Teheran, er brachte so ziemlich alle Concept-Stores, die es in der westlichen Welt gibt, nach Teheran: Klamottenläden mit Designerkleidung, Möbel und Wohnaccessoires, Kinderkleidung, einen Laden mit schicker Nachtwäsche, Luxusparfüms. Damals hatte er schon vierzehn Läden. Die Teheraner mit Geld liebten diese Concept-Stores, am Wochenende legten DJs auf und machten sie zu Treffpunkten für das junge Iran.

Dariusch war betrunken, als er mit mir telefonierte, und in Redelaune. Er erzählte, wie aufregend und toll es gerade in Teheran sei, dass ich unbedingt kommen solle, dass die Regierung die Zügel etwas gelockert habe und Aufbruchstimmung unter den jungen Leuten herrsche. Nur manchmal werde noch einer seiner Läden geschlossen, wenn es zu freizügig zuging und sich Männer und Frauen zur Begrüßung die Hand schüttelten. Ich sagte, lass uns morgen sprechen, wenn ich ausgeschlafen habe, es ist mitten in der Nacht.

Am nächsten Tag telefonierten wir länger. Ich erzählte meine Geschichte, von meiner Mutter, die ich irgendwann kennenlernen wolle, die angeblich in einer kleinen Stadt im Iran lebe. Dariusch wurde still. Dann sagte er den Satz, den er künftig noch viele Male zu mir sagen würde. »Mehdi, du weißt: Du musst deine Mutter kennenlernen! Du musst in den Iran reisen. Du musst deine Wurzeln finden.«

Dariusch und ich wurden gute Freunde. Er redete mir ins Gewissen, machte mir den Iran schmackhaft, weil er mir viel über den versteckten Iran erzählte, über geheime Raves in der Wüste und private Clubs. Im Sommer flüchtete er vor der Hitze und dem Smog Teherans und feierte sich durch die Welt. Seine Familie, wohlhabend durch Immobilien, hatte Häuser in Italien, London, Oman und Teheran. Ich habe zuvor noch nie so einen Iraner wie ihn kennengelernt. Alles, was ich bis dahin vom Iran wusste, war gewalt-voll, dunkel, trübe, aussichtslos. Aber Dariusch ließ nicht locker. Er, der aus der Welt meiner Eltern kam, hatte mich wachgerüttelt.

Im Oktober 2017 versuchte er sogar, mir zu einem iranischen Pass zu verhelfen. Er besuchte mich in Berlin, und wir gingen zusammen zur iranischen Botschaft, aber der Besuch war ernüchternd.

Nach dem Berlinbesuch hatten Dariusch und ich uns noch ein paarmal gesprochen und geschrieben. Ich hatte auch angedeutet, dass ich zu Fuß und illegal über die Grenzen gehen würde. Er sagte immer, ja, super Idee, komm her, auch wenn du zu Fuß laufen müsstest. Aber im Nachhinein weiß ich, er hatte mir nie ernsthaft geglaubt, dass ich meinen Plan wirklich in die Tat umsetzen würde.

Aber nun, im Morgengrauen des nächsten Tages, acht Monate nachdem ich Dariusch kennengelernt hatte, zeichneten sich wirklich diese gewaltigen Berge als schwarzzackiges Ungetüm am Horizont ab. Durch diese Berge lief die Grenze zum Iran. Ich hatte unruhig geschlafen und sah am Fenster der Wohnung der kurdischen Familie der Stadt Doğubeyazıt beim Aufwachen zu. Es war der 31. Januar 2018, 6 Uhr morgens, über der Stadt lag leichter Morgennebel, Mopeds hupten, Autos stauten sich vor den Ampeln. Heute wollte ich dieses Monster bezwingen, hinter dem ich meine Mutter erhoffte.

 **VON DER TÜRKEI IN DEN IRAN:**
DOĞUBEYAZIT – MANSCHAHM,
31. JANUAR – 1. FEBRUAR 2018

Ich spürte das Adrenalin in meinem Körper, als Karim und ich am Morgen als Erstes zur Bank mit *Western-Union*-Service liefen, die um 10 Uhr öffnete. Wieder legte ich den dicken Schal um und zog meine Mütze auf, wie ich es beim Grenzübertritt in die Türkei mit Evangelis' Pass schon einmal gemacht hatte. Nur war das hier eine Bank mit Schaltern, und es war Tag – und ein Vermummter trat ein. Ich streckte dem Banker den griechischen Pass von Evangelis hin: Er betrachtete das Foto, dann sah er mich an. Seine Stirn kräuselte sich. Er wandte sich an Karim und sagte auf Türkisch:

»Das ist doch nicht der gleiche Typ wie auf dem Foto.«

Karim wiegelte ab. »Doch, doch, da war er nur rasiert, außerdem ist er auf dem Foto viel jünger.«

Der Banker sah wieder auf das Foto. Dann wieder auf mich. Dann wieder auf Karim. Er wusste nicht, was er tun sollte. Ich schadete der Bank nicht, wenn ich mit einem falschen Pass Geld abholte, das mir jemand geschickt hatte. Trotzdem war es eine unangenehme Situation für den Banker. Er musste eine Entscheidung treffen. Karim sagte leise zu ihm: »Gib ihm das Geld einfach. Das ist er schon. Es ist in Ordnung.« Er nickte ihm aufmunternd zu. Ich glaube, sie kannten sich, so wie man sich in so einer kleinen Stadt eben kennt. Der Mann gab mir das Geld. Ich war genauso erleichtert wie er.

Wir gingen in die Zahnarztpraxis von Helin, Karims Verlobter, und setzten uns in ein Hinterzimmer. Helin hatte Frühstück vorbereitet, Brot mit Schafskäse, schwarzen Tee, Oliven, Marmelade, Honig.

Nach einer halben Stunde kamen Karims Schwiegervater Mahin und der iranische Schleuser. Sie frühstückten mit uns. Ich gab dem Schleuser das Geld, 1500 türkische Lira, etwa 320 Euro. Beide gingen. Karim und ich vertrieben uns die Zeit, liefen durch die Stadt in gefühlt alle Teehäuser, die es in Doğubeyazıt gab – immer auf Abruf, dass es losgehen könnte. Ich spürte, wie mein Adrenalinpegel weiter stieg. Die Kurden spielten in den Teehäusern Karten, ein Spiel, das ich nicht kannte. Wir schlugen neun Stunden tot, bis es wieder dunkel wurde. Eigentlich hätte Karim arbeiten müssen. Für mich nahm er sich den Tag frei.

Als Dank schenkte ich Karim eine der Uhren, die ich zum Bestechen oder als Dankeschön mitgenommen hatte. Jetzt war ich froh, dass ich sie gekauft hatte. Es waren schöne Uhren, eine Uhr von *Boss* und eine automatische Stahluhr.

Er suchte sich die stählerne Automatikuhr aus. Ich konnte seine ehrliche Freude spüren. Wir gingen sofort auf den Bazar zu einem Uhrmacher, um das Armband kleiner machen zu lassen. Er legte sie an, und ich beobachtete ihn, wie er immer wieder auf die Uhr sah. Damit hatte er wohl nicht gerechnet.

Als es dunkel wurde, dachte ich: Das wird wohl nichts mit der Grenzüberquerung am Tag. Was war wohl geschehen? Ich saß auf heißen Kohlen.

Plötzlich klingelte das Telefon. Es war jetzt stockdunkel, vielleicht Viertel vor sieben. »Los, wir holen deine Sachen aus dem Büro«, sagte Karim. Wir gingen zum vereinbarten Treffpunkt. An einer Kreuzung wartete ein weißer fünftüriger Kleinwagen, eine Schrottkiste. Am Lenkrad saß Karims künftiger Schwiegervater Mahin, neben ihm der iranische Schleuser, sie winkten mich hektisch heran: »Schnell, schnell, los, steig ein!« Sie waren nervös.

Mir fiel auf, dass ich wieder mal meine Handschuhe vergessen hatte: Sie lagen noch in der Gästewohnung von Mahin, Helin und Yara. Ich hätte mich ohrfeigen können. Ich hatte sie mir extra bereitgelegt, damit ich sie nicht vergesse! Ohne Handschuhe über die verschneiten Berge? Die Männer riefen gereizt »komm endlich, wir besorgen dir neue, los jetzt«.

Ich verabschiedete mich schnell von Karim und bedankte mich für alles, was er für mich getan hatte. Wir umarmten uns. Ich sprang ins Auto, und wir düsten mit 150 Sachen aus der Stadt Richtung Landstraße. Die Straße war unbeleuchtet, zwei Spuren auf der einen Seite, zwei Spuren entgegengesetzt, in der Mitte ein weißer breiterer Streifen, auf dem man nicht fahren durfte. Mahin aber fuhr ausschließlich auf der Gegenfahrbahn oder dem weißen Bereich. Was machte er da? War das nicht auffällig? Die Windschutzscheibe hatte schon Risse, könnte die nicht bei dem Tempo zerspringen? Vielleicht wollte er einfach die ganze Breite der Straße ausnutzen, ich weiß es nicht.

Wir bogen von der Straße ab und hoppelten über einen Feldweg. Wir flogen wie Gummibälle im Auto herum, der Motor jaulte. Dann wurde das Auto langsamer. Der Feldweg führte zu einer Häusergruppe, karge, einfache Lehmhäuser. Die Gegend war so rau, vereist und kalt, wie man es in einem Film über den Mars erwarten würde, kein Strauch, kein Baum, kein Gras, nur Steine und Felsbrocken.

Aus einer der Hütten trat ein junger Typ um die sechzehn, Bartflaum, kurze Haare, dunkle Jeans, dunkle Jacke. Er sah in das Auto hinein. Der Schleuser stieg aus und sprach mit dem Jungen auf Kurdisch. Dann brach plötzlich Streit aus. Die beiden schrien sich an, und ich ahnte, es ging um mich. Ich glaube, der Junge erfuhr erst jetzt, dass er mich mitnehmen musste, dem war zuvor einfach nichts gesagt worden. Na super. Der hat natürlich überhaupt keinen Bock auf mich, ging mir durch den Kopf.

Irgendwann kam der Schleuser, machte die hintere Autotür auf und bat mich höflich auszusteigen, als wäre nichts gewesen. Aber der Streit hatte die freilaufenden Hunde aufgeregt. Plötzlich waren wir umzingelt von fünf jaulenden Kangals, riesige türkische Hirtenhunde, die aufgeregt knurrten und bellten. Aber der Junge hatte sie unter Kontrolle: Er herrschte die Hunde an, und sie verzogen sich.

»Alles gut, er wird sich ab jetzt um dich kümmern«, sagte der Schleuser. »Und merke dir: Du bezahlst für nichts extra! Du hast schon den vollen Preis bezahlt. Du bezahlst nicht mal fürs Händewaschen. Und wenn irgendwas ist, rufst du mich an!«

Aber ich wusste nicht mal mehr, unter welchem Namen ich ihn ins Handy eingespeichert hatte. Trotzdem sagte ich »Danke« und »Auf Wiedersehen«.

Der Schleuser und Mahin winkten noch kurz aus dem Auto und brausten davon. Ich sah noch den Staub hinter der Klapperkiste aufwirbeln. Ich stand in dem Dorf ohne Namen bei dem Jungen ohne Namen mit meinem Gepäck zwischen den knurrenden Hunden. Der Junge gab mir ein Zeichen: Ich sollte mitkommen. Wir gingen in eine der Lehmhütten. Auf dem Boden lag nur ein Teppich, und eine Öllampe flackerte. Ich solle warten, gestikulierte der Junge. Nach fünfzehn Minuten kam ein anderer Junge, ein kleinerer, dicklicher mit ebenso schwarzen Augen und Haaren wie der erste. Er fragte: »Iran?« und grinste. Ich nickte. Er stellte mir eine Tasse Tee hin. Warum grinst der Junge so, dachte ich?

Ich wartete; ich dachte, diese Jungs bringen mich in den Iran. Ich wandere mit ihnen über die Berge. Ein Trekking mit langen Fußmärschen, so stellte ich mir das ahnungslos vor.

Nach einer halben Stunde kam der Anführer der beiden in die Hütte und bedeutete mir, herauszukommen. Ich trat in die Dunkelheit. Zum Glück leuchtete der Vollmond. In der Ferne sah ich einen anderen jungen Typen auf uns zu laufen. Später erfuhr ich, dass das der Bruder des Anführers war. Der Junge führte an der einen Hand ein Pferd, an der anderen ein Maultier. Ich dachte, das seien die Lastentiere. Oder die schmuggeln etwas in den Iran, was auf den Rücken der Tiere geladen wird.

Aber plötzlich springt der Typ auf das Pferd, als ob die Schwerkraft für ihn nicht gelten würde. Und der andere landete ähnlich schnell auf dem Rücken des Maultieres. Und sagte zu mir auf Farsi: »Komm, spring hoch!« Er deutete auf den Platz hinter ihm auf dem Maultier.

Wie bitte soll das gehen mit meinem großen Rucksack auf dem Rücken und dem kleinen vor meiner Brust? Hallo? Das kann doch gar nicht funktionieren! Der auf dem Pferd sah meinen zweifelnden Gesichtsausdruck und rief: »Gib mir den!« und deutete auf meinen kleinen Rucksack. In dem kleinen Rucksack war meine teure, technische Ausrüstung, Laptop, Handy, Kamera. Ich warf ihm den Rucksack zu. Was hätte ich sonst tun sollen?

Bestimmt fünfzehn Mal versuchte ich auf das Maultier zu springen. Der große Rucksack war viel zu schwer und sperrig. Der Junge auf dem Maultier gestikulierte, ihm den großen Rucksack zu geben, und ich hievte ihn nach oben. Ich war die Lachnummer für die beiden. Sie trugen nur dünne Jacken und Turnschuhe.

Weil ich es nicht schaffte, ritt der auf dem Maultier zu einem Erdhügel. Ich sollte es von dort probieren. Nach dem dritten Versuch funktioniert es, ich sprang auf den Rücken des Mulis und hing wie ein Sack über seinem Hintern. Ich war total k. o., fertig mit der Welt. Den großen Rucksack bekam ich von dem Typ vor mir zurück. Wir konnten endlich losreiten. Es war vielleicht halb 8 Uhr abends. Ich dachte, ach, ist doch eigentlich ganz okay, jetzt reiten wir in den Iran, ist ja angenehmer, als zu laufen.

Zwei oder drei Minuten ging alles gut. Doch plötzlich leuchteten hinter uns wie aus dem Nichts Flutlichter auf: Es wurde taghell. Die beiden Jungs zögerten keine Zehntelsekunde und prügelten mit der Peitsche auf die Tiere ein, so dass sie mit angelegten Ohren lospreschten. Ich weiß nicht, ob wir an einer Kaserne entlanggeritten sind oder ob die Flutlichter auf Lastwagen angebracht waren. Die Tiere rasten im Vollgalopp, und ich hielt mich mit aller Kraft an meinem Vordermann fest, der immer wieder angsterfüllt hinter uns blickte. An seinem Gesichtsausdruck erkannte ich, dass das Maultier noch schneller rennen musste, und er prügelte weiter auf das Tier ein. Nur nicht runterfallen, dachte ich, sonst brichst du dir was, und die Soldaten schnappen dich.

Ich klammerte mich fest, mein Rucksack zog mich nach hinten, die Hufe wirbelten Steine auf. Unglaublich, wie schnell Maultiere galoppieren können! Und das auch noch den Berg hoch, über steinigen Boden, über Felsbrocken, Geröll.

Wenn die Soldaten in Autos unterwegs waren, hätten sie wegen des steinigen Geländes keine Chance, dachte ich. Aber wenn sie auf Pferden ritten, würden sie uns einholen. Ich klammerte mich so fest an meinen Vordermann, dass er mir irgendwas auf Farsi zuschrie. Ich verstand erst nicht, dann doch »Hinter, rutsch hinter«: Ich war so weit zu ihm vorgerutscht, dass er fast auf dem Hals des Tieres saß und wir beide über den Kopf des Tieres nach unten gesaust wären, hätte das Maultier seinen Kopf gesenkt. Das Maultier konnte sein Gewicht kaum halten. Beim Zurückrutschen wäre ich fast über den Hintern des Tieres gefallen. Aber ich konnte mich mit letzter Kraft festhalten und wieder hochziehen. Dabei schürfte ich mir an den Hüftknochen des Tieres den Hintern auf.

Wir galoppierten eine halbe Stunde, Steine flogen durch die Luft. Die Tiere schlitterten und strauchelten mehr den Berg hoch, als sie rannten. Mein Reiter schlug immer weiter auf das Tier ein. Ich wusste nicht, ob das Maultier blutete oder schwitzte.

Zum Glück schienen die Soldaten nicht auf Pferden geritten zu sein: Sie hatten uns nicht eingeholt, wir konnten langsamer traben. Ich hatte das Gröbste überstanden. Ab jetzt reiten wir einfach in den Iran, dachte ich.

Nach einer Stunde auf dem Muli sah ich in der Ferne ein Licht:

ein kleines Lagerfeuer, mehr ein Glimmen. Drum herum saßen acht Jugendliche. Wir stiegen ab. Die Kids am Lagerfeuer wussten Bescheid. Sie hatten große Nylonnetze dabei, die mit irgendwelchen Sachen gefüllt waren, wahrscheinlich Zigaretten. Das Pferd und das Maultier wurden mit den Nylonnetzen beladen. Damit würden die Brüder, meine Begleiter, nun zurückreiten.

Die Jugendlichen am Feuer stammten aus dem Iran und hatten den kurdischen Brüdern irgendwas über die iranisch-türkische Grenze hierher ins Kurdengebiet geliefert. Das war ihr Treffpunkt. Normalerweise würden die iranischen Kids ohne Ladung wieder zurück über die Grenze in ihr Land gehen. Aber jetzt war ich ihre Ladung.

Die iranischen Kids waren aufgeregt: so ein westlicher Typ aus Deutschland!

»Bist du fit, kannst du marschieren?«, fragte einer auf Farsi.

»Klar«, antwortete ich.

»Deutschland, gut?«, fragten sie.

»Ja, gut«, sagte ich.

Sie fragten noch, ob sie mir mit meinem Rucksäcken helfen sollen. »Nein, alles gut«, sagte ich. Zu diesem Zeitpunkt war auch noch alles gut. Wir wanderten jetzt im Gänsemarsch durch das Gelände. Der Mond hing im Schwitzkasten zweier dicker Wolken und war kaum zu sehen. Ein Dreizehnjähriger kam zu mir und sagte, er kümmere sich um mich, er sei der Anführer. Ich nickte. Jetzt gab ich mein Leben in die Hände eines Dreizehnjährigen.

Auf diesem Weg merkte ich das erste Mal, wie gut das Schmuggler- und Schleuser-Business organisiert war: Immer wieder scherte ein Jugendlicher aus und zog hinter einem Stein eine Packung Kekse hervor. Sie versteckten überall auf ihren Wegen Proviant und Wasser, damit sie nichts tragen mussten. Wir gingen eineinhalb Stunden durch Gestrüpp, über gefrorenen Matsch, Steine, parallel zu einer sehr hoch aufsteigenden Gebirgskette. Ob wir irgendwann da drübermüssen?

Auf einmal zischte der Anführer an einer Senke: »Alle runter!«
Wir duckten uns hinter Geröll. Er schlich ein paar Meter vor und
lugte an den Steinen vorbei, Licht war zu sehen. Plötzlich hörten
wir einen Hubschrauber, »nicht bewegen, alle ducken!«, und er
schlich 30 Meter weiter. Fünfzehn Minuten harrten wir regungslos
zwischen den Steinen. Erst jetzt, zum dümmsten Zeitpunkt, merkte
ich, dass die Markennamen meiner Hose und meiner Jacke reflek-
tierten. Ich versuchte, beides mit den Händen zu verdecken. Oh
Mann, was für First-World-Problems.

Hinter der Senke beobachtete der Anführer die Grenze. Wir hörten Autos, aber wir konnten in unserem Versteck nicht deuten, ob
sie was mit uns zu tun hatten. Irgendwas fand dort statt, auch wenn
wir nichts sahen. Nach etwa fünfzehn Minuten kam der Anführer
zurück: »Folgt mir!« Wir kehrten um und gingen etwa eine halbe
Stunde den Weg wieder zurück. Dann bog er ab – und steuerte auf
das Gebirge zu. »Das ist unser Weg«, sagte eines der Kids.

Das war die Routine der Jungs: Erst beobachteten sie die Grenze
an der Senke, wann, in welchen Abständen und mit wie viel Mann
die Patrouillen fuhren – um dann den Berg hochzuklettern wie die
Gämsen. Wir mussten uns zum Teil festhalten und hochziehen wie
die Bergsteiger, nur ohne Sicherungsseile oder Steigeisen.

Ich versuchte hinterherzukommen, merkte jedoch schnell: keine
Chance. Mein Gepäck war viel zu schwer. Die Jungs hatten nur
leichte Jacken und Turnschuhe zu tragen, sie froren, wenn sie nicht
kletterten. Ich dampfte in meiner Winterjacke und den Funktions-
klamotten und rutschte in meinen Stiefeln.

Der Schleuser hatte vor dem Aufbruch in Doğubeyazıt gesagt, wir
müssten marschieren, also hatte ich mich trotz der abgelaufenen
Sohlen für meine Stiefel entschieden, die wärmer als Turnschuhe
waren. Vom Klettern war nicht die Rede gewesen. Jetzt fragten mich
die Kids prompt, ob ich keine Turnschuhe hätte: »Damit bist du
beweglicher.« Ich ärgerte mich, keuchte und dampfte.

Sie hängten mich nach fünf Minuten ab. Ich konnte sie kaum

noch von hinten sehen. Ich kletterte, so gut und schnell es ging, über spitze Steine und Felsbrocken. Nach zwanzig Minuten konnte ich nicht mehr, ich hustete, mein Herz klopfte, meine Lungen pumpten, mir lief der Schweiß am Körper runter. Ich riss den Reißverschluss meiner Jacke auf. Es nützte alles nichts, ich war am Ende.

Die Jungs warteten in einer Senke auf mich. Ich kam bei ihnen dampfend wie ein Brauross vor dem Bierwagen auf dem Münchener Oktoberfest an – total am Arsch. Sie lachten mich aus. »Zu viel Pizza, zu viel Pizza!«, feixten sie. »Sollen wir dir helfen?« Ich gab ihnen widerstandslos meinen großen Rucksack, aß einen Energieriegel, trank einen Schluck Wasser. Wir waren erst 25 Minuten in den Bergen unterwegs. Es war vielleicht kurz vor 11 Uhr in der Nacht. Wir würden noch bis in die Morgenstunden laufen müssen.

Wir krabbelten auf allen vieren und zogen uns mit den bloßen Händen die Felskanten hoch, die Jungs in Sekundenschnelle, ich in Zeitlupe. Wieder hängten sie mich nach wenigen Minuten ab, ich konnte keinen mehr hören oder sehen, sie kletterten wie Bergziegen.

Ich konzentrierte mich: nicht ausrutschen oder in Lücken fallen, nichts brechen. Die Felskanten waren spitz, der Boden voll Geröll. Nach einer Stunde war ich so kaputt, dass meine Ohren rauschten. Nützt ja nichts, ich musste weiter. Ich wollte weiter.

Zum Glück kam einer der Jungs zu mir und nahm mir wortlos auch meinen kleinen Rucksack ab, den ich ihm erleichtert gab. Der Anführer musste erneut Rast machen, damit ich zur Gruppe aufschließen konnte. Jetzt schmerzte wieder mein Knie, das ich mir gestern bei meinem ersten Versuch, allein über die Berge zu gehen, umgeknickt hatte.

Bei dieser Rast wollten die Jugendlichen alles über Deutschland wissen. Ob man Mädchen treffen könne, wann man will, ob man Alkohol trinken dürfe, ob Mädchen mit einem sprechen. Und ob Männer und Frauen zusammen ausgingen. Sie konnten sich nicht vorstellen, dass es einen Raum in aller Öffentlichkeit gab, in dem Männer und Frauen zusammen reden und essen dürfen und das für alle selbstverständlich ist.

»Kann man tanzen mit einem Mädchen?«

»Hattest du schon mal eine Freundin?«

»Darf man eine Freundin haben?«

»Was arbeitest du in Deutschland?«

»Was sind Partys?«

»Kann man einfach Bier kaufen? Darf man das trinken?«

»Gibt es Orte, wo man hingeht, nur um zu trinken?«

»Klar kann man mit Frauen reden, aber nur wenn sie das wollen! Das muss von beiden gewollt sein«, sagte ich schnaufend.

»Wie merkt man, dass sie das will?«

»Sie gibt dir Signale!«

»Was sind das für Signale?«

Sie strahlten, als ich von Deutschland in meinem schlechten Farsi erzählte. Für sie hörte es sich an wie das Gelobte Land.

Zwei meiner Begleiter hatten auch schon mal die Flucht gewagt und sind bis nach Istanbul gekommen. Als sie nach Wochen keine Arbeit fanden, gaben sie auf und kehrten resigniert zurück in den Iran. Zwei andere erzählten, sie seien wegen dieses Jobs in die Berge gekommen, weil sie in Teheran nur auf dem Markt für wenig Geld arbeiten konnten. »Wir mussten hierherkommen.«

Ich erzählte so ausführlich, wie es mein Farsi erlaubte, von Deutschland und den für sie ungewohnten Sitten, um unsere Pause so lang wie möglich zu machen.

Was schmuggelten sie, wenn sie keine Leute über die Grenze brachten? Wahrscheinlich Zigaretten. Vielleicht auch Opium? Ich habe besser nicht gefragt.

Alle kannten den Namen Angela Merkel. »Merkel ist eine gute Frau«, sagte einer. Sie hatte sogar bei diesen iranischen Kids einen guten Ruf, wie fair sie geflüchtete, arme, gebrochene Menschen behandelte. Das drang von Deutschland 4000 Kilometer selbst bis in diese kurdischen Berge. Die Kids sagten, viele Menschen verehrten Angela Merkel, einfach, weil sie etwas Schönes getan hatte. Gar nicht, weil jetzt jeder nach Deutschland wolle.

Nach zehn Minuten ging es wieder los, aber die Fragestunde war nicht vorbei. Immer wenn jemand etwas wissen wollte, ließ er sich zu mir zurückfallen, dem Lahmarsch. Ich war außer Atem und konnte nur schwer antworten.

Weiter, immer weiter nach oben. Ich konnte kaum mehr sprechen, weil ich so keuchte. Sie warteten wieder auf mich. Um uns herum nur riesige Felsbrocken, Steinfelder. Wir setzten uns. Ich war fertig mit der Welt. Ich schaffte es nicht weiter. Es war halb ein Uhr in der Nacht. Wir saßen ein paar Minuten schweigend da, dann sagte ich:

»Leute, ich bleib hier, ich kann nicht mehr. Hier bin ich geschützt. Ab morgen gehe ich allein weiter. Ich will mich nur noch ausruhen.«

Der Anführer sagte: »Wir machen noch zehn Minuten länger Pause, aber du gehst mit uns! Hier stirbst du. Du kannst froh sein, dass es nicht schneit, wie noch vor drei Tagen. Das war wirklich schwierig!«

»Ihr geht auch bei Schnee über diese Berge?«

»Bei Schnee, bei Hagel, bei Regen, wir gehen jeden Tag.«

Ich war sprachlos. Schmuggeln war ihr Beruf, natürlich mussten sie täglich gehen. Ich stand auf. Sie organisierten, dass immer einer hinter mir und einer vor mir lief. Ich schleppte mich nur noch. Mein Körper war Schmerz. Auf meiner GPS-App sah ich: wir waren 1900 Meter hoch.

Insgesamt war ich mit den iranischen Jungs jetzt schon fünf Stunden unterwegs, davon knapp drei im steilen Gebirge – da packte mich einer von ihnen am Arm und schleppte mich mit. Ich konnte nicht mehr denken, nicht mehr sprechen, nicht mehr atmen, gar nichts mehr, außer dem Typen, der mich an seinem Arm hinter sich her schleifte wie ein Bündel, zu folgen. Eigentlich bin ich gut trainiert. Aber die Überquerung eines Hochgebirges ist eine andere Nummer. Ja klar, zu viel Pizza: Tatsächlich bereute ich jedes Stück, das ich in den letzten Jahren gegessen hatte.

Plötzlich blieb der Junge, der mich schleppte, stehen und rief: »Schau, da hinten ist iranisches Licht. Da ist das Land, in das du willst.«

Ich hob meinen Kopf, der Schweiß rann mir über das Gesicht, über die Augen, am Rücken entlang bis zu meinen Füßen. Ich hob den schweren Kopf ein paar Zentimeter, ich musste husten, aber sah, was er meinte: die Lichter am Horizont. Sie waren unendlich weit weg. Aber zumindest waren sie zu sehen: Wir hatten unser Ziel vor Augen. Ich war kurz davor, meine Mutter zu finden: Jetzt würde ich nicht aufgeben.

Wir liefen ein Stück auf einem Bergkamm entlang. Ich sah, dass der Kamm sich in ein Tal senkte. Durch das Tal führte eine Patrouillenstraße, und dahinter ging es wieder steil nach oben, fast wie eine Wand. Weiter oben am Berg hatten Grenzer eine Rolle aus Natodraht gespannt, Hunderte Meter lang, etwa 1,5 Meter hoch: Natodraht sieht ähnlich aus wie Stacheldraht, hat aber Widerhaken, scharf wie Rasierklingen.

Hinter dem Natodraht lag der Iran. Der dreizehnjährige Anführer sagte: »Wir sind erst vor den Soldaten sicher, wenn wir hinter dem Natodraht-Zaun den Berg rauf und dann wieder runter sind. Ihr folgt mir. Ab jetzt nur noch rennen!« Er hob die Hand, als Zeichen, dass wir noch warten sollen. Super, dachte ich, ich bin total fertig, und jetzt noch rennen, wie soll das gehen?

Als er das Zeichen zum Losrennen gab, stürmten alle los. Ich rutschte im Schnee aus und fiel hin, rappelte mich hoch, ich fühlte einen stechenden Schmerz in meinem Knie, aber ich war voller Adrenalin.

Als wir im Tal ankamen, liefen wir über die Patrouillenstraße, dann zogen sich die Kids auf der gegenüberliegenden Seite an einer

Felskannte hoch. Sie sprangen wie nichts den Berg hinauf und trugen sogar mein Gepäck dabei. Ich schaffte es nicht, mich hochzuziehen, bis einer mir seinen Arm gab. Wie ein Sack hing ich auf zwei Metern Höhe. Mit letzter Kraft schaffte ich es auf den Felsvorsprung. Die Jungs nahmen mich links und rechts und schleiften mich bis zum Stacheldraht. Wir waren nicht die Ersten, die an dieser Stelle den Natodraht-Zaun überwinden wollten: Ein kleiner Teil war schon mit Lumpen und alten T-Shirts so präpariert, dass wir drüberspringen konnten. Hinter dem ersten großen Felsbrocken brach ich zusammen. Aber sie packten mich wieder rechts und links und feuerten mich an, während sie mich schleppten: »Oben kannst du dich ausruhen!« Dann waren wir oben auf dem Berg, 300 Meter hatten sie mich hochgeschleift. Wir hatten es über die Grenze geschafft: Wir waren im Iran!

Auf dem Kamm war aber nichts mit ausruhen, wieder ging ein Junge vor mir und einer hinter mir, so hatten sie mich im Blick und das Tempo im Griff. Wir marschierten in Richtung der Lichter. Dann schwenkten wir nach links, bis wir in ein Dorf kamen, das erste Dorf im Iran. Es war kurz vor 5 Uhr morgens. Hirtenhunde schlugen an und kläfften sich in Rage.

»Hier wohnen wir«, sagten die Jungs.

»Was macht ihr jetzt?«, fragte ich.

»Wir schlafen!«, antworteten sie.

In einem Innenhof setzten wir uns auf Stufen. Die Jungs gaben mir meine Rucksäcke wieder.

»Du hast gesehen, wie wir dir geholfen haben. Normalerweise gibt es ein kleines Dankeschön.«

»Ich habe alles schon bezahlt und soll niemandem mehr Geld geben, hieß es«, sagte ich. Egal, ich kramte alles zusammen, was ich in der Tasche hatte, insgesamt etwa zwanzig Euro.

»Wenn ich mehr hätte, würde ich es dir geben. Ihr habt mir den Arsch gerettet.«

Sie freuten sich.

Aus meinem Rucksack holte ich noch meine Smartwatch mit GPS-Funktion und Ladekabel und gab sie dem Anführer. »Hier, die kannst du verkaufen oder behalten, sie hat mal 300 Euro gekostet.« Er war sprachlos. Ich glaube, so etwas Teures hatte er noch nie in der Hand gehalten.

7 IM IRAN:
MANSCHAHM,
1. FEBRUAR 2018

Lange konnte ich mich auf den Stufen in dem Hinterhof nicht ausruhen: Ein weißer Kleinwagen kam angerast, eine Schrottschüssel
einer iranischen Marke, die ich nicht kannte. Ein zahnloser, dünner
Mann saß am Steuer, ungepflegt, Ende dreißig, schwarze Haare.
Die Jungs zeigten auf mich. »Schnell, schnell, ins Auto, los!«, rief
der Mann auf Farsi. Ich musste mich hinten in den Fußraum kau-
ern. Meine Rucksäcke warf er in den Kofferraum. Ich wusste nicht,
wie mir geschah. Wir fuhren eine Viertelstunde, enge Kurven, Kies
unter den Reifen, wir rutschten, er beschleunigte und bremste heftig. Und wieder lag mein Leben in den Händen eines Mannes, den
ich nicht kannte.

Als wir hielten, schrie er: »Raus, raus!« Ich nahm mein Gepäck.
Ich stand vor einer Lehmhütte. An der Tür wartete ein gebrech-
licher, unrasierter Mann mit fettigen Haaren und finsterem Blick,
vielleicht achtzig, vielleicht auch erst sechzig. »Da rein!«, schrie er.
»Schnell, schnell!« Er riss die Tür auf.

Ich sah in vierzehn schwarze Augenpaare, die zu jungen Männern gehörten, vielleicht sechzehn bis dreißig Jahre alt, dünn, zer-
lumpt, mit struppigen Haaren. Es stank nach Schweiß. Die Männer

waren Afghanen, die darauf warteten, abgeholt zu werden, um den gleichen Weg zu gehen, den ich gerade gekommen war.

Sie kauerten auf dem Boden und stierten mich an. Der ruppige alte Mann befahl mir, meine Schuhe auszuziehen. Ich dachte noch, warum denn? Die Hütte ist schmutzig und stinkt. Ich zog meine Schuhe trotzdem aus. Ich wollte nicht diskutieren. »Schlaf jetzt!«, zischte er. »Nimm dir eine Decke.«

Ich setzte mich zu den Afghanen auf den Teppich an den Rand der Hütte. Es gab ein Fenster mit blindem Glas und eine Tür mit einem Bambusgeflecht als Sichtschutz, alles bedeckt von einer Schicht Staub. In der Ecke standen Blechwannen, Schläuche, Jutesäcke, Geräte, wie man sie zur Landarbeit braucht. Eine Öllampe flackerte, wärmte aber nicht. Ich nahm mir eine Pferdedecke.

Ich sagte »Salam« zu den Afghanen, gab ihnen aber zu verstehen, dass ich nicht sprechen wollte. Ich war einfach nur erledigt und wollte meine Ruhe. Es war kurz vor 6 Uhr morgens. Zwei unterhielten sich und fragten sich, wer ich wohl war, das verstand ich. Ich stellte mich schlafend, doch ich konnte nicht einschlafen, mir tat alles weh. Meine Lungen beruhigten sich kaum. Mein Gesäß schmerzte vom Ritt auf dem Maultier: Die Schürfwunden hatte ich durch das Adrenalin bei der Gebirgsüberquerung kaum gespürt, aber jetzt meldeten sie sich zurück.

Der Alte, der das Sagen hatte, schaute immer wieder in der Hütte vorbei. Kaum tuschelten die Afghanen, schrie er sie an, sie sollten still sein. Er drohte ihnen mit einem erhobenen Stock wie einer Herde Kühe. Aber die Afghanen unterhielten sich trotzdem leise weiter.

Eine Stunde später, zwischen 7 und 8 Uhr morgens, sagte der Alte zu den Afghanen: »Bereitmachen, ihr werdet gleich abgeholt. Wenn ich einen Mucks höre, setzt es Schläge!« Aber die Afghanen fingen wieder an zu quatschen. Oh Mann, dachte ich, jetzt haltet doch mal die Klappe, der macht doch keinen Spaß, warum seid ihr nicht einfach still? Eine halbe Stunde passierte nichts. Dann riss der Alte die

Tür wieder auf, sah, dass sich einige wieder hingelegt hatten, riss die Männer aus dem Schlaf, und es setzte Hiebe. »Habe ich euch nicht gesagt, ihr sollt euch bereithalten?« Endlich sprangen sie auf und scharten sich mit ihrer Gruppe draußen um einen Transporter.

Als sie weg waren, hatte ich den Raum für mich und konnte mich ein bisschen entspannen. Bald trat der Alte wieder in die Hütte und sagte auf Farsi, ich würde bald abgeholt werden. Ein Rädchen griff ins andere. Wie ein Uhrwerk lief dieses Business, Tag um Tag.

Um halb zehn kam der Alte wieder und meinte, ich solle hier aufräumen. Die Afghanen hatten Kekse gegessen und die Packungen auf dem Boden liegen lassen. Den Müll stopfte ich in eine Tüte, faltete und stapelte die Decken. Ich verstand nicht, warum einerseits alles versifft war und andererseits so viel Wert auf Ordnung gelegt wurde. Erst später verstand ich, dass Perserteppiche im Iran heilig sind. Kein Schuh darf einen Perserteppich betreten, kein Müll darauf liegen, auch wenn der Teppich alt und abgetreten ist. Der Perserteppich ist so etwas wie die Seele des Iran.

Um Viertel nach zehn brachte der alte Mann Frühstück: Auf einem rostigen, silbernen Tablett stand eine silberne Teekanne und ein Becher aus grünem Glas, ein Schälchen Würfelzucker und eine Porzellanschale, in der ein Stück Ziegen- oder Schafskäse lag, der ziemlich stank. Dazu ein Stück Fladenbrot. Den Tee trank ich mit viel Zucker und aß ein bisschen Brot. Endlich was Warmes. Den Käse rührte ich nicht an. Er war mir nicht geheuer.

»Du musst deine Haare abschneiden«, sagte der alte Mann.

»Nein, mache ich nicht!«

»Die erkennen sonst, dass du nicht von hier bist.«

»Ich ziehe meine Mütze auf, so dass keiner meine langen Haare sieht.« Ich ahnte, dass in dieser Ecke des Iran kein Mann lange Haare trägt.

»Das mit der Mütze ist okay, wenn du meinst.«

Er zeigte mir, wo ich aufs Plumpsklo könne, aber schnell, schnell! Rechts neben dem Plumpsklo kam ein Wasserhahn aus dem Boden, aus dem nur eiskaltes Wasser floss. Unter dem Wasserhahn fing ein Steinkrug das überschüssige Wasser auf. Das Wasser war gefroren. Ich wusch mir die Hände und tupfte das Gesicht ab. Ich spürte, dass sich die Scheuerwunden an meinem Gesäß entzünden würden, auch mein Knie tat höllisch weh.

Der alte Mann fragte: »Du bist hier, um deine Mutter zu finden. Oder?« Mit Sicherheit war er deswegen netter zu mir als zu den Afghanen.

»Ja, ich möchte meine Mutter kennenlernen.«

Er nickte mir zu. »Warte jetzt, bist du abgeholt wirst.«

Etwa um 13 Uhr hörte ich ein Auto kommen. Es war wieder die weiße Schrottkiste mit demselben Fahrer, der mich schon zu dieser Hütte gefahren hatte.

Der Fahrer packte meine Sachen in den Kofferraum, ich legte mich wieder in den Fußraum zu den Rücksitzen. Wir fuhren eine Stunde über die Dörfer, bis er links von einem anderen Auto hielt. »Los, rüber!«, befahl der Fahrer. Die Tür vom Beifahrersitz des anderen Autos wurde aufgerissen, und ich huschte rüber in das andere Auto, während die Fahrer mein Gepäck umluden. Ich freute mich, dass ich im neuen Auto auf dem Beifahrersitz in ausgestreckter Haltung sitzen konnte.

Ich saß nun in einem weißen Fünftürer der iranischen Marke Samant. Der neue Fahrer sah gepflegter aus, hatte schwarze Haare und eine nur leicht gebräunte Haut. Wir fuhren neun Stunden, unterhielten uns auf Farsi, so gut es ging. Zunächst mieden wir Hauptstraßen, fuhren auf Nebenstraßen und holprigen Wegen. Ich mochte die Landschaft: die imposanten Gebirgszüge, die Weite. Aus diesem Land also kam ich.

Nach eineinhalb Stunden machten wir Pause in einer Ortschaft mit vielen Autowerkstätten. In einem Hinterhof stieg Amir ein, ein Iraner, der vergeblich die Flucht nach Europa versucht hatte und in der Türkei hängengeblieben war, ohne Arbeit. Amir war 25 Jahre alt, gepflegt, sah gut aus. Er hatte warme Kleidung an und einen

Rucksack dabei. Er wollte zu seiner Mutter nach Isfahan zurück, erzählte er. Er fragte mich, was ich hier wolle, ich sähe nicht aus wie ein Tourist. Ich versuchte zu erklären, dass ich meine Mutter finden wollte.

Es ist seltsam: Wenn ein Flüchtling sagt, er wolle in ein fremdes Land, um dort zu arbeiten und seine Familie zu ernähren, ist das für die meisten Menschen kein ehrenhafter Grund. Wenn ich aber meine Geschichte erzählte, wurde ich mit offenen Armen empfangen.

Amir erzählte von seiner Odyssee: wie ihm alles Geld ausgegangen war, wie schlecht er behandelt wurde. Dass er nur in Frieden und Freiheit leben wolle, sich nun aber lieber wieder in den Iran zurückwünschte.

Plötzlich stand mitten auf dem Weg ein Mann mit einem Kind auf dem Arm. Unser Fahrer hielt, dann nahmen wir die beiden eine Stunde mit. Der Vater mit dem Kind wollte dem Fahrer Geld geben. Der Fahrer lehnte ab.

Wir hielten zweimal auf Picknickplätzen, an denen man Tee trinken, Snacks und andere Waren kaufen konnte. Plötzlich scharten sich einige Kollegen unseres Fahrers um das Auto, witzelten, schauten in den Wagen, sprachen auf Kurdisch über uns. Diese Männer lebten davon, Menschen von einem Ort zum anderen zu fahren – wie Waren. Und jetzt standen sie zusammen und unterhielten sich über ihr Geschäft, als wären sie gerade im Kopierraum auf einen Kollegen gestoßen.

Als wir wieder losfuhren, sah der Fahrer mein Taschenmesser, das an meinem Gürtel hing. Es gefiel ihm. »Wenn es dir gefällt, gehört es dir«, sagte ich und schenkte es ihm. Er sah glücklich aus, dann sagte er zu Amir:

»Schau, ein guter Junge, macht mir ein Geschenk!«

»Ich habe leider keinen iranischen Rial und auch keine türkische Lira mehr«, sagte Amir zerknirscht.

Die Fahrt dauerte ewig, mir wurde langweilig, mein Blick wanderte im Auto herum. Mir fiel auf, dass in allen Autos der kurdischen Fahrer – auch die, die ich auf dem Parkplatz gesehen hatte – ein rotes, flammendes Herz am Rückspiegel hing, wie ein Talisman. Zuerst dachte ich, dies wäre eine islamische Tradition. Inzwischen aber glaube ich, das war das Erkennungszeichen der Schlepper. Langsam begriff ich, wie sie ihr Business organisierten: Wir rasten auf der Autobahn mit 150 statt mit 120 wie erlaubt. Das ist doch total auffällig, dachte ich. Es saßen ja offensichtlich Illegale wie ich im Auto. Bis mir klarwurde, dass ein anderes Auto sehr dicht vor uns fuhr. Gab es Kontrollen – und es gab einige –, wurde immer nur das vordere Auto von den Polizisten rausgewunken, wir nie. Dann fuhr mein Fahrer langsamer, bis das andere Auto wieder von hinten aufschloss und uns schließlich überholte, bis beide Autos wieder Vollgas geben konnten. Und alle hatten diese Herzen an der Windschutzscheibe baumeln.

Vier Stunden vor Teheran rief mein iranisch-kurdischer Schleuser aus der Türkei bei meinem Fahrer an und fragte, ob es mir gutgehe. Der Fahrer gab mir das Handy: Ob ich was extra zahlen musste, fragte er. »Nein, alles gut, danke. Ich habe nichts extra bezahlt!«, log ich, weil er mir eingebläut hatte, bloß nichts extra für die Bergüberquerung an die Jungs zu bezahlen.

Drei Stunden vor Teheran fragte ich den Fahrer, ob ich sein Telefon benutzen könne, ich hatte kein Netz: Ausländische SIM-Karten funktionieren nicht im Iran, und ohne Geld konnte ich mir keine iranische Karte kaufen. Weil wir bald in Teheran ankommen sollten, wollte ich Dariusch anrufen, damit er mich irgendwo abholen käme. Ich konnte die Zahlen auf dem Handy des Kurden nicht lesen, weil es iranische waren. Amir auf der Rückbank half mir die Nummern einzutippen.

Erst nahm Dariusch nicht ab, ich versuchte es öfter. Als ich ihn endlich erreichte, sagte ich: »Dariusch, ich bin fast in Teheran, wo soll ich hinkommen? Holst du mich irgendwo ab?« Wir sprachen immer auf Englisch miteinander.

»Wie, du bist fast in Teheran?«, fragte er ungläubig.

»Ja, sag mir, wohin ich kommen soll! Ich brauche eine Adresse.«

»Mehdi, ich bin nicht in Teheran, ich bin gar nicht in der Stadt, ich bin im Norden des Landes, im Urlaub!«

»Aber ich habe dir doch geschrieben, dass ich komme!«

»Oh Mann, Alter, ich dachte, das wäre ein Scherz!«

»Aber wo soll ich denn jetzt hin?«

»Ich bin in Shomal, aber das ist Stunden entfernt.«

»Kannst du meine Tante Saadia anrufen? Sie ist die einzige Verwandte, die ich im Iran kenne. Bitte ruf sie an und frage, ob ich zu ihr kommen kann. Sie spricht nur Farsi. Ich muss dem Fahrer irgendeine Adresse nennen.«

»Klar, ich versuche es!«, sagte Dariusch.

Dariusch hatte die Nummer von Saadia seit über einem Jahr in seinem Handy gespeichert, als er versuchte, mir bei einem Visum oder iranischen Pass für eine legale Einreise zu helfen und auch einmal erfolglos bei Saadia anrief, ob es eine Geburtsurkunde oder andere Aufzeichnungen über meine Geburt gäbe.

Kurze Zeit später schrieb er zurück, dass meine Tante nicht ans Telefon ginge. Was sollte ich machen? Der Fahrer meinte noch, er würde schon einen Platz finden, wo ich bleiben könnte. Aber er wusste nicht, dass ich kein Geld mehr hatte – und bei Schleppern schlafen ohne Geld?

Dann aber summte das Telefon, und Dariusch war wieder dran. »Deine Tante hat mich zurückgerufen. Sie ist auch im Urlaub. Sie war überrascht, dass du im Iran bist. Aber dein Onkel ist da. Ich habe ihn angerufen und es hat jemand abgehoben, der aber nicht dein Onkel war. Dein Fahrer soll auf dieser Nummer anrufen.«

Mir schwirrte der Kopf. Wer war das, der bei meiner Tante und meinem Onkel ans Telefon ging? Dariusch sagte dem Fahrer die Nummer, und der Fahrer sprach mit dem Mann auf der anderen Leitung auf Farsi.

Ich hatte meine Tante Saadia und ihren Mann, meinen Onkel

Zaki, nur einmal mit ihrer Familie in dem Türkei-Urlaub kennengelernt, den ich über das Radiogewinnspiel gewonnen hatte. Es war der einzige Kontakt, den wir jemals mit Familienangehörigen hatten. Ich konnte mich weder an ihre Gesichter noch an alle Namen der Familie erinnern.

Ich sprach noch mal mit Dariusch. Er sagte, dass der Schlepper mich nach Manschahm nahe Teheran bringen würde, wo mein Onkel und meine Tante lebten. Meine Tante Saadia käme zwar erst in ein paar Tagen wieder, aber irgendjemand würde mich abholen. Ich war erleichtert. Wir waren schon kurz vor Manschahm, als endlich alles organisiert war.

Der Fahrer sprach während der Fahrt auf dem Handy mit dem Mann, der mich abholen sollte, aber nicht mein Onkel war: »Wo? Wo bist du? Ah da, ich kann dich schon sehen, ich sehe dich!« Hinter einer Brücke stand ein weißer Peugeot 206. Wir wendeten und hielten. Ich hatte keine Ahnung, wer dort im Auto sitzen würde.

8 IM IRAN:
MANSCHAHM,
1. – 8. FEBRUAR 2018

Der Schlepper ließ mich in Manschahm hinter einer Brücke aus dem Auto aussteigen. Es war dunkel, 11 Uhr abends, ich war zehn Stunden unterwegs gewesen, eine davon im Fußraum bei den Rücksitzen. Ich war kaputt, dreckig, müde. Mein Hintern: wund gerieben vom Galopp auf dem Maulesel, mein umgeknicktes Knie: geschwollen, die Beinmuskeln: verhärtet von der stundenlangen Bergbesteigung durch Schnee und Eis. Ich hatte seit vier Tagen kaum geschlafen, seit zwei Tagen wenig gegessen. Nur mit Mühe hatte ich mich aus dem Auto hieven können.

Ich glaube, ich murmelte noch »Danke«, aber der Abschied von einem Schlepper, mit dem man viele quälende Stunden verbracht hatte, gestaltet sich eher kühl. Ich war froh, den Fängen der Schlepper entronnen zu sein, obwohl sie mich bis hierher gebracht hatten.

Vor mir stand ein weißer Peugeot 206, daneben ein Mann um die dreißig, glattrasiert, kurze schwarze Haare, schwarze Lederturnschuhe, dunkle Hose, brauner Strickpulli. Ich wusste nur, er und mein Fahrer hatten sich telefonisch wegen meiner Übergabe verständigt. Ich wusste nicht, wer dieser Mann war. Mein Onkel offensichtlich nicht. Vielleicht ein Cousin? Der Mann grüßte mich herzlich, umarmte mich, gab mir drei Küsse auf die Wange und packte meinen Rucksack in den Kofferraum. Ich setzte mich auf den Vordersitz, wir fuhren los. Da klingelte das Handy des Fahrers, Dariusch war dran. Der Mann reichte es weiter.

»Bist du gut angekommen?«

»Ja, ich bin im Auto mit einem Mann, von dem ich keine Ahnung habe, wer es sein könnte«.

»Vielleicht ein Verwandter von dir? Sieht er dir ähnlich?«

»Weiß ich nicht, keine Ahnung. Eher nicht.«

»Schaut er denn freundlich aus?«

Ich sah zu dem Mann hinüber. »Ja, er sieht eigentlich ganz nett aus.«

In diesem Augenblick drehte sich der Mann zu mir und grinste.

»Mach dir keine Sorgen, den hat deine Tante oder dein Onkel geschickt, der wird schon in Ordnung sein.«

Erst am Abend stellte sich heraus, dass der Mann ein Hausangestellter meines Onkels und meiner Tante war, der zumindest ein wenig Englisch verstand. »So so, ich sehe also ganz nett aus, ja?«, sagte er und zwinkerte. Er könne Englisch deshalb verstehen, sagte er auf Farsi, weil er gern amerikanische Filme sehe, aber sprechen könne er es kaum. Er hieß Dilan und half mir in den ersten Tagen im Iran mit den paar Brocken Englisch, die er konnte. Im Auto hatte er mir noch versucht, auf Farsi irgendwas zu erklären, aber er sprach sehr schnell, ich verstand nicht viel. Nur, dass meine Tante Saadia mit Freundinnen im Urlaub in Isfahan sei. Und mein Onkel Zaki krank im Bett liege.

Das Haus meiner Tante Saadia und meines Onkels Zaki lag in einer ziemlich noblen Gegend von Manschahm, einer Art Vorort von Teheran, obwohl Manschahm eigentlich eine Großstadt mit zwei Millionen Einwohnern ist, die früher 40 Kilometer entfernt von Teheran lag. Aber wegen seines unkontrollierbaren Wachstums hat sich das gefräßige Teheran die Stadt einverleibt.

Ich war überrascht, dass das Haus der wenigen mir bekannten Angehörigen modern und pompös war, mit einer Täfelung aus rötlich gemustertem Stein und einer breiten gläsernen Eingangstür. In der Straße gab es viele Häuser mit Statuen links und rechts vom Eingang. Meiner Tante und meinem Onkel schien es gutzugehen. Ich war erstaunt darüber: Wir waren in Deutschland in bescheidenen Verhältnissen aufgewachsen, und hier sahen einige Häuser aus wie griechische Tempel. So hatte ich mir den Iran nicht vorgestellt. Vor zehn Stunden saß ich noch eingepfercht mit vierzehn Afghanen in einer Lehmhütte, und jetzt wurde ich durch eine Tür mit elektronischem Code in eine Empfangshalle aus vanillefarbenem Marmor geführt, die aussah wie die Lobby eines Luxushotels. Im Aufzug, mit dem wir in den dritten Stock fuhren, lief Musik. Ich verstand erst nach ein paar Monaten, dass in jedem Aufzug im Iran Musik gespielt wird, warum auch immer. An diesem Abend aber kam mir dieser Luxus, nach allem, was ich erlebt hatte, skurril vor.

Erst später erfuhr ich, dass dieses Viertel von Manschahm eine der reichsten Gegenden des Irans ist. Es liegt bei einem großen Naturpark: Hier bläst immer ein leichter Wind von Westen den Smog Richtung Teheran. Jeder, der Geld hat, will hier leben. Meine Tante Saadia und mein Onkel Zaki hätten sich das allein nicht leisten können, sie war früher Lehrerin gewesen, er hatte für die Baubehörde der Stadt gearbeitet. Doch ihr Sohn Keywan unterstützt sie finanziell sehr großzügig: Er besitzt mehrere Import-Export-Firmen. Man kann im Iran gutes Geld verdienen, wenn man sich nicht mit der Regierung anlegt.

Auch die Wohnung im dritten Stock war erstaunlich modern eingerichtet, fast westlich. Natürlich mit Perserteppichen und stark gemusterten, bunten Tapeten, wie man sich eine Wohnung im Iran vorstellt. Dazu weiße Samtsofas, ein großer amerikanischer Massagesessel, Flachbildschirme. Dilan, der Hauswart, führte mich zuerst ins Schlafzimmer zu meinem kranken Onkel Zaki, der, so erklärte es mir zumindest mein Google-Übersetzungsprogramm, an einer Lungenentzündung litt und kaum sprechen konnte. Anschließend servierte mir Dilan im Wohnzimmer Tee in kleinen Gläsern mit Goldrand. Wir redeten ein bisschen, so gut es ging, dann zeigte er mir das Zimmer, das für Gäste vorgesehen war. Zum ersten Mal seit vielen Tagen schlief ich in dieser Nacht durch.

Am nächsten Morgen machte mir Dilan Frühstück, Brot mit Honig, Eiern und Tee, und holte aus der Apotheke eine Desinfektions- und Wundspülung für mein blutiges Gesäß. Mein Onkel Zaki ging zum Arzt wegen seiner Lungenentzündung. Mittags kamen beide heim mit *Koobideh Sanjak*, Hackbraten am Spieß, und Fladenbrot. Wir setzten uns ins Wohnzimmer, und ich erzählte, mit Hilfe von Google Translate, von meiner Reise. Ich hatte mich ins WLAN eingewählt, damit ich wieder online war. Ich tippte in mein Handy und hielt den beiden die Übersetzung hin, sie machten das Gleiche umgekehrt, wenn ich sie nicht verstand. Dazwischen ein paar Brocken Englisch. Sie hörten gespannt zu und kamen aus dem Staunen nicht raus. Mein Onkel sagte gerührt: »Du hast etwas Gutes getan. Deine Mutter wird sich freuen. Sie ist eine gütige Frau.« Es war das erste Mal, dass jemand aus meiner Familie etwas Nettes über meine Mutter sagte. Es stellte sich später heraus, das Zaki unsere Entführung zwar gedeckt hatte, aber eigentlich nicht guthieß. Er war der Einzige, der sich später bei meiner Mutter entschuldigte.

Ich hatte vor, erst mal nach Teheran zu meinem Freund Dariusch zu ziehen, sobald er von seiner Reise zurückgekehrt wäre. Dort wollte ich besser Farsi lernen, um mich besser mit meiner Mutter unterhalten zu können, wenn ich sie zum ersten Mal treffen würde.

Dariusch kam schon am nächsten Tag zurück, früher als geplant. Es war ihm unangenehm, glaube ich, dass ich diese gefährliche Reise unternommen hatte, aber er dann selbst nicht in Teheran war, um mich zu beherbergen. Ich hätte ihm natürlich früher sagen müssen, dass ich unterwegs war und wann ich komme. Doch ich wollte nicht, dass er sich sorgt. Er hatte mich zwar immer ermutigt, meine Mutter zu finden – aber er hätte mich abgehalten, wenn ich ihm von meinem Plan erzählt hätte.

Jetzt war Dariusch zurück und sprach am Telefon von einer geheimen Party, zu der wir gehen könnten: Technopartys in Teheran müssen legendär sein, das hatte ich immer wieder gehört. Und jetzt interessierte ich mich für dieses Land, das vorgab, mein Heimatland zu sein. Ich hatte vor einem Jahr den Film *Raving Iran* gesehen, eine Dokumentation über zwei DJs aus Teheran, die Partys in der iranischen Wüste veranstalten. Man sieht, wie die Leute konspirativ in Geländewagen aus der Stadt fahren, ein Soundsystem aufbauen und wild feiern. Am Ende des Raves liegen alle platt in der Sonne.

Aber mein Onkel Zaki verbot mir, zu dieser Party zu fahren: zu gefährlich ohne gültigen Pass, ohne Einreisedokumente, ohne Visum. Die Party könnte gestürmt werden, ich würde im Gefängnis landen. Ich solle auf meine Tante Saadia warten. Ich willigte ein, denn ich kannte dieses Land und seine strengen Gesetze ja kaum. Noch mehr Gefahr als meine Gebirgsüberquerung mit den Schleppern konnte ich im Moment wirklich nicht brauchen. Also sagte ich Dariusch ab. Vorerst.

Mein Onkel schlug vor, das Grab meines Vaters zu besuchen. Dilan fuhr uns in dem weißen Peugeot. Er stützte meinen Onkel, der durch die Lungenentzündung geschwächt war. Anfangs konnten wir das Grab auf dem verschneiten Friedhof kaum finden. Aber dann sahen wir den schwarzen Stein mit dem eingravierten Foto meines Vaters unter dem Schnee hervorlugen. Um das Foto und den Namen war ein großes Herz graviert. Meine Tante Saadia hing zeit ihres Lebens sehr an ihrem großen Bruder, erzählte mein Onkel, sie unterstützte ihn in allem, auch wenn er Mist gebaut hatte. Ja, dachte ich – seine drei kleinen Kinder zu entführen, zum Beispiel.

Ich fühlte nichts, als wir an diesem Grab standen.

Mein Onkel Zaki sah mich enttäuscht an und sagte: »Es war wohl keine gute Idee, hierherzukommen.«

»Ach, schon gut«, antwortete ich.

Ich machte ein Foto vom Grab, um es später meinen Geschwistern zu zeigen. Dann fuhren wir wieder zurück. Ich glaube, mein Onkel hat an diesem Grab zum ersten Mal verstanden, dass ich nach allem, was geschehen war, keinerlei Empfindungen für meinen Vater mehr hatte. Wenn ich an ihn denke, ist da nichts. Kein Gefühl. Gar nichts.

Nach dem Friedhof kaufte mir Zaki eine Prepaid-SIM-Karte, mit der ich auch ins Internet konnte. Jetzt war ich wieder mobil.

Die ersten Tage schlief ich viel und versuchte, meinen wunden Hintern zu schonen. Sitzen konnte ich nicht, laufen ein wenig. Meine Cousine Leyla besuchte mich, die Tochter von Saadia und Zaki. Wir gingen Sushi essen. Ich hatte sie als Jugendlicher wohl einmal in dem Türkeiurlaub getroffen. Aber ich konnte mich nicht mehr an sie erinnern. Sie war ein bisschen älter als ich, jetzt um die vierzig.

Als sie mich sah, begann sie zu weinen. Ich erinnere sie sehr an meinen Vater, sagte sie, ihren Lieblingsonkel. Da merkte ich wieder, dass er diese zwei Seiten gehabt haben musste: nett, gewinnend, unterhaltsam, witzig. Dann wieder grausam, gewalttätig, ungerecht, bestimmend, stur. Alle meine Freunde liebten meinen Vater, weil er immer zu Späßen aufgelegt und kinderlieb war. Und hinter verschlossenen Türen verprügelte er uns mit der Peitsche, mit der Faust, mit dem Gürtel oder steckte uns Stifte zwischen die Kinderfinger und drückte zu, bis sie anschwollen.

Als Leyla von der Art und Weise meiner Reise hörte, sagte sie nur: »Der Apfel fällt nicht weit vom Stamm.« So war mein Vater damals mit uns gegangen: ohne Abschied, von einem Tag auf den anderen, ohne dass jemand etwas ahnte. Ohne Visum, ohne Pass, über alle Grenzen. Genauso war ich wiedergekommen. Auch sie sagte kein schlechtes Wort über meine Mutter: Sie hatte sie einmal getroffen, als sie jung war, eine herzliche Frau. Vielleicht haderte auch sie mit unserer Verschleppung. Aber sie war damals noch viel zu jung, um etwas dagegen zu unternehmen. Ich merkte, dass alle Mitglieder meiner Familie väterlicherseits nur widerwillig über meine Mutter sprachen, und ich bohrte nicht weiter nach. Ich spürte, es gab hier ein großes, schwarzes Familiengeheimnis, eine schlimme Lebenslüge. Die Erinnerung kann ein dunkler Ort sein.

Am dritten Tag nach meiner Ankunft sah ich endlich meinen Freund Dariusch. Er schickte mir einen Fahrer, und wir trafen uns am Shisgan, einem See zwischen Manshahm und Teheran, wo er einen neuen Laden für Designermode und Wohnaccessoires eröffnet hatte. Danach hielten wir einen Motorradfahrer an und brausten zu dritt durch Teheran. Im Iran ist es üblich, Motorradfahrer anzuhalten, die einen gegen Bezahlung mitnehmen. Wir fuhren durch die vollgestopften, staubigen Straßen: eine monströse Stadt mit einem immensen Verkehrsproblem, aber auch schillernd und aufregend, voller gastfreundlicher Menschen, viele von ihnen dem Westen gegenüber aufgeschlossen – eine Megacity.

Nach vier Tagen in Manschahm, in denen ich mich auskuriert und Farsi geübt hatte, legte mein Onkel Zaki mir an einem Nachmittag im Wohnzimmer ein Fotoalbum in die Hände. Zum ersten Mal sah ich Bilder meiner Verwandten, keinen von ihnen kannte ich: meine Oma, meinen Opa, mehrere Onkel und Tanten, Cousins und Cousinen, Kinderfotos meines Vaters, seines Bruders, seiner Schwester. Mein Opa und fast die ganze männliche Verwandtschaft trugen merkwürdigerweise Hitlerbärtchen. Auf diesen Familienfotos lächelte niemand. Sie sahen gebeugt, gedrückt und verhärmt aus. Die Mundwinkel nach unten gezogen. Meine Oma hager und mit einem Gesichtsausdruck, als würde die Welt jeden Augenblick untergehen. Sogar ihre Kinder, mein Vater, sein Bruder, seine Schwester, blickten ausdruckslos in die Kamera. Eine fast gruselige fotografische Reihe. Ich weiß nicht, ob es damals irgendwie in Mode war, möglichst kühl und teilnahmslos in die Kamera zu schauen. Und ich weiß auch nicht, was sich in ihren Gesichtern spiegelte, das schwere Leben der damaligen Zeit oder persönliches Leid. Aber ich könnte mir vorstellen, dass es in dieser Familie ebenso hierarchisch und gewalttätig zuging wie bei meinem Vater und uns. Vielleicht hat mein Vater sein brutales Verhalten, seine Prügeleien von seinem Vater gelernt. Das lederne Fotoalbum wog schwer auf meinen Knien.

Dann sah ich ein Foto von meinem Bruder und meiner Schwester, als sie klein waren. Ich erkannte die beiden sofort. Offensichtlich war es der erste Geburtstag meines Bruders, zumindest war auf der Torte vor ihm eine einzelne Kerze zu sehen, und meine Schwester übergab ihm ein Geschenk. Jedoch hatte ich kaum Augen für meine Geschwister, denn neben ihnen kniete eine junge Frau. Sie lächelte glücklich und hielt meinen Bruder fest an sich gedrückt. Mein Onkel, der neben mir sitzend Kommentare zu den mir fremden Menschen auf den Fotos gegeben hatte, schwieg zu diesem Foto. Und ich fragte nichts. Ich fühlte mich, als säße ich in einer Seifenblase, die zerplatzen könnte, würde auch nur ein Wort fallen. Denn ich wusste, dass ich zum ersten Mal in meinem Leben meine Mutter in jungen Jahren sah. Sie sah aus wie meine Schwester heute. Hübsch ist sie gewesen. Aber ich hatte sie mir nicht so modern vorgestellt, sondern verschleiert, ängstlich, verhuscht, wie man sich Frauen im Mullah-Regime in den achtziger Jahren im Iran vorstellt. Aber auf diesem Foto sah ich eine fröhliche, glückliche junge Frau, eine liebende Mutter.

Das Foto hätte in jedem Land der Welt aufgenommen worden sein können: im Hintergrund weiße Spitzenvorhänge, meine Mutter trug eine schwarze Rüschenbluse und einen grauen Rock, eine Kette um den schmalen Hals, einen Reif in den schulterlangen schwarzen Haaren. Ich sah sie lange an, ihre Lippen, ihre niedergeschlagenen Augen, ihre Hände, ihr schönes, glückliches Lächeln. Sie war ganz auf meinen kleinen Bruder konzentriert, den Blick auf ihn gerichtet, der die Ärmchen reckte, um sein Geburtstagsgeschenk entgegenzunehmen. Ob ich da schon in ihrem Bauch war?

Mein Onkel und ich schwiegen lange und betrachteten das Bild. Ich bin mir sicher, dass wir beide darüber nachdachten, was für ein grauenvolles Unrecht dieser jungen Frau auf dem Foto angetan worden war: ihr die drei Kinder zu nehmen und sie jahrzehntelang im Ungewissen zu lassen, ob und wo sie noch lebten. Dann blätterte ich weiter.

Später nahm mich mein Onkel Zaki zur Seite. Ich spürte, ihm brannte etwas auf der Seele.

»Wenn du nun bald deine Mutter und ihre Familie kennenlernst und mit ihnen sprichst – verurteile deinen Vater nicht. Hasse ihn nicht für das, was er getan hat.« Mein Onkel wusste, dass bald die ganze Wahrheit ans Licht kommen würde.

»Ich werde mir anhören, was sie sagen, aber keine Sorge, ich werde niemanden hassen. Es ist, wie es ist. Ich kenne meinen Vater und seine Lügen. Aber auch seine guten Seiten. Er war ein Mensch mit zwei Gesichtern.«

Ich glaube, Zaki fühlte sich mitschuldig, weil er wusste, dass mein Vater uns nach Deutschland verschleppt hatte. Er musste wegen meiner Tante Saadia schweigen, die ihrem Bruder, meinem Vater, loyal zur Seite gestanden hatte. Zaki war auch schon vor der Hochzeit mit meiner Tante gut mit meinem Vater befreundet gewesen. Er fühlte sich ihm verpflichtet, obwohl er ein furchtbares Unrecht decken musste. Zaki hatte sein Leben lang mit der Entführung gehadert.

Am Nachmittag, ich saß im Wohnzimmer meines Onkels auf der Couch, hörte ich, dass Zaki in seinem Schlafzimmer lange telefonierte. Plötzlich kam er mit seinem Handy rüber und hielt es mir hin: »Hier, deine Mutter, sprich mit ihr.«

Ich starrte ihn an – wie vom Blitz getroffen. Ich wollte erst mit meiner Mutter sprechen, wenn ich besser Farsi konnte, und auch nicht das erste Mal am Telefon. Wie unter Schock stierte ich meinen Onkel mit weit aufgerissenen Augen an und schüttelte heftig mit dem Kopf. Wie das Wiesel aus »Ice Age«, das immer seine Nuss verliert: Ich war menschgewordener Schrecken.

Doch er hielt es mir weiter hin, nickte aufmunternd und sagte: »Junge, das ist deine Mutter, sprich mit ihr.« Mein Herz galoppierte wie wild. Es rauschte in meinen Ohren. Ich nahm den Hörer und sagte: »Hallo?«

Dann hörte ich zum ersten Mal ihre Stimme. Vieles von dem, was sie sagte, verstand ich nicht. Ihre Stimme war weich und voller Liebe und Glück. Was sie sagte, klang beinahe wie ein Lied. Ich habe immer nur mit einem Farsi-Brocken antworten können. Sie sagte so was wie: »Mein Herz, da bist du, du bist endlich hier, du bist zu mir gekommen, ich freue mich so, du bist es wirklich«, und ich konnte nur sagen: »Ja, bin da.« Sie war so gelöst und froh und glücklich, und ich dachte, natürlich hat mein Vater Lügen über sie erzählt, sie hat uns nicht verstoßen, natürlich nicht! Ich spürte ihre Erleichterung und ihre Aufregung. Ich glaube, ich habe nur drei-, viermal was gesagt in diesem Gespräch, aber ich hörte die ganze Zeit den Klang dieser warmen Stimme. »Wann kann ich dich holen kommen?«, fragte sie.

»Wir werden uns bald sehen!« Dann gab ich das Handy meinem Onkel zurück. Mir war heiß.

Als er aufgelegt hatte, schaute er mich lange an. »Entschuldige, du wolltest so nicht mit ihr sprechen. Aber ich konnte nicht mehr anders«, sagte er.

»Ich wollte das nicht, doch jetzt ist es gut so«, sagte ich erschöpft.

Im Nachhinein glaube ich, dass diese Tage mit meinem Onkel für ihn auch eine Art Katharsis waren. Es ist bestimmt nicht leicht, mit einem solchen Wissen, einer solchen Schuld zu leben. Dreißig Jahre mit diesem schwarzen Geheimnis. Zu wissen, dass meine Mutter all die Jahre nach uns suchte. Er hatte mit meiner Tante selbst zwei Kinder großgezogen, er wusste, was für ein schweres Vergehen er gedeckt hatte.

Tags darauf kam meine Tante Saadia aus ihrem Urlaub zurück. Bestimmt hatte Zaki deswegen am Tag zuvor bei meiner Mutter angerufen, sonst hätte er sich vielleicht nicht gegen meine Tante durchgesetzt, die meinen Vater in allem blind unterstützt hatte. Eigentlich freute ich mich auf das Wiedersehen mit ihr. Sie war der einzige Mensch in meiner Familie, an den ich mich erinnerte. Wenn mein Vater über jemanden aus seiner Familie gesprochen hatte, dann nur über sie. Aber als sie durch die Tür kam, spürte ich, dass die Freude einseitig war. Sie verhielt sich kühl, distanziert, ablehnend. Meine Tante ist ein dominanter, herrschsüchtiger Mensch. Als Lehrerin hat sie ihre Schüler mit dem Stock verprügelt, erwähnte Zaki. Sie ist ziemlich abgestumpft. Sie mag nur drei Menschen auf der Welt: ihre beiden Kinder und ihr Enkelkind. Sonst zeigt sie keine Spur von Liebe, auch nicht ihrem Mann. Zaki ist das Gegenteil von ihr.

In gespielter Freundlichkeit nahm sie mich in den Arm und sagte mit spitzen Lippen: »Du kannst so lange bleiben, wie du willst.«

»Vielen Dank!«, sagte ich und dachte mir nichts mehr dabei.

Doch das war ein großer Fehler: Es gibt ein persisches Wort, »Taarof«, das man schwer übersetzen kann. Am ehesten bedeutet es »zeremonielle Unaufrichtigkeit«, es ist ein Spiel von Höflichkeiten und Floskeln. Alle Iraner spielen es, beim Einkaufen, in Gesellschaften, bei Geschäftsessen, überall. Sie sagen Dinge, von denen sie erwarten, dass das Gegenüber sie nicht ernst nimmt. Diese Tradition stammt wohl noch aus der Zeit des persischen Königshofs, eine Art höfisches Geplänkel. Aber nach den Regeln des »Taarof« hätte ich das Angebot meiner Tante sofort vehement ablehnen müssen. Dann wäre das Spiel ewig hin und her gegangen:

»Doch, bleib doch!«

»Nein, nein, auf keinen Fall!«

»Du beleidigst mich, wenn du nicht bleibst«, und so weiter. Dagegen verstand ich ihre Worte als ernste Einladung. Ein grober Fehler, den sie mir nicht verzieh. Ich wusste nicht, dass das »Taarof« auch in der eigenen Familie gilt.

Alles in allem wurde es ziemlich skurril mit meiner Tante. Ich hatte zu diesem Zeitpunkt kaum mehr Kleidung und auch kein Geld. Sie sagte, sie ginge mit mir einkaufen – aber das tat sie nicht. Sie ging noch nicht mal mit mir essen oder zeigte mir die Stadt. Sie war viel mit ihrem Handy beschäftigt, besuchte morgens das Fitnessstudio, wenn die Frauen trainieren dürfen – der Nachmittag ist für die Männer reserviert. Danach spielte sie auf zwei Tablets und einem Handy das Computerspiel *Clash of Clans*. Sie saß mit ihrer schmalen Lesebrille, die sie sehr vornehm aussehen ließ, vor dem Tablet und spielte dieses Teenager-Computerspiel. Sie hatte drei Accounts, ihre drei Spieler unterstützten sich gegenseitig als Team. Eigentlich ist das ein »Pay to win«-Spiel, also ein Spiel, für das man bezahlen muss, um weiterzukommen. Sie aber gab keinen iranischen Rial aus und spielte trotzdem ganz weit oben mit, weil sie so viele Accounts besaß. Mein Onkel saß lieber in seinem Garten im 10 Kilometer entfernten Tiskaria, in dem ich ihm oft Gesellschaft leistete. Sie hatten dieses kleine Ferienhaus gekauft, damit er in seinem Garten sein kann und sie in der Wohnung ihre Ruhe hat. Viele Menschen im Iran besitzen ein Gartenhaus, das nicht so aussieht wie ein Schrebergarten, eher wie eine Blockhütte in den USA oder ein Chalet in der Schweiz. Zakis Gartenhaus war aus Stein und Holz, mit zwei kleinen Schlafzimmern und einem Wohnzimmer samt Fernseher. Im Garten gab es einen kleinen Pool und Obstbäume.

Schon kurz nachdem meine Tante aus dem Urlaub gekommen war, eröffnete sie mir: »Deine Mutter wird in drei Tagen kommen und will dich sehen.« Ich war überrascht, dass sie und Zaki das ohne mein Wissen und Einverständnis ausgemacht hatten. Es hieß, meine Mutter wollte dann einige Tage bei ihnen bleiben, damit wir uns aneinander gewöhnen konnten. Es beruhigte mich, dass bekannte Leute um mich herum sein würden und der Hauswart Dilan ein wenig Englisch konnte. Ich bat darum, dass auch meine

Cousine Leyla dabei sein sollte, gewissermaßen als Puffer. Ich dachte mir, meine Mutter würde keinen Groll gegen sie hegen, weil sie bei der Flucht meines Vaters noch ein Kind gewesen war.

Ich war nervös, hatte richtig Bammel, oder wie immer man das nennt, wenn man zum ersten Mal in seinem Leben seine Mutter trifft.

Der große Tag kam, und ich wurde immer unruhiger. Meine Tante sagte, meine Mutter würde sicher erst am Abend aus ihrem Heimatort Sirabia bei uns ankommen. Die Kleinstadt lag etwa fünf Stunden entfernt, wahrscheinlich würde sie sich zudem wegen des Verkehrs verspäten. Dariusch wollte mich ablenken und schlug vor, reiten zu gehen – er ist ein guter Reiter –, und ich wollte ihm zusehen. Mein Onkel hielt das für eine gute Idee. Wir wollten zwei, drei Stunden weg sein. Aber an diesem Tag fand auf der Anlage ein Springturnier statt, also wurde es nichts mit dem Reiten. Wir schauten ein bisschen beim Springen zu, als plötzlich mein Handy klingelte und mein Onkel sagte, meine Mutter sei gleich da.

»Was? Wieso?«, schrie ich ins Handy. »Das war doch ganz anders ausgemacht!« Hektisch organisierte ich ein Taxi, und dann stand ich im Stau des Jahrtausends. Teherans Straßen sind immer grauenhaft verstopft, aber an diesem Nachmittag war es verheerend. Drei Stunden saß ich in dem Taxi, für eine Fahrt, die normal vierzig Minuten dauert. Ich rief an, telefonierte mit meiner Cousine. Ja, meine Mutter sei schon da, ich solle mich beruhigen, sagte sie. »Du musst dir keine Sorgen machen, sie ist eine wunderbare Frau.« Aber diese drei Stunden waren der blanke Horror für mich. Meine Mutter saß nach Jahren, in denen kein Kontakt zwischen ihnen geherrscht hatte, drei Stunden mit den Menschen zusammen, die die Verschleppung ihrer Kinder gedeckt hatten, und ich war im Stau in einem Taxi eingesperrt.

Als ich vor dem Haus meiner Tante ausstieg, war es schon dunkel. Ich klingelte, dann sprang ich die Treppe hinauf, immer zwei

Stufen auf einmal, mein Herz pochte, ich schwitzte, hustete, erster Stock, zweiter Stock. Dann sah ich sie oben auf dem Treppenabsatz stehen. Ich konnte nur ein Eckchen des Treppenabsatzes im dritten Stock erspähen, aber ich erkannte sie sofort.

Und dann standen wir einander gegenüber. Stumm. Sie lächelte. Nein, sie strahlte. Dieses Lächeln werde ich nie vergessen. Wir fielen uns wortlos in die Arme, so, als ob es das Natürlichste der Welt wäre, dass sich zwei fremde Menschen in die Arme fallen. Sie roch nach Rosenwasser und fühlte sich klein und zart in meinen Armen an.

»Mein Schatz, mein Sonnenschein, endlich habe ich dich«, sagte sie auf Farsi mit dieser warmen Stimme, der ich schon am Telefon so gern zugehört hatte, »komm, wir fahren jetzt!«

»Wohin?«

»Ich nehme dich jetzt mit zu mir. Ich lasse dich nicht mehr los!«

Ich war verwirrt. Hilfesuchend schaute ich meinen Onkel an, der im Türrahmen erschienen war.

»Ich dachte, wir bleiben hier?«

»Nein, es ist besser so!«, sagte mein Onkel und sah mich durchdringend an. In diesem Augenblick verstand ich, sie hatten wohl alle gerade quälende Stunden durchlebt – und dass meine Mutter nur noch wegwollte. Ich hatte noch nicht mal Zeit, meine Schuhe auszuziehen. Meine Rucksäcke standen schon gepackt bereit. Nur noch eine kurze Verabschiedung. Dann ging ich mit ihr hinunter, zu ihrem Auto.

Ich war überrascht, dass sie überhaupt Auto fahren konnte. Ich hatte die Vorstellung, eine Frau aus einem kleinen Ort im Iran fahre nicht Auto. Es war sogar ihr eigenes Auto, ein kleiner weißer Renault Sandero. Sie war schon fünf Stunden an diesem Tag gefahren, um mich abzuholen. Für unsere Rückfahrt hatte sie Proviant gekauft: Pistazien, Kürbiskerne, Mandeln, Cashews, Äpfel, Bananen, Mandarinen, saure Fruchtbonbons, die im Iran *Lavaschak* heißen. Dazu eine Thermoskanne Tee. Weil sie nicht wusste, welche Nüsse oder Kerne ich mag, hatte sie einfach alle Sorten gekauft. Sie hatte sogar eine Musik-CD für mich ausgesucht, obwohl sie nichts über meinen Musikgeschmack wusste. Die Lieder einer verstorbenen persischen Volksheldin, die sie sehr mochte: Heideh. Zwischendurch wollte meine Mutter sogar anhalten, damit ich mir an einem Rastplatz eine westliche Pop-CD aussuchen konnte, die dort in Holzbuden unterm Tisch verkauft wurden. Aber ich sagte, die Musik sei perfekt. Alles war perfekt.

Wir fuhren fünf Stunden durch die Nacht und hörten die traurigen Lieder von Heideh, die oft vom Verlust der Liebe handelten, wie mir meiner Mutter erklärte. Ich erzählte ihr mit Hilfe von Google Translate, so gut es ging, von meinem Leben. Sie war froh, dass ich Farsi einigermaßen verstehen konnte, auch wenn ich es noch schlecht sprach. Sie hatte sich ebenso gesorgt, wie wir uns unterhalten könnten. Sie bereitete mich darauf vor, dass ich eine große Verwandtschaft habe, eine Oma Raina, eine Tante Amira: ihre Schwester mit einem Sohn. Einen Onkel Mahan, ihren Bruder – der, der in Köln lebt und mich letzlich über Facebook gefunden hatte.

Sie fragte mich auch nach meinem Vater. Was er in Deutschland gearbeitet, ob er uns etwas hinterlassen, ob er noch mal geheiratet habe. Sie wusste nur, dass er tot war. Das hatte sie nach der Überführung des Leichnams in den Iran erfahren. »Am Ende hat es ihn erwischt«, hatte sie nur dazu gesagt. »Gott hat ihn für seine Taten bestraft.«

Und natürlich wollte sie alles über meine Geschwister wissen. Zwischendurch rief meine Großtante Hiba an, die Schwester meiner Großmutter Raina, ob ich wirklich mit im Auto säße. Weil sie es kaum glauben wollte, musste ich selbst kurz mit ihr sprechen. Wieder konnte ich nur »Hallo« sagen, und sonst kaum etwas. Später erfuhr ich, warum ihr das so wichtig war: Meine Großtante Hiba war damals, vor über dreißig Jahren, mit meiner Mutter ins Krankenhaus gefahren. Sie war nach meiner Geburt der erste Mensch, der mich im Arm hielt.

Noch im Auto erzählte meine Mutter mir die Geschichte meiner Geburt: Sie war kurz vor 23 Uhr mit Wehen ins Krankenhaus in Sirabia gekommen, ich wurde um 3 Uhr morgens geboren. Mein Geburtsort ist also Sirabia, nicht Teheran, wie es in meinem Flüchtlingspass steht. Mein Vater hatte diesen Ort nie erwähnt. Er hat mir auch einen anderen Namen gegeben: Meine Mutter nannte mich Arman. Mein Vater hatte mich ohne ihr Wissen nach seinem Vater Mehdi umbenannt.

Dass ich heute anders heiße, erfuhr sie erst, als mich mein Onkel auf Facebook gefunden hatte. Sie hatten lange Zeit nach anderen Schreibweisen unseres Nachnamens gesucht, denn er wird im Persischen anders geschrieben, als mein Vater es bei den deutschen Behörden angegeben hatte. Zum Glück hatten meine Geschwister ihre Vornamen behalten. Sonst hätten sie uns niemals gefunden.

Während sie erzählte, sah ich sie immer wieder von der Seite an. Ich betrachtete ihr Gesicht, ihre schöne Haut, das Braun ihrer Augen, das leicht rötlich schimmernde kurze Haar unter dem lockeren Kopftuch, ihr Lächeln. Wir fuhren durch die schwarze Nacht und waren uns fremd und gleichzeitig nah.

Wenn sie lächelte – und sie lächelte viel auf dieser Fahrt –, schien es mir, als würde die Nacht ein wenig heller werden.

 **IM IRAN:**
SIRABIA – TEHERAN,
8. FEBRUAR – 6. MAI 2018

Ich hatte keine Ahnung, was mich erwarten würde, als wir um 23 Uhr in Sirabia ankamen. Wir bogen von der Hauptstraße des Ortes in ein Wohnviertel mit Reihenhäusern in einer Seitenstraße ab und hielten vor einem schmucklosen, schmalen Bau. Die Häuser in dieser Straße waren sandfarben und einfach, manche verkommen, manche besser in Schuss. Schick oder modern gab es hier nicht. So stellt man sich ein Städtchen im Irak oder in Afghanistan vor. Auf den Straßen fuhren Autos aus iranischer Produktion, alle weiß, nur die Taxis waren gelb. Ich sah in meiner Zeit in Sirabia nur ein einziges blaues Auto, einen VW Beatle.

Sirabia war eine einfache iranische Kleinstadt, trotzdem hing Schmuck in den Straßen wie bei uns zu Weihnachten: In drei Tagen wäre der wichtigste iranische Feiertag, sagte meine Mutter: der Tag der Revolution.

Meine Mutter erzählte mir schon im Auto, dass sie vor einem Jahr neu geheiratet hatte: eine arrangierte Ehe mit Shahin, einem Mann aus ihrem Bekanntenkreis. Einige ihrer gemeinsamen Bekannten hatten zu meiner Mutter und ihm gesagt, er sei allein, sie sei allein, sie sollen sich mal treffen. Meine Mutter und er trafen sich dreimal und heirateten. »Im Alter wird es nicht einfacher, allein zu sein«, sagte meine Mutter. Shahin sei sehr nett, sie kämen gut klar, erzählte sie. Sie lebte nun in seinem Haus und verstand sich gut mit seinen Kindern Rana und Milat, die ungefähr in meinem Alter waren.

Als wir durch die Tür traten, standen schon alle im Wohnzimmer und warteten auf uns. Ich zog meine Schuhe aus, stieg drei Stufen hinauf und gab vier Personen zur Begrüßung die Hand: Shahin, Rana und Milat, der seine Frau Shirin mitgebracht hatte.

Ich war erstaunt, wie schön das Haus eingerichtet war. Die Perserteppiche lagen in drei Schichten übereinander. Ich musste kurz an die schmutzigen Perserteppiche in der Hütte mit den Afghanen denken, die ich aber genauso wenig wie hier mit Schuhen betreten durfte. In dem riesigen Wohnzimmer standen Sofas und Couchecken für viele Gäste: Ich zählte sechzehn Sitzplätze. Vor jeder Sitzeinheit stand ein Tischchen für Tee und Nüsse, Kronleuchter glitzerten an der Decke. Eine Stufe erhöht begann der Küchenbereich mit einem Holztisch unter einer weißen Tischdecke. An der Wand hingen Sprüche aus dem Koran. Meine Mutter und ihr Mann lebten religiös und beteten fünfmal am Tag, hatte meine Mutter erzählt. Shahin ging sogar zum Freitagsgebet in die Moschee, seine Kinder und meine Mutter nicht.

Schon auf der Fahrt hatte mir meine Mutter eingebläut, dass keiner von ihrer Familie erfahren dürfe, wie ich in den Iran gekommen war. Es wäre gefährlich für alle, wenn mein illegaler Grenzübertritt zur Geheimpolizei durchdringe.

Obwohl es schon so spät am Abend war, hatte die Familie meiner Mutter mit dem Essen auf mich gewartet. Alle waren sehr nett zu mir. Aber es war eine seltsame Situation: Ich kannte diese Menschen nicht und sie mich auch nicht – und trotzdem waren unsere Leben untrennbar miteinander verbunden.

Weil sie nicht wussten, was ich gern esse, gab es sechs verschiedenen Gerichte: Hühner- und Lammgerichte, Salate und als eine

Art »Joker« Spaghetti Bolognese – oder besser gesagt das, was man sich im Iran unter Spaghetti Bolognese vorstellte, etwas mit Hackfleisch und Nudeln, was aber wegen der orientalischen Gewürze nichts mit der italienischen Variante zu hatte. Ich aß von allem.

Wir unterhielten uns, so gut es ging. Shahin, der Mann meiner Mutter, war etwa 65, hatte aber noch tiefschwarze Haare und ein freundliches Gesicht. Er war ein pflichtbewusster Mann und als ehemaliger Leiter eines Autohauses angesehen. Er war groß, schlank, er ging viel zum Walken. Er kümmerte sich hingebungsvoll um seine alten Eltern, die, auf Hilfe angewiesen, in einer Wohnung in Sirabia lebten.

Sein Sohn Milat war schlank, hatte recht helle Haut und hellbraune Haare. Er liebte Motorradfahren und arbeitete wie sein Vater in einem Autohaus. Milat sprach ein bisschen Englisch. Er sah gern amerikanische Filme, die im Fernsehen mit iranischen Untertiteln liefen. Sie wurden nicht im Staatsfernsehen gezeigt, sondern über iranische Fernsehsender mit Sitz im Ausland ausgestrahlt. Man kann im Iran aber auch auf der Straße die neusten schwarz kopierten Filme auf DVD kaufen. Im Iran existiert das weltweit gültige ausländische Markenschutzrecht nicht, somit ist das Kopieren von ausländischen Marken oder Filmen nicht verboten.

Milat interessierte sich für das Leben im Westen. Er fragte, wie viel ich für meinen Flug in den Iran bezahlt hätte, was ich verdiene, was ich arbeite. Ich spielte mit und erzählte ihm, dass so ein Flug um die 400 Euro koste. Dann wollte er meine Uhr sehen und wissen, wie teuer die war. Wir unterhielten uns noch eine Weile über das Leben im Westen.

Es war spät, ich aß nicht viel. Zum ersten Mal hörte ich den Satz, den ich noch viele Male im Iran hören würde: »Iss doch, schmeckt es dir nicht?« und ich erklärte zum ersten Mal, dass »nein« bei mir wirklich »nein« heiße, ganz anders als bei den Iranern mit ihrem ewigen Taroof, das man deuten musste. Es kam noch sehr oft vor, dass meine Familie ein »Nein« nicht akzeptierte – besonders, wenn es ums Essen ging, das im Iran immer reichlich aufgetischt wird.

Meine Mutter merkte, dass der Tag mit all seinen Eindrücken ein bisschen viel für mich wurde. Shahin und sie boten mir erst ihr Ehebett an, doch ich bestand darauf, dass meine Mutter und ihr Mann in ihrem Zimmer schlafen. Sie zeigte mir ein anderes Zimmer ohne Bett. Es ist im Iran durchaus üblich, dass man Matten ausrollt und mit Polstern, Decken und Kissen eine Art Nachtlager auf dem Boden baut, das war mir ohnehin lieber. Im Zimmer stand ein kleiner Gasofen mit offener Flamme. Sie erklärte mir, wie der Bollerofen funktionierte, sollte ich ihn brauchen. Ich ließ ihn meistens aus, weil es heiß wie in der Sauna wurde, sobald er heizte.

In den nächsten Tagen wollten meine Mutter und ich uns nun endlich kennenlernen und unsere gemeinsame Zeit im Iran genießen. An einem der ersten Tage bemerkte sie, dass ich so gut wie nichts mehr zum Anziehen hatte. »Komm, wir gehen in die Stadt und kaufen dir was«, sagte sie. Wegen des wichtigen Feiertags, des Tags der Revolution, waren aber nur zwei Geschäfte geöffnet. Wir kauften eine Jeans und zwei Langarm-Shirts. Ich erfuhr erst im Nachhinein, wie teuer die Kleidung war – ich hatte falsch umgerechnet. Ich dachte, es wären nur zwei Euro pro Kleidungsstück gewesen, aber es waren ungefähr 15 Euro pro Stück, insgesamt 45 Euro – viel Geld im Iran.

Das Umrechnen der Währung ist im Iran ziemlich kompliziert. Denn oft hängen an den Waren keine Preise, sondern Etiketten, auf denen lediglich eine Zahl steht, zum Beispiel eine 3. Dazu gibt es zwei Währungen: die offizielle Währung Rial und die alte persische Währung Toman, wobei Toman den gleichen Wert wie Rial hat, nur mit fünf Nullen weniger: 100 000 Rial werden als 1 Toman gezählt. Ab 100 000 Rial nimmt man eher die Bezeichnung Toman, damit man mit den vielen Nullen nicht durcheinanderkommt.

Wenn an einem Produkt aber nur eine »3« steht, muss man ungefähr wissen, wie viel Nullen noch hintendranhängen: Für 1000 Rial könnte man ein Haargummi kaufen, für 10 000, etwa 20 Cent, ein Fladenbrot, für 100 000 Rial, also 1 Toman, ein T-Shirt aus dem Iran, umgerechnet etwa 2 Euro. Die Geschäftsinhaber gehen davon aus, dass jeder Kunde den Wert eines Produktes einzuschätzen weiß: Die 3 an einem Produkt steht also entweder für 3000 oder 30 000 oder 300 000 000 000 Rial oder Toman, je nachdem, um welche Ware es sich handelt. Es ist also nicht der wahre Preis, der ausgeschildert ist, sondern man muss den Preis deuten.

Das wusste ich bis dahin nicht. Ich hatte überhaupt keinen Plan von der Währung und den Preisen. Meine Mutter wollte mir aber etwas bieten, wenn sie das erste Mal mit mir einkaufen ginge. Doch die Besitzer der Läden merkten, dass ich zu Besuch aus dem Westen war, und zeigten mir ihre heiße Schmuggelware. Dafür mussten wir auf den Dachboden, wo sie die originale Westware versteckten: »Zara, C&A, H&M und das ist original Kik«, sagte einer der Verkäufer – Massenware, die in der Türkei hergestellt und – ähnlich wie ich – über die Berge in den Iran geschmuggelt wurde. Bei manchen war das Etikett herausgelöst, falls es eine Razzia geben würde. Echter Westkram! Es war seltsam für mich, das Billigste vom Billigen in den Händen zu halten, was hier als der letzte Schrei verkauft wurde.

Als wir wieder aus dem Laden traten, war die Stadt wie ausgestorben. Trotzdem liefen wir ein bisschen herum. Meine Mutter fragte: »Willst du alle deine Verwandten auf einmal kennenlernen oder immer wieder zwei, drei am Tag treffen? Sie sind alle gespannt auf dich«.

»Alle auf einmal«, antwortete ich. Augen zu und durch.

Wir kauften uns noch einen frisch gepressten Karottensaft, und sie zeigte mir ihre Stadt, so näherten wir uns an.

Als wir wieder nach Hause kamen, nickte ich kurz auf dem Sofa ein. Ich wachte auf, als es an der Haustür klingelte. Ich rappelte mich hoch und konnte mich nur ein paar Sekunden herrichten, dann ging es schon los: Meine Mutter öffnete die Haustür. Draußen stand meine Verwandtschaft in Formation aufgestellt, etwa dreißig Menschen: erst die ältesten Männer mit ihren Frauen, dann die jüngeren, dann Verwandte entfernterer Grade, Kinder. Einer nach dem anderen trat herein. Die Alten sagten: »Mögen deinen Augen leuchten«, eine persische Begrüßung, ebenso der Pulk an jüngeren Männern und Frauen: »Mögen deine Augen leuchten«, dahinter die weiter entfernten Verwandten: »Mögen deine Augen leuchten!«, die Kinder wuselten herum.

Das Wohnzimmer füllte sich mit Menschen – meine Familie. Meine Mutter begann zu erklären: »Das ist dein Onkel, das dein Cousin, das ist die Schwester deiner Oma, das deine Tante, das der Sohn von dem, die Cousine vom Onkel von dem, das sind die Enkel dieses Mannes, das die Mutter von dessen Ehefrau.« Ehepartner, Cousinen, Onkels, ich verlor nach genau einer Sekunde den Überblick. Die Namen flogen nur so herum, Merhan, Mersan, Matin, Marhan. Ich gab allen die Hand, bis ich merkte, dass es wohl unüblich war, Frauen die Hand zu geben. Zwei jüngere gaben sie mir zwar, aber die älteren verbeugten sich nur. Eine ältere Frau steckte nur zögerlich ihre Hand meiner entgegen, eine peinliche Situation. Also ließ ich es am Ende bleiben und verbeugte mich auch nur noch.

Alle trugen ihre Festtagsklamotten: die kleinen Mädchen rosa Kleidchen mit weißen Strumpfhosen und schwarzen Lackballerinas, die Frauen ihren schönen Schleier, den sie enger um das Gesicht gebunden hatten als die Frauen in Teheran oder Manschahm – Sirabia ist eine konservative Stadt. Die Männer hatten Anzughosen und Hemden ohne Krawatte angezogen. Wenn sie ein Jackett anhatten, war es mindestens zwei Nummern zu groß. Ich weiß nicht, warum Männer im Iran gern so große Kleidung tragen. Sie liebten auch sehr lange Halbschuhe mit Spitzen wie Vogelschnäbel. Viele traten den hinteren Teil des Schuhs platt wie bei einem Mokassin, weil man dann besser rein- und rausschlüpfen konnte: Man musste die Schuhe sowieso bei jedem Besuch eines Hauses oder einer Moschee ausziehen.

Ich setzte mich in die Mitte des Raumes auf eine der vielen Sitzgelegenheiten und ließ das Stimmengewirr auf mich wirken. Meine Familie unterhielt sich prächtig und lachte viel. Mir schwirrte der Kopf. Einer meiner Cousins, der Englisch konnte, schnappte sich einen Stuhl und setze sich neben mich.

Matin war ein riesiger Fan von Steve Jobs und Apple. Er trug sogar die gleiche Brille wie Steve Jobs, ohne geschliffene Gläser, nur mit Fensterglas, wie er mir erzählte. Er hatte alles von Apple dabei, was er besaß: ein iPhone, die Uhr, die Kopfhörer, die man sich ins Ohr steckt. Er arbeitete, sparte und verzichtete auf alles andere nur für diesen Luxus. Sein Spitzname bei Verwandten und Freunden lautete: I-Matin. Er liebte den Westen, Computerspiele und amerikanische Serien. Als er merkte, dass mich die Situation etwas überforderte, sagte er: »Was auch immer ist, ich spreche Englisch, ich kann dir helfen, ich kann übersetzen, kann dich im Auto mitnehmen. Und ich sage dir auch gern noch mal, wie hier jeder heißt und mit wem du wie verwandt bist«. Ich war ihm dankbar. Er erklärte mir auch, dass es unüblich sei, Frauen die Hand zu geben, damit ich es beim Rausgehen richtig mache. »Ich kenne diese Frauen schon mein Leben lang. Aber ich habe noch nie eine von ihnen berührt.«

Wir saßen in Grüppchen. Die Frauen gingen in die Küche, Obst, Gebäck, Tee vorbereiten. Wie auf einer Gala trugen sie immer wieder silberne Platten mit Kuchen, Trauben, Äpfeln, Erdnüssen, Sonnenblumenkernen, Pistazien herein. Ich konnte irgendwann nichts mehr essen. I-Matin übersetzte. Manchmal packte mich jemand an der Hand, sagte, er oder sie haben schon mit mir gespielt, als ich noch ein Baby war. Meine Großtante Hiba nahm mich fest in den Arm, sagte: »Jetzt lasse ich dich nicht mehr los«, und weinte dabei.

Der Einzige, der mit mir über meinen Vater sprach, war einer meiner Cousins, Merhan. Er war zehn, als mein Vater uns entführte. »Sicher hörst du jetzt viel über ihn. Ich wollte dir nur sagen, dass er auch gute Seiten hatte. Dein Vater war mein Lieblingsonkel.« Ich nickte nur.

Nicht nur meine Mutter hatte ich gefunden, sondern alles, was dazugehört: eine Familie. Ich hatte mir nie Gedanken darüber gemacht, dass es auch Familienmitglieder geben könnte, die mich vermisst hatten und mich kennenlernen wollten. Das war gleichzeitig auch ein seltsames Gefühl. Ich wuchs in der Gewissheit auf, mich um niemanden kümmern und sorgen zu müssen, allein und frei zu sein – ein gutes, unbeschwertes Gefühl. Auf einmal sah ich diese Menschen: Würde jemand heiraten, ein Kind bekommen, erkranken oder sterben, ginge es mich was an.

Bis dahin gab es nur meine Schwester und meinen Bruder, die jedoch ähnlich wie ich denken: Wenn wir monatelang nichts voneinander hören, ist das auch okay. Wir sind so aufgewachsen. Aber jetzt spürte ich: Hier war etwas anders. In meiner Kindheit und Jugend bekam ich bei meinen Freunden immer mit, wenn eine Großmutter oder ein Onkel starben und zwei Wochen Trauer angesagt war. So etwas gab es bei uns nicht. Nie. Bis jetzt. In diesem Zimmer saß meine versammelte Familie. Ich wusste, dass es mit der Sorglosigkeit vorbei war: Verwandtschaft ist ein Geschenk. Und eine Aufgabe.

Ich begriff, wie bodenständig und anständig die Familie meiner Mutter war. Einige Verwandte fragten schon mal, ob ich Einladungen nach Deutschland aussprechen könnte, nur so hätten sie die Möglichkeit, ein Visum zu bekommen. Sie drängten mich nicht. Ich spürte nur, dass sie Hoffnungen in mich setzten. Ein Cousin nahm mich an diesem Nachmittag zur Seite, fragte, wenn er ein Visum für die EU organisiere – ob ich mit ihm einen richtigen Männerurlaub machen könne, mit Trinken und Frauen? Er war verheiratet, hatte ein Kind. Ich blieb auch ihm gegenüber unverbindlich.

Wir verbrachten viele Stunden zusammen. Immer wieder setzten sich Leute zu mir und erzählten. Nach der gefühlten einundzwanzigsten Runde Nüsse und Tee hielt meine Mutter eine Ansprache: »Mein Sohn ist müde. Er geht jetzt ins Bett! Er hat sich sehr gefreut, euch alle kennenzulernen!« Schlagartig gingen alle. Zuvor schüttelten sie meine Hand oder verbeugten sich und sagten wieder ihre Formel auf: »Deine Augen sollen leuchten, deine Augen mögen leuchten, mögen deine Augen leuchten, mögen deine Augen leuchten.«

I-Matin sagte noch zu mir: »Melde dich, wenn du frische Luft schnappen oder den Kopf frei bekommen willst!« Ich war platt. Und erleichtert, dass ich mich dafür entschieden hatte, die wichtigsten Angehörigen an einem Tag kennenzulernen.

Nach ein paar dieser Treffen mit meiner Familie und langen Gesprächen mit meiner Mutter setzte sich meine wahre Lebensgeschichte wie ein Puzzle zusammen. Meine Mutter erzählte, wie sie meinen Vater kennengelernt hatte: Tante Saadia, die Schwester meines Vaters, studierte Lehramt für Mathe und Biologie in Sirabia. Sie mietete ein Zimmer bei meiner Großtante Hiba. Saadia lernte meine Mutter kennen, damals noch ein Teenager, siebzehn Jahre. Meine Tante Saadia sagte zu ihrem Bruder, meinem Vater Bennet: »Hier lebt ein hübsches Mädchen, sie heißt Nada. Ich möchte sie dir vorstellen.«

Mein Vater Bennet war das schwarze Schaf seiner Familie, der ewige Junggeselle, mit Ende zwanzig immer noch nicht verheiratet. Seine Mutter hätte ihn gern unter der Haube gesehen. Er fuhr nach Sirabia und erzählte dem jungen Mädchen Nada einen vom Pferd: Er sei Zahnarzt in Teheran. Er war nett, höflich und charmant. Sie besuchte ihn in Teheran. In seiner Wohnung hatte er eine Ecke mit einem Zahnarztstuhl präpariert, dazu Zahnarztbesteck. Sie dachte, er sei der Hauptgewinn: ein gebildeter, charmanter Zahnarzt aus der Großstadt – eine wirklich gute Partie. Sie heiratete ihn im Haus meiner Tante Hiba in Sirabia und zog zu ihm nach Teheran.

Nach der Hochzeit veränderte er sich und zeigte sein wahres Gesicht. Er war egozentrisch, ein Machthaber, ein Despot, gewalttätig, herrisch. Sie war ein Mädchen aus der Kleinstadt ohne Bildung. Er arbeitete nicht, schon gar nicht als Zahnarzt. Alles nur Fassade. Immer wieder verschwand er für mehrere Tage, behauptete, er arbeite in den Bergen, doch kam ohne Geld zurück. Zwischendurch jobbte er zwei, drei Monate bei seinem Bruder, einem Tierarzt. Dann handelte er kurz mit Autoteilen. Uns erzählte er in Deutschland, er wäre Journalist gewesen. Aber das stimmte nicht, sagte meine Mutter, er war ein Taugenichts.

Als meine Mutter schwanger wurde, hoffte sie, er werde sich ändern, wenn das Kind da wäre. Es wurde nicht besser. Nach der Geburt meiner Schwester Biana war sie allein auf sich gestellt. Um nichts kümmerte er sich, nie war Geld da. Kurze Zeit später war sie wieder schwanger, und mein Bruder Attila kam zur Welt. Sie hoffte immer noch, mein Vater würde sich ändern, aber er wurde noch aggressiver und vernachlässigte die Familie. Sie wusste nicht, wovon sie Milch und Windeln kaufen sollte. »Nicht ein einziger Tag meiner Ehe war schön«, sagte sie. Er ließ meine Mutter spüren, dass sie nicht seine erste Wahl war. Neben der Ehe hatte er wohl eine Freundin und mit ihr noch einen Sohn.

Er ließ seine Aggressionen an uns Kindern aus: Als meine Schwester mit ihren zwei Jahren die Windeln vollmachte, verprügelte er sie, damit sie lernte, nicht mehr in die Windel zu pinkeln. »Sie ist ein Kind, sie kann das noch nicht!«, rief meine Mutter verzweifelt. »Nur so lernt sie das«, sagte er.

Später, in Deutschland, erzählte mein Vater uns oft eine Geschichte, um zu dokumentieren, wie grausam und verantwortungslos unsere Mutter gewesen wäre: Einmal kam er nach Hause, fand Biana und Attila verwahrlost vor, in vollen Windeln, ohne Milch, eingesperrt in ein Zimmer. Die Kinder hätten vor Hunger ihren eigenen Kot gegessen. Die Mutter weg, Party machen.

Als ich diese Geschichte erzählte, seufzte meine Mutter und sagte: »In Wahrheit habe ich ihn angebettelt, er solle Milch und Windeln kaufen. Aber er machte es tagelang nicht und tauchte wieder ab. Als er nicht nach Hause kam, ging ich schnell allein raus, Milch und Windeln besorgen. Nur deswegen musste ich die beiden in der Wohnung in einem Zimmer lassen. Nach ein paar Minuten war ich wieder da. Ausgerechnet da kam er zurück – ohne Milch. Er bezichtigte mich, die Kinder verwahrlosen zu lassen, und verprügelte mich, so dass mein Gesicht blau und geschwollen war. Was sollte ich tun, wenn er mir die Milch nicht brachte? Ihr seid das einzig Schöne in meinem Leben gewesen. Ich habe euch so geliebt. Ihr wart mein Leben, mein Glück, alles, was mir wichtig war.«

Meine Cousins Merhan und Mersan erzählten mir auch von diesem Vorfall und dem geschwollenen Gesicht meiner Mutter. Ich kenne meinen Vater: Er schlug uns Kinder oft und heftig.

Nach drei Jahren Ehe und zwei Kindern wurde es meiner Mutter zu viel. Sie hatte keine Hoffnung mehr, dass sich mein Vater änderte. Aber sie war schon wieder schwanger, diesmal mit mir. Trotzdem sagte sie ihm, sie wolle die Scheidung. Schwanger zog sie zurück zu ihrer Familie nach Sirabia. Biana und Attila blieben bei meinem Vater, wie es im Iran der achtziger Jahre üblich war. Das Gesetz war früher – und ist es noch immer – auf der Seite der Männer, obwohl Frauen heute ein bisschen besser gestellt sind.

Meine Mutter erkämpfte sich das Sorgerecht für ihre Kinder vor Gericht: Für uns verzichtete sie auf das Brautgeld, das ihr bei der Scheidung zustünde. Ein Gericht bestätigte das, mein Vater unterschrieb. Zwischenzeitlich lebten die Kinder bei der Mutter meines Vaters. Als das Gericht schließlich das Sorgerecht beglaubigt hatte, sollten die Kinder bis zu meiner Geburt abwechselnd eine Woche bei ihr und eine Woche bei seiner Mutter sein. Meine Mutter besuchte meine Schwester und meinen Bruder ständig. Wenn ich, der Säugling, aus dem Gröbsten raus wäre, sollten wir alle drei bei meiner Mutter leben. Ihre Familie wollte ihr helfen. Eigentlich war alles unter Dach und Fach.

Vier Monate nach meiner Geburt kam mein Vater mit dem Vorwand zu meiner Mutter, mir, dem Säugling, Papiere besorgen zu wollen. Er müsse mich in seiner Geburtsurkunde eintragen lassen, um für mich eine eigene Geburtsurkunde beantragen zu können. Meine Mutter ahnte nichts. Nach den Behördengängen würde er mich noch zu seiner Mutter und zu meinen Geschwistern bringen, damit sie ihren kleinen Bruder kennenlernen können. Nach drei Tagen wollte er mich zu meiner Mutter nach Sirabia zurückbringen.

Das war das letzte Mal, dass sie ihn oder eines ihrer Kinder gesehen hatte. Als er nach diesen drei Tagen nicht zurückkam, ahnte meine Mutter, dass etwas nicht stimmte, und fuhr mit der Polizei nach Teheran zur Adresse meines Vaters. Der Nachbar meines Vaters aber sagte: »Der wohnt hier nicht mehr!« Mein Vater hatte alles geplant. Er hatte sich sogar Geld von einigen Nachbarn ergaunert, unter dem Vorwand, er könne Visa für das Ausland besorgen, nahm Geld und ihre Pässe. In der ganzen Nachbarschaft war keiner gut auf ihn zu sprechen. Weder die Nachbarn noch meine Mutter hörten je wieder etwas von ihm.

Meine Mutter bettelte seine Schwester Saadia und seinen Bruder Baback an, ihr bei der Suche nach ihren Kindern zu helfen und ihr zu verraten, wo wir seien. Aber sie deckten ihn und sagten, sie wüssten von nichts.

Meine Mutter weinte sich die Augen aus dem Kopf. Aber nie vor anderen. Sie wurde fast verrückt. Sie versuchte jahrelang und immer wieder mit der Polizei, uns zu finden. Aber im krisen- und kriegsgeschüttelten Iran der achtziger und neunziger Jahre gab es keinen Datenaustausch mit anderen Ländern, keine internationale Polizei, kaum Kommunikationsmöglichkeiten.

Die Eltern meiner Mutter konnten sie nicht aufnehmen, weil der Vater früh gestorben und die Mutter neu verheiratet war und wieder eine Tochter bekommen hatte. Deswegen zog sie in Sirabia zu ihren Großeltern. Als die starben, lebte meine Mutter allein. Sie arbeitete als Büroangestellte und heiratete erst im Jahr 2017 mit über fünfzig Jahren ein zweites Mal, ein Jahr, bevor ich meine Reise in den Iran wagte.

Mein Vater wollte ursprünglich mit uns nach Kanada. Aber seine Nieren versagten auf der Flucht, und so strandeten wir in Deutschland. Meine Mutter konnte vom Iran aus kaum etwas unternehmen, um uns zu finden. Jeder in ihrer Familie versuchte ihr zu helfen, so gut es ging.

Eines Tages, vielleicht dreizehn oder vierzehn Jahre nach unserer Entführung, bekam sie überraschend ein Foto von uns dreien zugespielt: Ich sah es bei einigen meiner Verwandten in Sirabia an der Wand hängen und wunderte mich, wie dieses Foto zu ihnen gelangt war. Auf dem Foto waren wir drei Geschwister mit unserem Vater zu sehen, ich vielleicht dreizehn oder vierzehn, meine Geschwister fünfzehn, sechzehn oder siebzehn Jahre alt. Wir hatten einen Ausflug zu den Wasserfällen im Hörschbachtal bei Murrhardt gemacht. Der Teil des Fotos, auf dem mein Vater zu sehen war, hatten meine Verwandten umgeklappt.

Eine Lehrerin meines Bruders in Schwäbisch Hall hatte das Foto aufgenommen. Mit dieser Lehrerin war mein Vater gut befreundet, wir unternahmen viel mit ihr. Mit Frauen konnte er gut. Er hatte auch immer wieder mal geheime Verhältnisse, ein Frauenheld. Einer der Ehemänner seiner Liebschaften trat einmal den Türstock unserer Wohnung ein, der nie repariert wurde. Unsere Haustür hing immer leicht aus der Fassung in ihrem Rahmen.

Baback, der Bruder meines Vaters, hat dieses Foto meiner Mutter wohl heimlich zukommen lassen. Wir glauben, dass er es war, eine andere Möglichkeit gibt es nicht. Mein Vater und Baback verstanden sich nie. Baback hielt nach unserer Entführung trotzdem dicht, weil er mit der Schwester von Zaki verheiratet war. Zaki, der Mann meiner Tante Saadia, die ebenfalls unsere Entführung gedeckt hatte.

Als Babacks Frau jedoch starb, heiratete er wieder, und seine neue Ehefrau sagte: »Du musst der armen Frau in Sirabia sagen, wie es ihren Kindern geht. Was für ein grauenhaftes Leid ihr dieser Frau antut!« Das hatte mir Zaki erzählt. Daraufhin schickte Baback wohl das Foto, das mein Vater seiner Schwester in den Iran geschickt hatte, anonym zu meiner Mutter nach Sirabia – um ihr damit zu sagen: Deinen Kindern geht es gut. Ihnen geht es besser, als es ihnen in diesem Land gehen würde. Damit konnte sie leben.

Seit meine Mutter das Foto besaß, weinte sie nicht mehr jeden Tag, erzählte sie mir. Sie schloss Frieden, weil die Vorteile für uns überwogen: Sie wusste nicht, wo wir lebten, doch wir waren gut genährt, sauber gekleidet, ordentlich frisiert. Wir mussten keinen Krieg erleben. Wir würden eine freie und sichere Zukunft haben.

Über ein Jahrzehnt später, 2010, fand uns ihr Bruder Mahan schließlich über Facebook – recht schnell, nachdem Facebook beliebt wurde. Meine Mutter wusste damals nicht einmal, was das Internet oder Facebook waren. Unser Onkel suchte uns mit verschiedenen Schreibweisen unseres Nachnamens: Er suchte die drei Namen meiner Geschwister und mir, fand schließlich Biana und Attila über ihre wahren Namen und über ihre Kontaktliste auch mich. Aber als er uns fand, machten wir keine Anstalten, sie kennenlernen zu wollen:

»Für mich brach noch einmal eine Welt zusammen, mein Sohn. Ich habe nur noch von einem geträumt: euch einmal von weitem zu sehen. Ich stellte mir vor, nach Deutschland zu fliegen, mich gegenüber einer eurer Haustüren auf eine Parkbank zu setzen – um zu warten, bis einer von euch aus der Tür tritt.«

Sie war sich im Klaren, es würde ein Traum bleiben, sie würde sich niemals eine Reise nach Deutschland leisten können. Aber es war ein schöner Traum.

Nun wusste ich alles. Ich hatte viel mit meinen Geschwistern in Deutschland zu besprechen. Ich rief Biana und Attila an und sagte, dass unser Vater Mist erzählt hatte. »Sie ist die Gute in dem Spiel!« Es war eine Überraschung für beide, weil sie gar nicht wussten, dass ich in den Iran gelaufen war. Sie waren erleichtert, dass es mir gutging, sie hatten sich Sorgen gemacht und waren schon bei der Polizei, weil ich auf einmal nicht mehr auffindbar war. Auf die Nachricht, dass alles, was mein Vater erzählte, gelogen war, reagierten sie erst verhalten. Doch ich wusste, es arbeitete in ihnen. Theresa in München schickte ich kommentarlos ein Foto auf ihr Handy: von meiner Mutter, meiner Großmutter und mir. Sie brach sofort in Tränen aus, als sie es sah, erzählte sie mir später.

Bei einem Mittagessen kamen meine Mutter und ich auch auf eine erste Gemeinsamkeit: Ich habe die Angewohnheit, immer erst an Essen zu riechen, bevor ich es in den Mund stecke. Shahins Tochter Rana rief plötzlich: Schau mal, er riecht auch an allem, was er isst. Wir lachten.

Meine Mutter und ich unternahmen Ausflüge, um uns besser kennenzulernen, besuchten ein historisches Waschhaus, in dem Frauen früher an einem künstlichen Kanalsystem ihre Wäsche wuschen, gingen in ein Museum mit antiken Funden aus der Gegend, flanierten über den historischen Bazar. So lernte ich meine Mutter, aber auch meine Geburtsstadt und mein Land kennen. Ich fand meine Wurzeln.

Ich rief I-Matin an. Er half mir viel in der ersten Zeit mit meiner neuen Familie.

Bei einem unserer ersten Treffen fragte ich ihn, wohin wir mit dem Auto fahren. Er sagte: »Nirgendwohin, wir fahren einfach.« Das ist eine große Freizeitbeschäftigung im Iran: cruisen ohne Ziel. Wir machten das oft. Mal aßen wir Hamburger in einem Grillrestaurant, die gibt es, wenn auch nicht von McDonalds. Oder er zeigte mir seine Stadt, und wir tranken Kaffee in einem der wirklich stylischen Cafés, in denen er mich seinen Freunden vorstellte. So lernte ich junge Leute kennen. Cafés sind die einzigen Orte, in denen man sich mit Freunden treffen kann. Bars oder Clubs existieren nicht. Aber auch in den Cafés dürfen nur Männer und Frauen, die verwandt oder verheiratet sind, zusammen am Tisch sitzen. Dauernd schließt die Sittenpolizei Restaurants oder Cafés, in denen Frauen mit Männern Kontakt haben. Die Sittenpolizei prüft in Zivil die Cafés, ob sich die Menschen zu westlich benehmen. Trotzdem gibt es auch in Sirabia zwei Cafés, in die man nicht von außen hineinsehen kann und in denen heimlich auch mal Frauen mit am Tisch sitzen.

Die westlich eingestellten Jugendlichen in Sirabia fanden sich über Freunde, über Sport, über Freizeitbeschäftigungen. Ich fragte I-Matin, ob er schon mal eine Freundin hatte. »Ja, natürlich – wir finden unsere Wege. Meistens fahren wir mit dem Auto raus ins Gebirge.« Aber »eine Freundin haben« bedeutet im Iran etwas anderes als bei uns: Sie schickten sich Textnachrichten oder saßen zusammen im Auto. Meistens aber würden junge Leute von ihren Familien bei Treffen zu Hause zusammengeführt. Und wenn sie sich ein paarmal getroffen haben, heiraten sie.

In meiner Zeit in Sirabia wurden sogar mir zweimal Frauen zugeführt, was ich anfangs gar nicht bemerkte. Meine Mutter hatte eine gute Freundin mit zwei Töchtern. Wir sahen sie mal beim Burger essen.

»Meine Freundin kommt auch in das Burger-Haus!«, sagte meine Mutter plötzlich.

»Okay«, sagte ich, »gern.«

Ihre Freundin brachte ihre Töchter mit. Wir aßen nach dem Burger ein Eis. Nach dem Treffen fragte mich meine Mutter, ob mir eine der Töchter gefallen hätte. Die beiden waren sehr lustig. Ich habe viel gelacht mit ihnen. Ich merkte, dass ich verkuppelt werden sollte. Ein paar Tage später hieß es, die Freundin meiner Mutter habe uns zum Essen eingeladen. Okay, lass uns hingehen, dachte ich. Als wir ankamen, sah ich, dass die Töchter den ganzen Tag lang gekocht hatten. Dann kam noch ein drittes Mädchen dazu: total aufgetakelt. Nach dem Kochen gingen die Schwestern sich auch hübsch machen. Als sie zurückkamen, traute ich meinen Augen nicht. Ich grinste, weil ich sofort verstand, worum es ging. Sie trugen keine Schleier mehr, sondern weiße Highheels, dazu Kleidchen mit Beinschlitz, goldene Ketten, eine hatte ihre blond gefärbten Haare aufgetürmt, und alle waren stark geschminkt. Dezente Schminke kennen Perser nicht.

Es gab alles zu essen, was man sich vorstellen kann, Burger, Pizza, Spaghetti bolognese, persische Gerichte: Alle Kochkünste sollten vorgeführt werden. Es wurde richtig lustig, weil die Mädchen Witze über die Situation machten, der ganze Tisch lachte. Eine sagte: »Du musst dir jetzt eine aussuchen! Ich bin zwar ein bisschen dicker, aber das heißt auch, dass ich nicht weglaufen kann.« Sie nahmen die Situation mit viel Humor. Es war ein nettes Essen.

Für sie wäre ich der Schlüssel nach Europa gewesen: Sie wussten nicht, wie ich gekommen war. Sie boten sogar an, sie alle drei zu nehmen, sie verstünden sich bestens: Vielehen sind im Islam erlaubt. Ihr Stiefvater habe auch zwei Frauen, sagte die Freundin. Aber ich wollte natürlich nicht. Wir gingen. Meine Mutter sagte, es war immer ihr Traum, einen ihrer Söhne mit den Töchtern ihrer Freundin zusammenzubringen. Aber sie sah auch der Realität ins Auge: Ich musste ihnen was bieten können.

Der Hintergrund war durchaus ernst. So werden Leute im Iran zusammengeführt. Ein Taxifahrer, der mit 35 noch nicht verheiratet war und noch bei seiner Mutter lebte, erzählte mir auf einer Fahrt, seine Mutter bringe jeden Tag andere Frauen mit zum Abendessen, die sie einfach auf der Straße ansprach.

Ich suchte mir in Sirabia ein Fitnessstudio und fing wieder mit dem Sport an; es kostete umgerechnet nur fünfzig Cent am Tag. Einmal wagte ich es und ging mit meinem Muskelshirt, Badeschlappen und Badehose zum Fitnessstudio. Die Autos auf der Straße hielten, und die Fahrer starren mich an, als wäre ich geistesgestört. Als ich im Fitnessstudio ankam, hörte die ganze Halle auf zu trainieren. Als ich heimkam, saßen meine Mutter und meine Großmutter zusammen: Sie flippten aus, als ich es ihnen erzählte, und wollten mich ins Irrenhaus einweisen lassen. Auf der Straße kurze Hosen zu tragen kann dich ins Gefängnis bringen. Meine Cousins fanden das zwar lustig, warnten mich aber, dass ich mich in große Gefahr begeben würde.

Einmal warteten meine Cousins und andere Familienmitglieder in einer Kolonne Autos auf mich, als wir einen Ausflug machen wollten. Ich erlaubte mir einen Spaß und kam in kurzer Hose und Muskelshirt auf die Straße, ich kannte die Reaktionen ja nun schon – und tat so, als wollte ich ins Auto einsteigen. Die Frauen kreischten vor Entsetzen, meine Cousins und Onkels hielten sich die Augen zu. Ein Aufruhr! Aber auch sehr lustig. Ich lief schnell wieder nach oben und zog mich um.

Meine Familie wuchs von Tag zu Tag. Egal, was ich mit meiner Mutter, I-Matin oder anderen Familienmitgliedern unternahm, wieder und wieder wurden mir Menschen vorgestellt, mit denen ich verwandt war. Wenn wir auf Familienfeiern waren, fragte ich I-Matin immer: »Gehören die zu uns? Sind das welche von unserer Familie? Habe ich die schon kennengelernt?«

Eigentlich wollte ich nur ein paar Tage in Sirabia bleiben, aber es wurden drei Wochen. I-Matin brachte mir einen mobilen WLAN-Router mit, einen kleinen Kasten, mit dem man mobil ins Internet gehen kann – damit ich nicht so von der Außenwelt abgetrennt war.

Die Wochen mit meiner Mutter und meiner Familie taten uns allen gut. Meine Mutter zu treffen war wie ein Sprung ins kalte Wasser, doch hat er sich gelohnt.

Nach einiger Zeit sagte ich zu ihr, ich bräuchte eine Geburtsurkunde, um sie in Zukunft auch legal besuchen zu können. Wir widmeten uns meinen Papieren. Es war mir nicht klar, dass sich das ewig ziehen würde, Wochen, Monate. Egal auf welche Behörde oder Polizeistation wir gingen, wir ernteten nur Kopfschütteln. Wir fragten sogar im Krankenhaus in Sirabia, in dem ich geboren wurde. Tatsächlich gab es noch Aufzeichnungen über meine Geburt. Doch ein offizielles Dokument konnten sie mir nicht ausstellen.

Ich erzählte meinen beiden Cousins Mersan und Merhan, wie ich in den Iran gekommen war. Merhan arbeitete für die Stadt, er war für die Gartenanlagen zuständig. Er könnte mir vielleicht bei den Papierangelegenheiten helfen. Meine Mutter wollte nicht, dass ich meinen illegalen Grenzübertritt herumerzähle. Man weiß nicht, was herausdringt, sagte sie. Doch ich vertraute den beiden.

Merhan war Ende dreißig und sah mit seinen zurückgekämmten

hellbraunen Haaren wie ein italienischer Schauspieler aus. Er war gut vernetzt mit Leuten aus der Stadtregierung und fragte in seinem Freundeskreis herum. Dann ging er mit mir zur Polizeistation und auf andere Behörden. Ich musste meist im Auto warten. Ich zeigte meinen deutschen Flüchtlingspass, um meine Identität zu beweisen. Vielen Beamten fiel auf, dass er abgelaufen war und keinen Einreisestempel trug. Wenn ich auf ein Amt mitging und mich die Beamten fragten, wie ich eingereist bin, stellte ich mich doof und sagte: »Ich verstehe nichts.«

Keine Behörde wollte mir Papiere ausstellen. Was es noch komplizierter machte, war, dass ich schlecht sagen konnten: Ich bin hier ohne Pass, ohne Einreisestempel und Visum, ich brauche jetzt bitte eine Geburtsurkunde. Wir kamen nicht weiter.

Die Beamten auf den Behörden deuteten an, der Geheimdienst wünsche mich zu befragen, wo ich, der nun eine Geburtsurkunde wolle, plötzlich herkäme. Merhan glättete die Wogen. Dann musste ich einen Termin beim Ortsvorstand machen, so etwas Ähnliches wie ein Bürgermeister. Meine Mutter begleitete mich. Sein Büro war groß wie eine Halle, eingerichtet mit schweren Mahagonimöbeln. Auf dem Boden aus edlem Holz lagen Perserteppiche, an den Wänden hingen Bilder der üblichen religiösen Führer mit ihren Turbanen und langen Bärten. Der Ortsvorstand trug ein ordentlich gebügeltes Hemd, war Anfang fünfzig, gepflegt. Er ließ Unmengen von Tee und Keksen auf Silbertabletts servieren, wie bei einem Staatsbesuch.

Er verlangte, fünf Leute müssten, unabhängig voneinander, eidesstaatlich erklären, dass ich der Sohn meiner Mutter sei und dass ich verschleppt wurde. Das bezeugten meine Familienmitglieder und die beste Freundin meiner Mutter, sowohl mit Fingerabdrücken als auch mit ihren Unterschriften.

Zudem wollte der Ortsvorsteher auch die Wahrheit über meine Einreise wissen: »Immerhin bin ich derjenige, der die Urkunde ausstellen wird – du musst mir die Wahrheit sagen!« Ich stellte mich wie immer doof und sagte, ich verstehe nichts, aber er zog uns die Wahrheit nach und nach aus der Nase. Und sagte dann tatsächlich, ich könne die Urkunde in drei Tagen abholen.

Leider traute er sich doch nicht. Er forderte die Zusicherungen von Polizeichefs und anderen Behörden, damit er nicht alleine sein Okay gegeben hatte. Was für ein Theater! Es kostete Nerven und viel Schmiergeld.

Zu unserer Überraschung wurden wir nach einer Woche ein zweites Mal in das große Mahagonibüro geladen. Der Ortsvorstand sah mich lange an. Dann sagte er: »Ich gebe Ihnen Ihre Geburtsurkunde. Sie haben ein Anrecht darauf, weil sie hier geboren wurden. Sie sind Iraner. Es ist Ihr Recht, eine Urkunde zu bekommen. Aber stellen Sie sich darauf ein, dass die Polizei Sie zur Befragung abholt. Sie tauchen nun nach dreißig Jahren im System auf. Es könnte sein, dass sich jemand wundert, wo Sie all die Jahre waren und wie Sie ins Land gekommen sind. Und es könnte sein, dass Sie zum Wehrdienst eingezogen werden.«

»Ich will die Urkunde trotzdem«, sagte ich.

»Es wird ein paar Wochen dauern. Wir melden uns«, sagte er.

Meine Mutter und ich beschlossen, es wäre besser für alle, die nächste Zeit unterzutauchen. Ich wollte meine Familie in Sirabia nicht in Gefahr bringen, wenn plötzlich die Geheimpolizei vor der Tür stünde, und ich selbst wollte auch ungern ein iranisches Verhörzimmer von innen sehen.

Ich rief meine Tante Saadia und meinen Onkel Zaki in Manschahm an und fragte, ob ich wieder bei ihnen wohnen könnte. Ich verbrachte dort zwei Wochen. Ich lernte ein paar Jungs im Fitnessstudio um die Ecke kennen und fuhr mit ihnen auf ein Rockkonzert nach Teheran – ein Rockkonzert ohne Gesang, bei dem man sitzen musste, typisch Iran.

Nach etwas mehr als zwei Wochen fuhr ich zurück nach Sirabia, weil am 20. März das persische Neujahr groß gefeiert wird. »Fahre zu deiner Familie nach Sirabia, die jungen Leute bekommen an

Neujahr Geld von den Alten«, riet mir mein Onkel Zaki. Ich blieb in Sirabia bei meiner Großtante Hiba und meiner Großmutter Raina, falls Geheimpolizei vorbeikäme. Das persische Neujahr verbrachte ich bei meiner Mutter, alle Verwandten kamen zu uns, später besuchten wir die Verwandten. Jeder tischte auf, und die Alten steckten den Jungen Geld zu. Ich bekam umgerechnet 300 Euro.

Nach den Feierlichkeiten fuhren meine Mutter und ich in den Urlaub, in den Norden Richtung Kaspisches Meer, eine grüne Berggegend, die im Iran Shomal heißt, übersetzt »der Norden«. Eine Freundin meiner Mutter hatte uns ihr Ferienhaus zur Verfügung gestellt. Eigentlich wollten ein paar meiner Cousins und Cousinen und ihre Kinder dazustoßen, doch die Kinder wurden krank. Also fuhren meine Mutter und ich allein in ein schönes, großes Haus in einer mediterranen Gegend voller Ferienhäuser. Es regnete viel. Der Haushälter brachte uns Hähnchenflügel und -schenkel zum Grillen, wir fuhren ans Meer, aßen Pizza, spazierten in der nächstgelegenen Stadt an der Promenade entlang. Jetzt hatten wir das, was sich meine Mutter niemals zu wünschen traute: ein Mutter-Sohn-Verhältnis.

Bei der Rückfahrt rief ich meine Tante Saadia an, ob ich wieder zu ihr nach Manschahm kommen könne – aus Angst vor der Geheimpolizei in Sirabia. Ich hatte auch noch einen Teil meiner Sachen bei ihr. Aber meine Tante Saadia hob nicht ab. Ihre Tochter, meine Cousine Leyla, ebenfalls nicht. Ich bekam eine SMS von meiner Tante, sie sei angeblich in der Türkei. Stattdessen solle ich bei meinem Onkel Zaki in seinem Gartenhaus in Tiskaria wohnen. Es war unschwer zu erkennen, dass meine Tante Saadia keine Lust mehr auf mich hatte. Sie hatte wohl auch meine Cousine Leyla gegen mich aufgebracht.

Ich fühlte mich unerwünscht, dachte mir aber erst mal nichts dabei. Ich rief also Onkel Zaki an. Er sagte, ich könne kommen und so lange bleiben, wie ich wolle.

Nach Tiskaria fuhr kein Bus. Man musste Autos oder Motorräder gegen Geld auf der Straße anhalten. Zum Glück hatte ich an dem persischen Neujahr Geld von meinen Verwandten bekommen.

In dem Gartenhaus schlief mein Onkel in einem Zimmer, der Hauswart Dilan im anderen, ich auf dem Boden im Wohnzimmer mit Matte und Decke.

Doch schon nach zwei Tagen im Gartenhaus kam der Anruf meiner Mutter: »Deine Geburtsurkunde ist da!« Gleich am nächsten Tag fuhr ich mit Motorradtaxi und Bus nach Sirabia.

Nach dreieinhalb Monaten im Iran wurde ich persischer Staatsbürger. Am 19. April 2018 bekam ich meine Geburtsurkunde, ein braunes Buch mit Foto, im Iran im Grunde so etwas wie ein Pass. Das Foto hatte ich in Griechenland gemacht, nachdem ich aus der Türkei ausgewiesen wurde und am Morgen nach der verregneten Nacht auf dem Plastikstuhl ins türkische Konsulat gefahren bin. Ich sah fertig aus.

Ich schlief eine Nacht bei meiner Großtante Hiba. Am nächsten Morgen lief ich in Sirabia zur Behörde, die zuständig für den Personalausweis ist, und beantragte mit meiner Geburtsurkunde einen Personalausweis.

Für das Foto durfte ich sogar meine langen Haare offen tragen: Diese Ausstellungsbehörde schien recht liberal zu sein. Es hieß, in etwa dreißig Tagen sei der Personalausweis abholbereit. Meine Mutter meinte, es wäre besser, wenn ich diese nächsten dreißig Tage wegen des Geheimdienstes nicht in Sirabia bliebe.

Weil ich mich mit meiner Geburtsurkunde ausweisen konnte, wollte ich jetzt zu Dariusch nach Teheran, bis der Anruf käme, der Personalausweis sei fertig. Meine Mutter würde mir Bescheid geben. Ich stieg in den Bus und freute mich auf die Zeit mit meinem Freund, der mich immer ermutigt hatte, meine Wurzeln in diesem Land zu finden.

10 IM IRAN:

TEHERAN,
20. APRIL – 6. MAI 2018

Mit meiner Geburtsurkunde konnte ich zum ersten Mal ohne Angst nach Teheran fahren. Ich hatte endlich ein offizielles Dokument, um mich auszuweisen. Dariusch nannte mir seine Adresse im Norden Teherans. Ich fuhr mit der U-Bahn, um ein Gefühl für die Stadt zu bekommen. Damit ich die iranische Schrift in lateinischen Buchstaben sehen konnte, hatte ich mir die Teheran Metro App runtergeladen.

Teheran ist wild und hektisch. Flächenmäßig ist Teheran zwar kleiner als Berlin, aber pro Quadratkilometer leben zweieinhalb Mal so viele Menschen dort, 8,7 Millionen, eine Megacity. Im Norden der Stadt, wo das Geld sitzt, geht es ruhiger zu. Die nördlichen Viertel liegen etwas höher als der Rest der Stadt, und es herrscht weniger Smog. Im Zentrum fahren die Schrottkarren, Richtung Norden Mercedes und Porsche. Man sieht, wie die Armut von Süden in den Norden abnimmt.

Dariusch wohnt im Norden der Stadt, in einer sauberen und bewachten Straße, in einem Haus mit sechs Wohnungen, gebaut von einem berühmten iranischen Architekten. Drei der Wohnungen gehören Dariuschs Familie. Man muss durch eine bewachte Auffahrt, vor der ein Sicherheitsmann steht. Dann geht ein Tor auf, und man landet im Garten Eden: mit zwitschernden Wellensittichen in Volieren und kühlem Innenhofgarten mit Bäumen und Rosenbüschen. Er lebt in der Wohnung im Erdgeschoss mit offener Küche, gläsernem Esstisch, grün lackiertem Boden, handgefertigten Designermöbeln, Kunst an den Wänden, Skulpturen. Marokkanische Kissen liegen auf dem Boden, dazu zwei Flachbildschirme an den Wänden. Kein einziger Perserteppich. Das genaue Gegenteil von den Wohnungen, die ich bis jetzt gesehen hatte. Diese Wohnung hätte auch in Los Angeles stehen können.

Eigentlich wollte Dariusch mit mir auf Partys und Raves in Teheran gehen – aber wegen der katastrophalen Wirtschaftslage und den vielen Aufständen während meines Aufenthaltes war das kaum möglich: Es gab unter der Hand kaum Alkohol zu kaufen und wenn, war er unbezahlbar. Alleine die Getränke für eine Party würden umgerechnet Tausende oder Zehntausende von Euro kosten. Es war viel Polizei auf den Straßen, die Schwarzhändler verhielten sich vorsichtig. Aber Dariusch zeigte mir trotzdem das westliche, das junge Teheran.

Wir besuchten seine Modeläden, wobei er anfangs nicht durchblicken ließ, dass es seine waren. Er tat so, als ob er die Geschäftsführer kenne. Aber ich verstand recht schnell, dass ihm ein kleines Imperium gehörte. Diese Art von Mode-Accessoire-Konzept-Läden, eingerichtet mit schickem Design, gab es vor Dariusch im Iran nicht. Er sah interessante Konzepte im Ausland und nahm die Ideen mit. In seinen Läden arbeiteten tätowierte Jungs mit langen Haaren. Die Frauen trugen weite T-Shirts und lockere Schleier. Manche von ihnen hatten Tätowierungen wie Sternchen oder Notenschlüssel, so, wie viele Frauen in Europa. Die hippen jungen Männer und Frauen verkauften teure Designerklamotten, dazu lief elektronische Musik von DJs, Deep House und Minimal Techno, immer alles ohne Gesang, aber so, wie man es auch in einem Laden in Europa hören würde. Es gab selbst gemachte Limonaden mit Früchten und Kräutern und grünen und weißen Tee. Damit traf er auch im Iran den Nerv der Zeit. Je nach wirtschaftlicher Situation wurde ihm die Designerware aus den Händen gerissen. Oder sie lag ewig da.

Am zweiten Tag gingen wir zu einem illegalen Friseur. Eigentlich dürfen nur Männer zu Männern und Frauen zu Frauen. Aber er habe einen Geheimtipp, sagte Dariusch. Man musste einen Code wissen, mit dem man durch eine Geheimtür gelangte, dahinter lag ein nach westlichem Standard eingerichteter Friseur. Die Frauen arbeiteten unverschleiert in T-Shirts, Jeans und sogar mit unbedeckten Armen. Ein Haarschnitt kostete vierzig bis sechzig Euro. Dariusch lud mich ein. Der Besitzer hatte sich das Haareschneiden nach westlichem Vorbild selbst beigebracht. Die Frauen wuschen auch die Haare der Männer – eigentlich undenkbar im Iran. In einer Schüssel lagen Schokoriegel wie Twix oder Snickers. Dariusch und ich ließen uns die Haare schneiden. Der Friseur konnte Frauenhaare besser, fanden wir hinterher. Aber ich verstand, wie das alles heimlich läuft im Iran. Das Ganze war der verbotene Megaluxus schlechthin. Für dieses Gefühl bezahlen die Kunden: sich wie im Westen zu fühlen.

Meistens gingen wir in einen der Läden von Dariusch und hingen mit Freunden ab. Er bekam eine Einladung von einer Freundin zu ihrem Geburtstag, ich wurde mit eingeladen. Das Haus sah von außen unscheinbar aus. Durch eine schwere Holztür kam man in eine andere Welt: weißer Marmor, ein weißer Flügel, ein Barkeeper mit Fliege, der Cocktails schüttelte – alles vom Feinsten. Das waren ultrareiche Leute: Die Frauen trugen die schicksten Kleider, die Anzüge der Männer kosteten bei uns sicher über 1000 Euro. Gucci, Dior, Prada, wohin ich sah, wahrscheinlich sogar hier im Iran gekauft, was die Kleidung noch teurer machte. Es gibt diesen Feed #therichkidsofteheran auf Instagram. Hier war ich mittendrin. Dicke Uhren, teure Sonnenbrillen, Stickereien auf Designerschuhen und auf dem Jackett. Dazu die Soundanlage, die Marmorsäulen, die verzierte Decke, acht Meter hoch, der Pool im wunderschönen Garten. Der Pool war nicht mit Wasser gefüllt, weil neben dem Haus Hochhäuser gebaut worden waren – seitdem durften die Töchter des Hauses nicht mehr schwimmen. Zur Sicherheit hatten die Eltern der Gastgeberin das Wasser ausgelassen.

Die Oberschicht erschafft sich ihre eigenen Blasen, in denen sie die politische und wirtschaftliche Situation und die strengen Gesetze erträgt. Meist sind es Erben, deren Familien mit der Regierung zu tun hatten und so zu Geld kamen. Die Familie, bei der ich auf der Party war, hatte ihr Geld mit Immobilien gemacht. Das Land ist so korrupt: Wer gute Kontakte hat, bekommt Bauaufträge zugeschoben und wird reich. Die Kinder waren von Beruf Söhne und Töchter. Einige machen eine Galerie auf, das gehörte zum guten Ton. Es wurde getrunken, Joints geraucht, geknutscht wie auf einer westlichen Party. Livrierte Ober schoben eine mit Marzipanrosen verzierte Sahnetorte groß wie ein Stuhl in den Raum. Frauen saßen auf den Schößen der Männer und machten rum. Von Dariuschs Exfreundinnen waren zwei da, eine mit ihrem neuen Typen und ihren neuen Brüsten. »Das machen die Frauen im Iran gern: ihre Schönheits-OPs öffentlich zeigen. Jeder soll sehen, dass man sich das leisten kann, ein Statussymbol.« Alle hatten operierte Nasen, eine hatte noch das Pflaster drauf. »Manche tragen ihr Pflaster sogar länger, als es nötig ist«, sagte Dariusch.

Wir tranken ein paar Whisky Sour. Ich hatte ewig keinen Alkohol getrunken. »So eine Party kostet schon mal 15 000 Euro«, sagte Dariusch, selbst wenn nur dreißig Leute eingeladen waren. Ihre Eltern hatte die Gastgeberin an diesem Abend ausquartiert. Wir spielten ihre iPhone-Playlist, dann hörten wir die Playlists der anderen Gäste durch. Alle waren schon mal in Europa. Der gesamte Freundeskreis von Dariusch bestand aus Iranern mit einem zweiten, westlichen Pass. Sie kamen nur in den Iran zurück, um Fuß zu fassen im Geschäft der Eltern. Viele Eltern, die im Iran geblieben waren, sagten irgendwann: »Jetzt hast du 25 Jahre in den USA gelebt, jetzt kommst du mal zurück«. Und dann muss ziemlich schnell geheiratet werden. Auch Dariuschs Eltern drängten.

Trotzdem ist das Leben für Menschen wie Dariusch im Iran nicht einfach. Er kann zwar nach Mykonos oder Nizza, wann immer er will. Aber eine Zukunft ist in einem Land wie dem Iran kaum planbar, wenn man nicht sehr religiös ist. Die Wirtschaft im Iran ist so instabil, dass sein Leben einem Kartenhaus gleicht. Bei teuren Klamotten sparen die Leute als Erstes. Er hat 500 Angestellte. Die westlichen Designermöbel und Klamotten muss er in Dollar bezahlen, egal wie stark die Währung schwankt. Alles kann sofort vorbei sein, wenn ein Krieg beginnt. Im Iran muss man ständig darauf gefasst sein. Deswegen schließt er nur monatliche Mietverträge ab, um seine Läden von einem auf den anderen Tag dichtmachen zu können. Über allem und jedem hängt das Damoklesschwert der Währung: Wenn sie einknickt, weil es wieder Ärger mit den USA oder dem Irak gibt, kollabiert die Wirtschaft, und alles geht den Bach runter. Er musste aber auch schon mal einen Laden schließen, weil sich die Leute nach Ansicht der Sittenpolizei zu westlich benahmen. Sicher fühlen kann er sich nie.

Dann musste Dariusch für ein paar Tage weg, und weil ich nicht zu meiner Tante Saadia nach Manschahm oder den weiten Weg zu meiner Mutter nach Sirabia fahren wollte, mietete ich mich in ein Hostel ein. Dort kam ich mit den Mitarbeitern in Kontakt, ganz normale junge Leute aus Teheran. Das Hostel lag im Stadtzentrum. Der Typ an der Rezeption hieß Ali, war Mitte dreißig, sah aus wie jemand aus Berlin-Kreuzberg oder Neukölln mit hippem T-Shirt und Schlabberhose. Er liebte die Arbeit im Hostel, sein Kontakt zur Außenwelt. Er war vernarrt in Instagram, weil er dort sehen konnte, wie die Menschen im Rest der Welt lebten.

Die Regierung im Iran stuft Instagram eher als großes Fotoalbum ein, dagegen kann ihrer Meinung nach mit Facebook auch Propaganda gemacht werden. Deswegen wurde Facebook 2006 zusammen mit anderen Seiten wie YouTube, Amnesty International, Amazon, der *New York Times* und der Filme-Plattform Imdb gesperrt. Googeln kann man zwar, aber viele Links lassen sich nicht öffnen. Trotzdem sind viele junge Leute bei Facebook mit Hilfe privater VPN-Anbieter, die simulieren, die Anschlussadresse käme aus einem anderen Land. Doch auch sie werden immer wieder gesperrt. Ich suchte einmal zwei Wochen vergeblich nach einem VPN-Anbieter.

Ali erzählte mir, wie junger Menschen im Iran im Würgegriff des Staates groß werden, wie er seine Bürger bis ins Private ausspionierte und maßregelte. Sie kannten kein freies Leben, waren noch nie im Ausland. Er erzählte von der Sehnsucht nach Freiheit, nach Reisen, nach dem Westen. Die meisten jungen Menschen seien den Amerikanern nicht schlecht gesonnen. Die Jugendlichen, die man im westlichen Fernsehen amerikanische Flaggen verbrennen sah, würden von ihren Lehrern gezwungen, auf dem Schulhof »Tod Amerika« zu schreien, reine Propaganda statt Realität.

Er erzählte mir auch, wie schlecht es den jungen Menschen der breiten Bevölkerung im Gegensatz zu den Reichen im Iran ging: Sie wohnten mit ihren Eltern in ein oder zwei Zimmern. Auch sie erschufen sich ihre Blasen, in denen sie frei sein konnten, um alles zu vergessen: Viele kifften oder rauchten Opium, es gibt ein immenses Heroinproblem, totgeschwiegen von der Regierung. Jeder versuchte, dem Alltag zu entfliehen.

Egal aber, wo ich auftauchte in Teheran: Es schlug mir eine Welle der Sympathie und Gastfreundschaft entgegen. Meistens steuerte alles auf die Frage zu, ob ich etwas trinken wolle, Wasser, Tee, dann tauchte plötzlich, mit Augenzwinkern, von irgendwoher ein Gläschen Wein oder ein Selbstgebrannter auf. Ich trinke aber selten und lehnte oft ab.

»Wie, du kommst aus dem Westen und trinkst nicht?«, wurde ich immer verwundert gefragt.

»Ich muss nicht heimlich trinken«, sagte ich. »Das ist für mich nichts Besonderes«.

Im Iran war das Gläschen Wein unter der Theke ein Happening.

Während ich in Teheran war, gab es auch eines der ersten Konzerte einer deutschen Band, »Schiller«. Weil Tanzen im Iran verboten ist, müssen bei Konzerten alle sitzen. Dariusch erzählte, dass Schiller alle Stücke, die sie spielen wollten, zuvor beim Kulturministerium einreichen mussten und kein Gesang dabei sein durfte. Trotzdem waren die Karten in wenigen Minuten ausverkauft. Wir bekamen keine mehr. Die Band spielte sechs Konzerte. Ohne Gesang. Zum Glück funktioniert die Musik wohl auch ohne Gesang, wie ein Freund von Dariusch erzählte.

Aber ich besuchte zwei Tage das *TEM*, das *Teheran Electronic Music Festival*. Ein Soundingenieur erzählte mir davon in einem Café in Sirabia, und ich bat ihn, den Veranstalter, den er kannte, anzurufen, weil ich ihn gern treffen würde – vielleicht würde ich hier auch mal ein Event veranstalten.

Hamid, der Veranstalter, erzählte mir, er sei interessiert an einer Zusammenarbeit. Er hatte natürlich schon mal Videos von echten Raves gesehen und konnte sich vorstellen, wie die elektronische Clubkultur auf der Welt funktioniert. Aber er war noch nie im Ausland gewesen. Es gab im Iran schon hin und wieder mal Raves, geheim und privat, in Höhlen im Gebirge, sogar mit internationalen DJs. Dann wurden Beobachter positioniert, und wenn sich Polizei näherte, konnte die Party in Sekunden aufgelöst werden.

Das *TEM* war ziemlich ernüchternd. Es wurde als erstes elektronisches Musikfestival angepriesen – aber man musste im Kinosessel sitzen und dem DJ auf der Bühne zusehen, wie er mixte. Auf den Raves im Rest der Welt flippen die Leute auf der Tanzfläche aus, johlen, pfeifen, tanzen, schwitzen. Die Leute verkleiden sich sogar manchmal für einen Rave oder kleben sich Glitzer ins Gesicht. Raven bedeutet, losgelassen, verrückt, hemmungslos zu sein. Die Leute wollen feiern, sich gehen lassen, abschalten. Ein Rave ist wie ein großes Spiel.

Aber hier wurde nicht gefeiert, nichts losgelassen: Hier war alles statisch und langweilig. Es spielten 14 DJs an mehreren Tagen, zwei Shows pro Tag. Nur ein Künstler arbeitete zusätzlich mit Lichtinstallationen. Die Veranstalter aber waren aufgeregt. Hamid erzählte mir, dass Veranstaltungen auch ohne Angabe von Gründen zehn Minuten vor Beginn von der Polizei abgesagt werden können, obwohl sie genehmigt waren. Natürlich gab es auch keinen Getränkeverkauf oder Sponsoring. Die DJs auf dem *TEM*-Festival bekamen hundert Euro – viel für den Iran. Aber für diese Gage würde aus dem Westen niemand in ein Flugzeug steigen.

Kurz hatte ich noch überlegt, ähnlich wie Dariusch mit meinen Erfahrungen und Kontakten aus dem Westen hier Großevents aufzuziehen. Aber nach dem Besuch dieses Festivals und des Konzertes wusste ich, dass das wenig Sinn machen würde.

Trotzdem hatte ich eine gute Zeit in Teheran. Ich besuchte den Asadi Tower von 1971, ehemaliges Wahrzeichen des Irans. Die dritte Frau des Schahs, Fara Diba, hatte den Bau anlässlich des 2500-jährigen Geburtstages der Monarchie in Auftrag gegeben. Nach der Revolution 1979 wurde der monumentale Steinklops, der aussieht wie eine umgedrehte Wäscheklammer, vom *Denkmal der Schahs* in *Turm der Freiheit* umbenannt.

Als ich später über Schah Reza Palawi und seinen ausufernden Lebensstil las, konnte ich ein bisschen verstehen, warum es den Menschen im Iran zu viel mit dieser Königsfamilie wurde, die das Geld verprasste, während das Volk arm war. Die soziale Schere zwischen Oberschicht und Unterschicht muss noch gigantischer als heute gewesen sein: Die Reichen waren unermesslich reich, und die Schahfamilie prasste offiziell. Allein auf das Hochzeitskleid der zweiten Frau des Schahs, Soraya, waren 6000 Diamanten genäht. Der Schah betrachtete das Land als seinen Geldbeutel, dessen Geldfluss nie endete. Heute prassen die Reichen eher im Verborgenen.

Zu den Zeiten des Schahs war das Land frei wie ein westliches Land heute, zumindest für die Wohlhabenden. Fotos von damals zeigen Luxus und Glamour wie in Hollywood. Das war natürlich

eine Scheinwelt. Dem anderen, dem armen Teil des Irans ging es
schlecht. Nach der islamischen Revolution 1979 veränderte sich
alles. Wahrscheinlich hatte niemand damit gerechnet, wie stark es
sich unter den Mullahs ändern würde. Am Anfang waren viele froh,
den Schah los zu sein, sagte meine Großmutter Raina, als ich einmal beim Mittagessen bei ihr war. Kurz darauf forderte der Krieg
zwischen dem Iran und dem Irak unter Saddam Hussein von 1980
bis 1988 insgesamt eine Million Tote – danach war das Land endgültig ein anderes. Unter den Toten waren auch 95 000 iranische
Kindersoldaten, die als Minenräumer eingesetzt worden waren –
man hatte ihnen aus Taiwan importierte Plastikschlüsseln um den
Hals gehängt, die die Pforte zum Himmel aufschließen sollten.

Ich musste an meine Eltern denken, die in genau diesem Iran
kurz nach der Revolution, mitten im Krieg mit dem Irak, ihre drei
Kinder – meine Geschwister und mich – zur Welt brachten. Sirabia
wurde immer wieder bombardiert, erzählte meine Großmutter bei
dem Mittagessen. Ihre Schwester Laleh verlor zwei Söhne im Krieg,
der dritte wurde gehängt, weil er das Regime kritisierte.

Trotzdem hatte ich die ganze Zeit das Gefühl, dass es in Teheran
nicht so streng zuging mit den Vorschriften. Wir wurden nie angehalten oder gemaßregelt. Dariusch sagte, dass die Zeiten sich ge-
bessert hätten. Wir sahen sogar mal ein Pärchen Händchen halten.
»Die Zügel werden immer wieder lockergelassen.«

Ich sah auch keine Sittenpolizei in Uniform mit Peitschen oder
Stöcken, wie es früher üblich war. Ich habe sie kaum bemerkt. Dariusch sagte, sie würden heute eher Zivil tragen. »Aber immer wenn
es eine Zeitlang lockerer in Teheran zugeht, wird es danach wieder
strenger – damit die Freiheit nicht überhandnimmt.« Vor diesen
Daumenschrauben der Gewalt hatten die jungen Leute Angst. Während meiner Zeit in Teheran wagten sich auch Demonstranten auf
die Straße: Sie wurden niedergeschlagen und verhaftet. Als ich nach
Sirabia zurückfuhr, hatte niemand von diesen Ausschreitungen gehört.

11 IM IRAN:
TISKARIA – SIRABIA, 6. MAI – 10. JULI 2018

Nachdem ich zweieinhalb Wochen mit Dariusch verbracht hatte, verließ er Teheran. Die wohlhabenden Iraner, die ich kenne, reisen während der heißen, staubigen Sommermonate nach Europa, Kanada, die USA. Er war auf eine Hochzeit in Rom eingeladen, auf eine Party nach Mykonos, er wollte die Design- und Möbelmesse in Mailand besuchen und anschließend in das Haus seiner Familie nach Rom. Zwischendurch wollte er wieder nach Teheran kommen, dann würden wir uns wieder treffen.

Solange ich auf meinen persischen Personalausweis wartete, der mir in Sirabia mit meiner Geburtsurkunde ausgestellt werden sollte, wollte ich nicht in der Wohnung meiner Mutter wohnen, um sie nicht in Gefahr zu bringen. Deswegen fragte ich meine Tante Saadia in Manschahm noch einmal, ob ich wieder einige Tage bei ihr verbringen könnte. Sie schrieb, sie komme morgen von ihrem Urlaub aus der Türkei zurück und freue sich auf mich.

Dann geschah wieder etwas Seltsames: Kurze Zeit später schickte sie eine SMS auf Deutsch. Sie hatte wohl ein Übersetzungsprogramm benutzt.

Es ist besser, wenn du zu deinem Onkel in den Garten fährst und dort bleibst.

Offensichtlich wollte sie mich nicht mehr bei sich haben. Aber warum? Ich schrieb zurück: Und was ist mit meinen Sachen? Ich hatte noch Kleider und Turnschuhe von meinem letzten Besuch bei ihr.

Sie antwortete: Der Hauswart Dilan wird sie dir bringen.

Ich fühlte mich vor den Kopf gestoßen. Ich fuhr mit dem Bus und dem Motorradtaxi zum Gartenhaus von Onkel Zaki nach Tiskaria. »Was ist denn los mit Tante Saadia? Sie schrieb doch, dass sie sich auf mich freue?«, fragte ich.

»Nein, deine Tante will dich nicht mehr in der Wohnung haben. Du weißt doch, manchmal sagen Iraner das eine und meinen das andere. Das sind die Regeln des Taroof.«

Diese seltsamen Höflichkeitsregeln hatte ich schon wieder fast vergessen. »Ich dachte, sie hatte ihre Einladung ernst gemeint.«

»Dein unerwarteter Besuch belastet sie. Alte Wunden wurden wieder aufgerissen«, sagte er.

Ich ärgerte mich. Was konnte ich dafür, dass sie dreißig Jahre die Verbrechen meines Vaters deckte und nun ein schlechtes Gewissen hatte. Sie führte sich auf, als wäre sie selbst das Opfer.

Ich versuchte mich zu beruhigen und auf die schönen Dinge zu achten: Es war Frühsommer, der Garten war frisch und grün, Blumen dufteten, auf dem Rasen lagen zwei Hunde in der Sonne, es gab einen Grillplatz und einen Pool. Aber es belastete mich irgendwie schon, wie meine Tante mit mir umging. Auch meine Cousine Leyla ging nach wie vor nicht ans Telefon. Ich wollte nichts mehr mit meiner Tante Saadia zu tun haben.

Sie kam ein paar Tage später noch mal zu Besuch in den Garten, am 15. Mai, meinem Geburtstag. Ich dachte, vielleicht will sie mit mir reden – doch sie wollte nur Tomaten holen. Keiner meiner Verwandten wusste, dass heute mein Geburtstag war, und ich sagte es ihnen auch nicht. Ich hatte mich in eine Ecke des Gartens verzogen, als ich sie kommen sah. Aber mein Onkel Zeki bat mich, zu ihr zu gehen und »Guten Tag« zu sagen. Ich habe ihm den Gefallen getan. Das war das letzte Mal, dass meine Tante und ich miteinander sprachen.

Trotz des Bruchs mit Tante Saadia genossen wir drei Männer die Zeit in Zakis Gartenhaus. Ich meldete mich in der Nähe in einem Fitnessstudio an, putzte den Pool, spielte mit den Hunden. Zaki, Dilan und ich kochten gemeinsam, Hühnergerichte mit Reis, Kartoffeln und Eiern, Lammeintopf, persischen Reis mit Berberitzen und Chelo Kebab, am Spieß gegrilltes Lamm. Wir mixten uns Limonaden und das typische persische Joghurtgetränk Dugh, das ähnlich wie das türkische Ayran schmeckt. Ich wagte es einmal, nur ein paar Eier einzukaufen, doch mein Onkel schimpfte mich aus und sagte: »In diesem Haus kaufe immer noch ich ein.« Das war eine Sache des Stolzes für ihn. Manchmal holten wir uns was von einem Restaurant und aßen es im Garten.

In Teheran hatte ich über Dariusch einen Freund kennengelernt, Elyar, dem ebenfalls ein Gartenhaus in der Nähe von Tiskaria gehörte. Er lud mich zu Barbecues ein, wir tranken selbst gebrannten Schnaps und Wodka. Freunde kamen aus Teheran für verlängerte Wochenenden. Wir fuhren mit dem Jeep in die Berge, die Mädchen unverschleiert. Es war eine unbeschwerte Zeit, ich fühlte mich wie im Urlaub.

Am 29. Mai rief meine Mutter an, mein Personalausweis sei fertig. Unglaublich, wir hatten es tatsächlich geschafft, Papiere für mich zu organisieren! Drei Monate, nachdem ich in den Iran illegal eingereist war. Wahnsinn. Ich fuhr mit dem Bus nach Sirabia. Mit meinem Daumenabdruck bestätigte ich, dass ich war, wer ich angab zu sein.

Mit meinem Personalausweis konnte ich nun auch versuchen, einen Reisepass zu beantragen. Ich wollte mich langsam mit meiner Rückreise nach Deutschland beschäftigen. Zu diesem Zeitpunkt dachte ich noch, ich könnte mit einem iranischen Reisepass ein Visum beantragen, einen Flug buchen und nach Hause fliegen. Ein Freund von Dariusch in Teheran hatte zu mir gesagt, er könne mir helfen, ein Visum für Frankreich zu beantragen, sobald ich einen iranischen Reisepass hätte, er hätte Kontakte zu den Franzosen. Von Frankreich aus wäre es kein Problem, innerhalb der Europäischen Union mit meinem deutschen Flüchtlingspass zurück nach Deutschland zu fliegen oder mit dem Zug zu fahren, dachte ich.

Ich wohnte die nächsten Wochen abwechselnd bei meiner Oma Raina und meiner Tante Amira in Sirabia. Beide lebten in Eigentumswohnungen. Der Mann meiner Tante Amira hatte einen Obststand auf dem Bazar sowie einen Parfümladen. Ihre Wohnung war modern mit Aufzug, persisch bunt möbliert, aber mit Parkettfußboden, nicht mit den üblichen Perserteppichen. Die Wohnung meiner Großmutter Raina sah ein bisschen spartanischer aus, trotzdem gemütlich, drei Zimmer im Zentrum von Sirabia.

Um meinen Reisepass zu beantragen, ging ich wieder mit meiner Mutter zu zahllosen Behörden. Wir wollten so tun, als hätte ich mein ganzes Leben im Iran ohne Reisepass verbracht. Im Iran leben viele Menschen nur mit ihrer Geburtsurkunde oder dem Personalausweis, das wäre also nichts Ungewöhnliches.

Aber ich konnte ihn nicht beantragen, weil ich dafür zwei Jahre Militärdienst geleistet haben müsste. Zwar hätte ich mich mit 5000 Dollar freikaufen können, aber ich hätte Schulzeugnisse vorlegen müssen. Eine andere Möglichkeit, um vom Militär freigestellt zu werden, wäre Analphabetismus, aber auch das muss man mit Attesten belegen.

Der Iran hat ungewöhnliche Passgesetze: Wer in diesem Land geboren wurde und einen iranischen Vater hat, kann laut Gesetz ein Leben lang nur Iraner sein, das ist so eine Blut-und-Ehre-Angelegenheit. Der Iran entlässt seine Bürger nicht aus der Staatsangehörigkeit. Ausländische Pässe, in denen bei »Geburtsort« etwa »Teheran« steht, werden im Iran nicht akzeptiert. Deswegen haben alle Ausländer zwei Pässe. Den iranischen Reisepass beantragen sie aber bei der iranischen Botschaft in ihrem Wohnort. Wer bei einem Urlaub im Iran auf die Ausstellung eines iranischen Reisepasses wartet, könnte zum Militär zwangseingezogen werden.

Trotzdem dachte ich in diesen Tagen noch: Das klappt schon irgendwie. Bald werde ich meine Dokumente haben und mit Hilfe des Freundes von Dariusch einen Flug nach Frankreich buchen. Onkel Zaki hatte immer beteuert, wenn ich es schaffte, Geburtsurkunde und Personalausweis zu bekommen, könnte mir ein befreundeter General helfen, beim Militär freigestellt zu werden, um einen Reisepass beantragen zu können. Ich machte mir keine Sorgen. Im Iran geht ja alles irgendwie mit den richtigen Verbindungen. Dachte ich.

Doch am 31. Mai kam Onkel Zaki nach Sirabia, um seinen Bruder zu besuchen, der dort lebte. Auf dem Rückweg nahm er mich im Auto mit nach Tiskaria ins Gartenhaus. Auf der Autofahrt eröffnete er mir, dass ich noch zwanzig Tage lang sein Gast sein könne – danach würde er mich nicht mehr beherbergen, das wünsche meine Tante so. Und er habe auch mit seinem Freund, dem General vom Militär, gesprochen: Der Freund könne mir nicht helfen.

Zaki sagte: »Wenn ich dir einen Rat geben darf, so gehe nicht zu deiner Mutter zurück. Sie würde dich immer aufnehmen und sich um dich kümmern. Aber du bist erwachsen, und sie hat genug andere Probleme. So wie es aussieht, musst du auf dem gleichen Weg zurück, wie du gekommen bist!«

»Ich hatte sowieso nicht vor, im Iran zu bleiben. Und schon gar nicht, meiner Mutter zur Last zu fallen.«

Bis zu dieser Autofahrt hatte ich noch auf einen Reisepass und eine legale Rückreise gehofft. Zakis Mitteilung war ein Schlag ins Gesicht. Ich musste mich mit dem Gedanken anfreunden, den gleichen Weg, den ich gekommen war, wieder zurückzugehen. Zakis Ultimatum ließ mir nur zwanzig Tage für die Vorbereitung. Obwohl mir immer klar gewesen war, dass meine Zeit im Iran begrenzt sein würde und dass es gefährlich war, illegal einzureisen, ohne zu wissen, wie ich wieder zurückkommen würde, traf mich diese Situation unvorbereitet. Die Zeit mit meiner Mutter und die Geborgenheit, die ich in meiner neuen Familie erlebt hatte, hatten mir die Hoffnung gegeben, es würde sich alles zum Guten wenden. Offensichtlich hatte ich mich zumindest im letzten Punkt getäuscht.

»Eigentlich bin ich sowieso davon ausgegangen, dass du im Gefängnis landest, sobald du einen Personalausweis beantragst. Es ist erstaunlich, dass das doch geklappt hat ohne Ärger mit dem Geheimdienst«, sagte er noch.

Aha, dachte ich, ist ja nett, dass du mich schon mit einem Bein im Gefängnis gesehen hast, ohne mich zu warnen. Ich erkannte meinen Onkel nicht wieder.

Ab diesem Zeitpunkt fing ich an, rund um Zakis Gartenhaus wie ein Besessener zu trainieren, rannte Hügel und Treppen hoch als Kraft- und Ausdauertraining. Ich wusste, was auf mich zukam. Ich versuchte, möglichst viele Informationen über Schlepper und ihre Fluchtrouten zu sammeln. Dariusch war von seinen Reisen zurückgekehrt, und ich pendelte zwischen Zakis Garten und Dariuschs Wohnung, wenn Dariusch da war. Dariusch erzählte ich, mit meinen Papieren liefe alles prächtig, ich wäre bald wieder in Europa. Ich wollte ihm keine Sorgen bereiten und ihn mit meinen verbotenen Plänen auch nicht in Gefahr bringen. Er hätte mich sicher auch nicht gehen lassen, wenn er gehört hätte, dass ich mich illegal von Schleppern über die Berge bringen lassen wollte – diesmal mit dem Flüchtlingsstrom Richtung Europa. Wir schmiedeten Pläne, was wir in Deutschland zusammen unternähmen.

Ich hatte mitbekommen, dass der Bruder von Dariuschs Hausangestelltem Husain auf der Flucht nach Europa war. Husain lebte als Pakistani selbst illegal im Iran. Ich fragte ihn in einer ruhigen Minute: »Wo hat dein Bruder die Schlepper kennengelernt, auf welcher Route ist er unterwegs, was musste er den Schleusern zahlen? Kommt er gut voran?«

Husain antwortet ziemlich aufgelöst: »Ich habe schon seit zwei

Wochen nichts mehr von ihm gehört! Ich habe große Angst um ihn. Ich habe keine Ahnung, wo er ist und ob er es wenigstens in die Türkei geschafft hat.«

Später stellte sich heraus, dass die Schleuser die Handys der Flüchtlinge einkassiert hatten, aus welchem Grund auch immer. Husains Bruder meldete sich zwei Wochen später aus der Türkei, dort blieb er ewig hängen, bis er es schließlich nach Griechenland in ein Auffanglager schaffte. Wo er heute ist, weiß ich nicht.

»Warum fragst du das alles?«, wollte Husain wissen. Ich deutete an, dass ich vielleicht keinen Reisepass bekommen würde und alle Möglichkeiten auslotete, wie ich nach Deutschland zurückkehren könnte. Ich erzählte, wie ich gekommen war. Aber er hatte auch keine Kontakte zu Schleusern.

Am 23. Juni fuhr ich aus Teheran zurück ins Gartenhaus nach Tiskaria und blieb zwei Tage. Schließlich verabschiedete ich mich von Zaki und Dilan. Sie wünschten mir Glück, aber unser Verhältnis war merklich abgekühlt. Ich nahm den Bus nach Sirabia, um meine Mutter in meine Pläne einzuweihen.

»Ich werde so zurückgehen, wie ich gekommen bin: Ich versuche, Schlepper zu finden, und mit dem Flüchtlingsstrom in die Türkei und dann in die EU zu gelangen.«

»Wirklich? Bist du dir sicher?«, fragte sie. Aber mein Entschluss stand fest. Sie bat mich, keinem der Familie von dieser Entscheidung zu erzählen, sonst würden sich alle um mich sorgen.

»Natürlich nicht, je weniger davon wissen, desto besser. Wir sagen allen, ich fliege zurück.«

Als meine Familie von meiner baldigen Rückkehr nach Deutschland hörte, organisierten sie noch einen letzten Urlaub für uns zusammen, zwanzig Erwachsene und Kinder. Mein Cousin Merhan bekam über einen Bekannten für vier Nächte ein Ferienhaus in einem Urlaubsresort für Regierungsmitarbeiter gestellt, zweieinhalb Stunden südwestlich von Sirabia. Wir packten Unmengen von Essen und Getränken ein.

Das Resort bestand aus Ferienhäusern, in denen viel weißer Marmor verbaut war. Jedes Haus hatte eine gigantische Küche und viele Wohn- und Schlafzimmer, jedes Schlafzimmer mit eigenem Bad. Unser Haus hatte bestimmt zehn Schlafzimmer mit Schlafgelegenheiten für zwei bis vier Personen. Überall hingen Bilder der geistlichen Führer. Mit Urlauben wie diesen werden normalerweise Regierungstreue und ihre Familien bei Laune gehalten.

Die Frauen kochten viel und servierten unermüdlich Tee. Wir Männer fischten im Stausee. Ich sprach jetzt richtig gutes Farsi und genoss die letzte Zeit mit meiner Mutter und meiner Familie. Morgens stand ich eine Stunde früher auf als alle anderen und rannte 150 Treppenstufen fünfzehn Mal hintereinander hoch und runter.

Als wir aus dem Urlaub nach Sirabia zurückkamen, zog ich die letzten Tage vor meiner Rückreise zu meiner Großmutter Raina. Sie hatte Rückenschmerzen und konnte Hilfe im Haushalt gebrauchen. Ich erledigte ihre Einkäufe, half ihr beim Putzen und trainierte jeden Tag für meine Rückreise.

Am 1. Juli fragte mich meine Mutter, ob ich Lust hätte, ein Eis mit ihr zu essen. Wir drehten ein paar Runden mit dem Auto und setzten uns in ein Café. Sie erzählte mir, wie gern sie meine Geschwister kennenlernen würde, aber wegen der Inflation könnte sie niemals ein Flugticket bezahlen. Ich sagte ihr, auch meine Geschwister hätten vor, sie kennenzulernen. Ich hatte Biana und Attila angerufen, direkt nachdem ich unsere Mutter gefunden hatte. Erst nahmen sie die Neuigkeiten zurückhaltend auf, aber dann sagte meine Schwester: »Dann müssen wir wohl auch hin.« Meine Mutter machte das glücklich. Damit könne sie leben und noch weiter warten, sagte sie. So lange, wie sie schon gewartet hatte.

»Wann soll es bei dir losgehen?«

»In vier bis fünf Tagen.«

»Was wird das kosten, mein Sohn?«

»Ich denke, 30 Millionen Rial, 600 Euro.«

Sie nickte. Zwei Tage später steckte sie mir in meine Sporttasche eine Tüte mit 50 Millionen Real, ein riesiger, schwerer Geldblock. Fast 1000 Euro.

»Woher hast du so viel Geld, Mami?«

»Macht dir keine Sorgen, mein Sohn«, war die einzige Antwort, die ich bekam.

Ich denke, sie hat es sich von ihrer wohlhabenden Freundin geliehen, die uns auch für unseren ersten gemeinsamen Urlaub ihr Ferienhaus in Shomal zur Verfügung gestellt hatte.

Wann nannte ich sie das erste Mal Mami? Irgendwann war es da. Ich sah an ihrem Blick, dass es sie glücklich machte. Also behielt ich es bei.

Wenn meine Mutter mir das Geld nicht hätte geben können, hätte ich vielleicht meine Cousins bitten müssen. Es gab weder einen Plan A noch einen Plan B, was meine ganze Reise betrifft.

Ich wollte das Geld auf der Bank in größere Scheine wechseln, aber die Banken knausern mit großen Scheinen. Mit Glück und Überredungskunst schaffte ich es bei der zweiten Bank, zumindest einen Teil zu wechseln, so dass ich das Volumen auf die Hälfte reduzieren konnte. Ich kaufte ein ausklappbares Taschenmesser, einen USB-Speicherstick, eine Powerbank fürs Handy, im Supermarkt Schokoriegel und Kuchen als Energielieferanten.

Meine Mutter und meine Oma waren die Einzigen, die wussten, wie ich wieder zurückgehen würde. Meine Mutter wollte mich in Richtung Grenze in die Berge fahren, ihren Mann Shahin aber nicht in Gefahr bringen oder ihm Sorgen bereiten. Sie erzählte ihm, sie müsse bei ihrer Mutter Raina, wo ich wohnte, bei einem Besuch von Gästen helfen und würde dort übernachten. Sie kam abends zu meiner Großmutter und mir in die Wohnung mit meinen restlichen Sachen, die ich bei ihr gelassen hatte, wie den großen Rucksack. Meinen kleinen Rucksack hatte ich schon bei meiner Oma. Um 5 Uhr morgens wollten wir los. Aber mein deutscher Flüchtlingspass war nicht aufzufinden: Wir dachten, er wäre im großen Rucksack, aber er lag noch in der Kommode bei meiner Mutter und

Shahin zu Hause. Wir mussten alles abblasen. Meine Mutter rief ihren Mann an, ihre Mutter habe sich mit ihrem Besuch um einen Tag vertan.

Ich entschied mich gegen den großen Rucksack, der mir auf der Hinreise schon Schwierigkeiten bereitet hatte, und packte alles in den kleinen. Meine Mutter fragte mich noch, ob ich nicht auch die Spiegelreflexkamera, Badeschlappen und Sonnenschutz einpacken wollte?

»Mami, du weißt schon, dass ich nicht in den Urlaub fahre, oder?«

Da wurde sie ganz still.

12 IM IRAN:
GRENZSTADT BAZARGAN,
10. – 12. JULI 2018

Wir stiegen um Mitternacht ins Auto und fuhren bis 9 Uhr morgens. Wir unterhielten uns die ganze Nacht. Auch über meinen Vater.

»Er war kein Journalist und nie im Gefängnis!«, sagte meine Mutter. »Als er mit euch weg war, bin ich in jedes Gefängnis, auf jede Polizeistation, auf jedes Gericht und habe gefragt, ob er inhaftiert war oder etwas gegen ihn vorliegt – keiner hatte seinen Namen jemals gehört!« Ich spürte, wie wütend sie war. »Er hat auch nie Flugblätter verteilt oder war politisch aktiv. Ich hoffe, er schmort in der Hölle. Er hat sein Schicksal mit seinen Taten selbst verschuldet.«

Wir wussten, es war unsere letzte Nacht. Ich sah sie immer wieder von der Seite an, wie in unserer ersten Nacht auf der langen Autofahrt: ihre schöne Haut, ihr Lächeln. Sie war nun mein engster vertrauter Mensch auf dieser Welt. Dieses ganze Mutter-Kind-Ding ist ein Wunder. Ich bin dankbar, dass ich es erleben durfte, wenn auch spät.

Ich versuchte, mit der Navigationsapp Waze zu navigieren. Wir verfuhren uns trotzdem einige Male. Meine Mutter saß, bis auf eine kurze Pause, die gesamte Zeit am Steuer, ließ sich aber keine Müdigkeit anmerken. Wir hatten eine Thermoskanne Tee dabei, einen Liter Cola und ein Energiegetränk für ihre Rückfahrt.

Wir fuhren im Grenzgebiet zwischen dem Iran und Aserbeidschan in Richtung Türkei an kargen Berglandschaften entlang. Wir vermieden Hauptstraßen. Falls wir kontrolliert worden wären, hätten wir gesagt, dass wir einen Ausflug zu einem Verwandten unternähmen. In diese Gegend kamen keine Touristen.

Immer wieder saß eine Schleiereule mit weißem Gesicht am Straßenrand. Aber jedes Mal, wenn wir uns mit dem Auto einer näherten, flogen sie weg. Nur eine nicht. Es war 5 Uhr morgens, als es plötzlich einen Rumms machte und eine Eule im Kühlergrill hing. Als wir für das Morgengebet meiner Mutter an einem Campingplatz mit Moschee hielten, untersuchte ich den Kühlergrill: Das tote Tier klemmte so fest, dass ich es nicht herausbekam.

Die Eule steht im Iran für Pech. Vor ein paar Wochen wollte ich eine Halskette mit einem Anhänger in Eulenform kaufen für Menschen im Iran, die nicht abergläubisch sind. Aber meine Mutter verbot es mir.

»Hoffentlich bringt diese Eule kein Unglück über dich!«, rief meine Mutter.

»Sieh es doch so: Wir haben das Unglück aus Versehen plattgemacht – also wird die tote Eule mir Glück bringen. Ist doch logisch!«, versuchte ich sie aufzumuntern.

Gegen 9 Uhr morgens erreichten wir den Transitort Bazargan, die wichtigste Grenzstadt für Import und Export zwischen dem Iran und der Türkei, mit etwa 9000 Einwohnern. Es gibt hier eine Freihandels-, Industrie- und Sonderwirtschaftszone, die nach dem Krieg zwischen dem Iran und dem Irak ausgewiesen wurde, um die Wirtschaft anzukurbeln.

Die Fahrt hatte drei Stunden länger gedauert als geplant. Irgendwo hier in der Gegend kam ich nach meiner ersten Gebirgsüberquerung mit den Jugendlichen im Iran an, ich hatte von meinem Ankunftspunkt auf Google Maps einen Screenshot gemacht.

Jetzt verglich ich den Punkt auf der Waze-App mit dem Foto des Screenshots.

Ich wollte dieses Dorf wiederfinden und die Jugendlichen, die mich vor über fünf Monaten über die Berge gebracht hatten, überzeugen, mich noch mal in die andere Richtung mitzunehmen. Ich hatte auch Karim, meinem kurdischen Freund in Doğubeyazıt, eine Nachricht geschrieben: ob er wieder einen Kontakt zu den Schmugglern herstellen könne. »Nein«, schrieb er zurück, der Kontakt sei abgerissen, er habe die Nummer des Schleusers nicht mehr. Er wisse aber, dass die Jungs nicht mehr über diese Route laufen – warum auch immer. Mehr könne er mir leider nicht sagen. Ich dachte, vielleicht treffe ich die Jungs auf der Straße und frage sie einfach. Oder ich finde die Hütte, in der sie sich schlafen gelegt hatten. Und wenn ich sie nicht finde, wollte ich es von dem Dorf aus einfach allein versuchen. Den Weg würde ich schon finden.

Meine Mutter und ich fuhren an einem Restaurant vorbei, gingen hinein, bestellten Tee und Omelett. Meine Mutter sah mich traurig an, weil wir uns gleich würden trennen müssen. Wir kamen uns in diesen fünfeinhalb Monaten im Iran nahe. Jetzt kannten wir uns – und mochten uns.

Nach dem Frühstück verließen wir mit dem Auto den Ort. Ich verglich den Screenshot vom meinem Ankunftspunkt alle paar hundert Meter mit unserem aktuellen Standort. Wir fuhren zwanzig Minuten, bis wir in das Bergdorf gelangten, in dem ich vor fünf Monaten angekommen war. Ich erinnerte mich lediglich an ein paar Berghütten. Doch hier standen Hütten und Häuser dicht an dicht. Konnte die eigene Erinnerung so trügen?

Die Leute auf der Straße starrten uns an. Normalerweise fuhr in dieser Gegend kein sauberes weißes Auto mit einer Frau am Steuer. Plötzlich sahen wir einen Truck mit fünf Soldaten auf der Ladefläche, die uns hinterherschauten. Meine Mutter wurde nervös.

Schlagartig wurde mir klar, warum es hier so anders aussah: Mitten im Dorf war eine Kaserne gebaut worden. Soldaten patrouillierten. Bestimmt war das der Grund, warum diese Route nicht mehr von Schleppern und Schmugglern genutzt wurde. Jeder auf der Straße merkte, dass wir nicht aus der Gegend kamen. Kinder liefen in ihre Häuser und riefen nach ihren Eltern. Hirtenhunde bellten. Dann hörte der Schotterweg plötzlich auf, wir fuhren auf Gras. Ich erkannte gar nichts mehr. Wir benahmen uns auffällig. »Es ist besser, wenn wir zurückfahren«, sagte ich und merkte, wie dankbar meine Mutter war.

Wir drehten um und fuhren zurück nach Bazargan. Auf dem Weg versuchte ich die Hütte zu finden, in der ich auf meinem Hinweg mit den vierzehn Afghanen gewartet hatte. Doch ich fand sie nicht. Wieder zurück in Bazargan, sagte ich zu meiner Mutter: »Lass mich da vorne raus, ab jetzt mache ich das alleine. Ich will dich nicht in Gefahr bringen. Ich melde mich, wenn ich in der Türkei bin.«

»Bist du sicher? Willst du nicht doch lieber mit mir zurückfahren?«, fragte sie.

»Ja, ich mache das jetzt. Ich schaff das schon!«

»Aber wie?«

»Ich werde hier jemanden finden, der mir hilft. Sorge dich nicht, Mami. Alles wird gut. Vertrau mir.«

Ich holte meinen Rucksack aus dem Kofferraum. Sie stieg mit aus. Ich entschuldigte mich für all die Umstände, die ich ihr bereitet hatte: mein unangekündigter Besuch und der Stress, andauernd Freunde und Familie anlügen zu müssen.

»Das ist nichts, Mehdi, mein Sohn«, sagte sie und nahm mein Gesicht in ihre Hände. »Wenn ich das nicht für dich machen würde – für wen denn sonst? Du bist mein Sohn, mein Fleisch, mein Blut. Ich liebe dich. Das war es alles wert. Ich danke dir, dass du dir die Mühen gemacht hast, den weiten Weg zu mir zu kommen. Danke, dass du all diese Strapazen auf dich genommen hast. Ich träumte viele Jahre davon, dich nur einmal in den Arm nehmen zu dürfen. Und nun konnte ich so lange Zeit mit dir verbringen! Dafür bin ich unendlich dankbar. Sag deinen Geschwistern, dass ich sie liebe und immer geliebt habe. Ich hoffe und bete, euch eines Tages alle drei in meine Arme schließen zu können.«

»Du bist die beste Mutter, die ich mir wünschen konnte. Ich werde das auch meinen Geschwistern sagen. Wir werden uns eines Tages alle sehen«, sagte ich.

Ihre Augen füllten sich mit Tränen, sie küsste mein Gesicht wieder und wieder. Wir umarmten uns. Ich hielt sie fest umschlungen, diesen kleinen, starken Menschen, meine Mutter. Dann verabschiedeten wir uns.

»Mach dir keine Sorgen, Mami. Ich melde mich.«

Sie stieg ins Auto und fuhr los. Ich sah ihr hinterher, bis das Auto verschwunden war.

Auf der anderen Straßenseite lag eine Pension. Es stand zwar *Hotel* über der Tür, aber den Namen hatte diese Absteige nicht verdient. Das war die schäbigste Unterkunft, die ich je gesehen hatte: Es gab weder Bettbezüge noch Bettlaken oder Handtücher, alle Gäste schliefen unter den gleichen Decken auf nackten Matratzen, es stank fürchterlich. Pro Stockwerk gab es eine Gemeinschaftsdusche und -toilette. Ich buchte ein Einzelzimmer für umgerechnet acht Euro, die meisten anderen waren Gemeinschaftszimmer.

Ich schrieb über die Couchsurfing-App die drei, vier Menschen an, die sich aus Bazargan als Couchsurfer anboten, in der Hoffnung, mir würde jemand weiterhelfen. Aber es meldete sich keiner.

Also ging ich in die Stadt, dann wieder zurück ins Hotel. Den Mann an der Rezeption bat ich um ein Handtuch und versuchte ihn in ein Gespräch über Flüchtlinge zu verwickeln. Der Rezeptionist sah so aus, als ob er nicht immer ganz nach Gesetz lebte: Man sieht das den Menschen an, finde ich. Er war etwa Mitte vierzig, Halbglatze, stoppeliger Bart, hellere Haut, klein. Ich würde ihm ungern im Dunkeln begegnen.

Durch die Blume erklärte ich ihm, ich wolle versuchen, in die Türkei zu gelangen, mit meinen Papieren aber nicht legal über die Grenze käme. Er merkte natürlich, dass ich kein Iraner war. Ich erzählte ihm vom Grund meiner Reise, von meiner Mutter. Er meinte, er spreche mit seinem Bruder, ich solle aufs Zimmer gehen. Vielleicht kenne der Bruder jemanden, der mir helfen könne.

»Hast du Geld?«, fragte er

»Ja. Was kostet das?«

»30 Millionen Rial« sagte er, etwa 600 Euro. Das war in Ordnung. Er werde sich melden, sagte er.

Zwei Stunden später klopfte es an meiner Zimmertür. Vor mir stand der Bruder des Rezeptionisten, behauptete er zumindest. Er war schlank und ein bisschen jünger, strahlte jedoch mehr Autorität aus als sein Bruder. Er war der Kopf der beiden, so viel war klar. Er gab mir das Handtuch, um das ich gebeten hatte, fragte, ob ich derjenige sei, der in die Türkei wolle. Er kenne jemanden. Er habe die Geschichte mit meiner Mutter gehört, das rechne er mir hoch an.

»Bist du wirklich bereit dafür?«, wollte er wissen.

Ich wusste, was er meinte, ich kannte die Qualen der Gebirgsüberquerung. »Ja, ich bin bereit«, sagte ich.

»Okay, ich rufe meinen Kontaktmann an«, meinte er und verließ mein Zimmer.

Ich schnappte das Handtuch und ging in den Gemeinschaftswaschraum. Allerdings war das Handtuch schon mehrfach benutzt und stank nach Schimmel, was ich beim Abtrocknen meines Gesichtes merkte. Der Bruder des Rezeptionisten hatte gesagt, ich solle es auf dem Waschbecken liegen lassen, damit es für den nächsten Gast gewaschen werden könne. Anscheinend gab es nur dieses eine Handtuch in dem Hotel.

Eine Stunde später kam der Bruder des Rezeptionisten wieder in mein Zimmer und telefonierte währenddessen. Was ich für Papiere habe, wollte der Mann am anderen Ende der Leitung wissen: »Hier ist mein deutscher Flüchtlingspass, hier mein persischer Ausweis«, sagte ich und zeigte beides. Was für ein Staatsbürger ich sei, fragte der andere am Telefon. Ich sagte der Einfachheit halber: Iraner. Auf dem Papier stimmte es. Ich war iranischer Staatsbürger. Die deutsche Staatsbürgerschaft besaß ich formal nicht. Tatsächlich war die iranische Staatsbürgerschaft augenblicklich die einzige, die ich offiziell hatte.

Als er auflegte, sagte er: »Sie nehmen keine Iraner mit.« Wenn ich eine andere Nationalität hätte, wäre es kein Problem.

»Warum?«, fragte ich.

»Ein Iraner kann der Polizei unter Folter alles über die Hintermänner erzählen. Er versteht die Sprache. Oft sind Iraner gebildet. Afghanen oder Iraker können sich dumm stellen, sie wissen von nichts, können die Sprache nicht. Aus Iranern versuchen sie alles rauszupressen, und das schaffen sie. Die Geheimdienste schnappen sich als Erste die Iraner, wenn sie Flüchtlinge stellen.«

»Aber ich zähle nicht als echter Iraner, ich spreche nicht mal perfektes Farsi. Der Typ am Telefon soll mich eher als Deutschen sehen«.

»Ja, ich weiß, aber das sind die Regeln. Keine Iraner.«

Ich versuchte, ihn zu überreden, noch mal bei dem Schlepper anzurufen. Er tat es nicht.

Ich war ziemlich entmutigt. Obwohl es andererseits ungewöhnlich gewesen wäre, gleich am ersten Tag der Suche einen Schlepper zu finden. Der Bruder des Rezeptionisten sagte schließlich endgültig ab.

Der Rezeptionist gab mir am nächsten Tag den Tipp, in einem Restaurant ein paar Straßen weiter einen Schafskopf zu essen und den Wirt anzusprechen. Das tat ich – erfolglos. Meine nächste Idee: einem beliebigen Taxifahrer meine Geschichte zu erzählen. Taxifahrer wissen immer alles. Aber der Typ im Hotel riet ab, es seien viele Kriminelle darunter, außerdem Spitzel der Geheimdienste. Ich stieg trotzdem in ein Taxi, der Fahrer war Kurde, ich dachte, das sei gut – aber dieser Mann war überkorrekt und wollte sich kaum meine Geschichte anhören.

Ich aß in einem kleinen Grillrestaurant Huhn mit Berberitzen zu Mittag und packte die Knochen ein, für Hunde; nach meinen Erlebnissen beim Hinweg dachte ich, es könne nicht schaden, bei der Bergüberquerung ein paar Knochen dabeizuhaben.

Der zweite Tag in Bazargan endete ebenso erfolglos wie der erste. Ich verlängerte einen weiteren Tag in dem schäbigen Hotel, in der Hoffnung, dass sich jemand über Couchsurfing melden und mir vielleicht Informationen und einen Schlafplatz anbieten würde. Andererseits, dachte ich, man trifft oft genau an solchen Orten wie diesem Hotel die richtigen Leute.

Am dritten Tag ging ich zur Bank, mehr eine Wechselstube, in der es nicht mal eine Glasscheibe vor dem Schalter gab. Dahinter eine Wendeltreppe, gut möglich, dass der einzige Angestellte dort wohnte. Ich wollte mich erkundigen, ob ich meine Rial in türkische Lira umtauschen könne. An den Wänden hingen die üblichen Bilder von religiösen Führern in braunen Holzrahmen. Der Mann hinter dem Schalter war um die fünfzig und nicht so braungebrannt wie die meisten hier, schlank, runde Brille, kariertes, ordentlich gebügeltes Hemd, rasiert. An seinem Haarschnitt erkannte man, dass ein Friseur am Werk gewesen war.

Wir kamen ins Gespräch. Ob ich Tourist sei, wollte er wissen, und was ich hier mache. Ich erzählte ihm meine Geschichte. Er war gerührt. Ich fragte ihn direkt: »Kennen Sie jemanden, der mir helfen kann?« Er reagiert darauf fast wie unter Schock und schaute mich an wie ein geblendetes Tier.

»Ich habe noch nie etwas Kriminelles gemacht«, flüsterte er, »noch nie in meinem Leben, Allah ist mein Zeuge.« Er führe hier die Wechselstube: Die Menschen vertrauten ihm ihr Geld an.

»Wenn Sie mir helfen, ist das doch kein Verbrechen. Das ist doch etwas Gutes!«, sagte ich.

Er schloss kurz die Augen. Er kämpfte mit sich, haderte. Schließlich schob er seine Bedenken zur Seite und sagte:

»Gott sei mein Zeuge: Ich will nur Gutes. Ja, ich kenne jemanden, der dir helfen könnte. Ich kann einen Kontakt herstellen«, und schaute mich dabei mit angsterfüllten Augen an.

Er gab sich einen Ruck: »Soll ich ihn anrufen?«, fragte er.

»Ja, bitte«, antwortete ich.

Er telefonierte. Ich verstand: »Bist du in der Nähe? Komm bitte zu mir in den Laden.«

Zehn Minuten später betrat ein Mann die Bank, klein, untersetzt, um die fünfzig, mit ledriger Haut und fettigen, grauen Haaren. Der Angestellte sperrte den Laden von innen zu.

Beide unterhielten sich kurz. Der Bankangestellte erklärte meine Lage. Der Schlepper dreht sich zu mir um:

»Und du willst in die Türkei?«

»Ja!«

»Du bist wirklich zu deiner Mutter gelaufen?«

»Ja, die Geschichte stimmt.«

Er nickte. »Das ist gut, dass du das getan hast. Hast du Geld?«

»Ja, was kostet das?«

»30 Millionen Rial.«

»Die habe ich.«

»Dann gibst du mir jetzt zehn Millionen.« Er werde sich um alles kümmern. Ich hatte mein Geld schon in Bündel mit je zehn Millionen Rial gepackt, ungefähr 200 Euro und gab ihm ein Bündel. »Alles klar! Geh jetzt in dein Hotel. Verlass dein Zimmer nicht. Gib mir deine Nummer. Ich rufe dich morgen früh an, und dann geht es los. Sei bereit. Wenn ich anrufe, gehst du sofort aus dem Hotel. Weiß sonst noch jemand von deinem Plan?«

»Zwei Leute vom Hotel wissen Bescheid. Ich habe mich mit ihnen darüber unterhalten«, sagte ich.

»Das war ein Fehler«, antwortete der Schlepper.

»Ich denke, die sind korrekt«, sagte ich.

»Wenn jemand fragt, sag, du hast niemanden gefunden und fährst zurück zu deiner Mutter. Du checkst aus dem Hotel aus und sagst allen, du bleibst im Iran, ja? Und erzähle niemandem mehr etwas.«

Ich bedankte mich tausendmal bei dem Banker. Er sagte noch, ich solle mich melden, wenn ich in der Türkei sei. Er habe etwas gut bei mir, sagte ich. »Ich will nichts, kein Geld«, antwortete er. »Ich habe es nur für dich gemacht, Allah sei mein Zeuge. Komm gesund an.«

Das war es: Dieser unheimlich korrekte Mann hatte mir den Weg zurück geebnet. Ich bin ihm bis heute dankbar.

Der Schlepper ging, und ich wechselte den Rest, zwanzig Millionen Rial in türkische Lira. Wenigstens sollte der nette Banker durch die Gebühren an mir verdienen. Ich bedankte mich noch mal und versprach ihm, mich zu melden.

Ich lief zurück in mein Hotel, als sich mir ein absurdes Bild bot: Ein Tanklaster rollte fahrerlos und qualmend die Straße entlang genau vor diese Absteige. Vor der Eingangstür blieb er stehen und ging in Flammen auf. Leute liefen aufgeregt heran und gruppierten sich um das Feuer. Ich blieb lieber in sicherer Entfernung stehen, bis der Brand gelöscht war.

13 ZURÜCK IN DIE TÜRKEI:
BAZARGAN – DOĞUBEYAZIT,
13. – 14. JULI 2018

Man schläft schlecht, wenn man weiß, dass am nächsten Morgen das Handy klingelt und der Schlepper dran ist, der einen über die iranische Grenze in die Türkei schmuggeln wird. Ich hatte das Gefühl, überhaupt nicht geschlafen zu haben in meinem stinkenden Bett. Ich fühlte mich wie gerädert.

Der Schlepper hatte nicht gesagt, wann er sich melden würde, bloß, dass ich in der Früh bereit sein sollte. Was heißt denn »in der Früh« in Schleppersprache? 5 Uhr? 6 Uhr? Oder 8 Uhr?

Mein Handy klingelte um 10 Uhr. Der Schlepper sagte, ich solle auschecken und vor dem Hotel nach links sehen.

An der Rezeption arbeitete ein anderer Mann: Die Brüder waren nicht da. Niemand fragte mich nach meinen Plänen, also sagte ich auch nichts. Ich zahlte, bekam meinen persischen Personalausweis wieder und ging auf die Straße. 100 Meter weiter links stand der Schlepper und sprach in sein Handy. Er winkte mir zu, ich solle ihm folgen. Mit etwas Abstand lief ich hinter ihm, er bog in ein Kellerrestaurant ab. Unten fragte er, ob niemand etwas gemerkt habe. »Nein, alles ruhig«, sagte ich. »Gut, dann bezahle jetzt den Rest, zwanzig Millionen Rial, und warte.«

Er ließ mich eine Stunde warten. Als er zurückkam, verlangte er ein bisschen Geld, er wolle mir Wasser und Kekse kaufen.

»Ich kann doch selbst gehen.«

»Nein, dich soll keiner sehen.«

Zehn Minuten später brachte er den Proviant: zwei Tüten Ananassaft, zwei Flaschen Wasser mit je einem halben Liter und eine Schachtel Bananenkekse. Er meinte jedoch, dass er die zehn Millionen Rial nachgezählt habe, es fehlten 200 000. Ich zahlte nach.

Der Restaurantbesitzer war offensichtlich eingeweiht. Etwa um halb eins fragte er mich, ob ich etwas zu Mittag essen wolle, und brachte mir eine kräftige Suppe mit Fleischstücken und Brot. Dazu stellte er mir ein Dugh hin, das persische Joghurtgetränk. Ich löste das Fleisch von den Knochen und packte sie zu den anderen gesammelten Knochen für Hunde in die Plastiktüte. Wer weiß, wozu sie mir noch nützlich wären. Ich bezahlte das Essen, denn es war nicht im Preis des Schleppers enthalten.

Um zwei ging es los. Der Schlepper nahm meinen Rucksack, den kleinen, denn den großen hatte ich bei meiner Mutter gelassen. Ich sollte nicht aussehen, als ob ich irgendwo hinginge. Also trug ich nur die Tüte mit den Keksen und Getränken. Vor dem Lokal wartete ein Auto, ein weißer iranischer Pride. Der Schlepper schwang meinen Rucksack in den Kofferraum. Ich wusste nicht, wohin es ging. Am Steuer saß ein jüngerer Typ mit dunklen Haaren und sonnengegerbter Haut. Die beiden unterhielten sich auf Kurdisch, so viel verstand ich.

Wir fuhren ziemlich lange genau in die andere Richtung, aus der ich auf meinem Hinweg gekommen war. Es ging nach Südwesten ins Gebirge, vor sechs Monaten kam ich aus dem Norden.

Als wir im Gebirge angelangt waren, stritten die beiden, ob sie sich verfahren hatten oder nicht, sie diskutierten, telefonierten. Ich verstand nur Fetzen, »Wir sind gerade durch die und die Ortschaft, da ist eine Brücke, wo müssen wir lang?«

Plötzlich kam uns ein Motorrad entgegen. Wir hielten. Auf dem Motorrad saß ein junger Mann, er hatte Eimer, Gartenschere, Schaufel, Spaten dabei. Die beiden Fahrer sprachen miteinander. »Steig aus«, sagte der Schlepper. »Ab jetzt gehst du mit ihm.« Ich packte Proviant und Getränke in meinen Rucksack, sagte: »Danke schön, auf Wiedersehen.« Dann rauschte das Auto davon. Der Mann auf dem Motorrad hieß Many und sagte, ich solle mich hinter ihn setzen.

Er nannte mich die ganze Zeit Bruder und war sehr nett. Wir fuhren wieder ein Stück den Berg runter ins Dorf. Dort gab Many den Eimer mit dem Werkzeug ab. Wir drehten, fuhren ziemlich schnell den Berg hoch, verließen die Straße auf offenes Gelände. Als es ein bisschen steiler wurde, ächzte und hustete das Motorrad. Es hatte kaum Kraft. Many war irritiert.

»Ich verstehe nicht, was los ist. Normalerweise funktioniert das einwandfrei. Gestern konnte ich noch mit drei Personen darauf fahren«.

Das Schrottmotorrad hüpfte nur so über den Berg. Wir schafften es bis zu einem Dorf, fünf, sechs Häuser, eine Minisiedlung. Wir hielten an.

Manys Familie kam aus dem Dorf, sein Bruder lebte hier. Wir hielten vor einer Scheune und holten einen Schraubenschlüssel. Wir klopften auf dem Motor herum. Dann verschwand Many kurz. Ich schaute auf mein Handy: Wir waren auf 2300 Meter Höhe.

Hinter der Scheune schauten plötzlich ein paar Köpfe hervor: die Kinder seines Bruders, ein Mädchen und ein Junge, kicherten aufgeregt und versteckten sich kreischend, als ich meinen Kopf zu ihnen drehte. Ich kramte aus meinem Rucksack die beiden Tüten Ananassaft und hielt sie den Kindern mit ausgestreckten Armen hin. Zaghaft trauten sie sich, die beiden Tüten zu nehmen.

Many kam nach fünf Minuten zurück. Jetzt waren fünf Kinderköpfe hinter der Scheune aufgetaucht, große dunkle Augen mit strubbeligen Haaren. Sie kicherten, zeigten auf mich. Meine Haut war nicht so dunkel wie ihre und meine Haare lang und zum Dutt gebunden. Einen Typen wie mich hatten sie noch nie gesehen. Ich wollte ihnen meine Bananenkekse schenken, aber Many verscheuchte die Kids.

»Kannst du notfalls auch zu Fuß gehen?«, fragte er mich.

»Ja, ich bin fit«, sagte ich. »Aber wohin denn?«

Da zeigte er auf die Berggipfel am Ende des Horizonts. In diesem Augenblick wusste ich, mein Rückweg würde wieder brutal werden. Die Berge sahen gewaltig aus. Ich schickte ein Stoßgebet zum Himmel: Bitte bring das Motorrad zum Laufen, bitte!

Wir versuchten, das Motorrad zu reparieren, und witzelten viel herum. Nach einer Weile schien es wieder zu funktionieren.

Als wir wieder losfuhren, war es kurz nach vier. Erst schien das Motorrad besser zu funktionieren. Aber nach etwa drei Minuten riss die Kette. Wir schoben das Motorrad zurück ins Dorf, aus dem wir gekommen waren. Ich war mir sicher, dass wir es nicht hinkriegen würden, die Kette zu reparieren. Doch wir schafften es tatsächlich nach einer guten Stunde.

Weit kamen wir nicht, das Motorrad packte keine Steigung mehr, obwohl ich immer, wenn es steiler wurde, abstieg. Als es richtig steil wurde, sagte Many: »Schaut nicht gut aus. Ich denke, du musst laufen.« Ich nickte seufzend. Er würde vorfahren und versuchen, das Motorrad zu tauschen. »Lauf einfach in diese Richtung!«, rief Many zum Abschied, »ich finde dich schon«, und zeigte auf die Berge. Dann verschluckten die Hügel das Geräusch seines Motors.

Ich stand allein im iranischen Grenzgebiet. Nach einer halben Stunde Fußmarsch sah ich plötzlich Menschen. Sie gingen auch in meine Richtung, manche mit Rucksäcken, einige von ihnen mit Kleidern wie Lumpen. Als ich näher zu ihnen aufschloss, erkannte ich Männer, Frauen, Kinder. Ich holte sie ein und sprach mit ihnen: siebzehn Menschen aus Bangladesch, Afghanistan und Pakistan. Es war auch eine Familie mit drei Kleinkindern dabei, Afghanen. Ich fragte auf Farsi, wie alt die Kinder seien. Sie waren drei Jahre, zwei

Jahre und sechs Monate, zeigte mir der Vater mit den Fingern. Ich schaute die kleinen Kinder an – und sah mich und meine Geschwister, wie wir damals, fast genau im gleichen Alter, denselben Weg gingen.

Auf einmal ritten Kinder auf Ponys heran, ohne Sattel, mit selbst gebastelten Halftern und Trensen, sie trugen Turnschuhe und Jeans. Sie nahmen Bestellungen auf, berittene Getränke- und Keks-lieferanten.

Many knatterte auf dem kaputten Motorrad heran und entschuldigte sich, er konnte das Motorrad leider nicht umtauschen, für zwei Menschen habe es nicht genug Kraft. »Gehe jetzt zu Fuß mit dieser Gruppe mit«, sagte er. Es war etwa 17.30 Uhr.

Einige aus der Gruppe wollten wissen, was ich hier wollte und woher ich kam, mein Rucksack, meine Turnschuhe, meine Sonnenbrille. Mir war nicht nach Smalltalk, aber ich unterhielt mich trotzdem. Die Kekslieferanten auf ihren Ponys ritten immer wieder auch bei mir vorbei und fragten, ob ich was brauche – und ob ich viel trainiere. »Du schaust stark aus!«, schrien sie auf Farsi und wollten wissen, ob ich Steroide nehme. »Nein, alles Natur«, sagte ich. Sie wuselten um mich herum. Jemand hatte ihnen wohl gesagt, dass ich aus Deutschland komme, denn sie nannten mich den »Almani«.

Many schien der Organisator hinter dieser Flüchtlingsgruppe zu sein. Wir liefen durch eine Schlucht. Plötzlich tauchte er ohne Motorrad wieder auf und ging mit uns. Als wir am Ufer eines Baches entlangliefen, fragte er mich, ob ich etwas zu trinken habe. Ja, sagte ich, Wasser und gab ihm die Flasche. Er schüttete es vor meinen Augen weg. Was macht der da?, dachte ich. Dann hielt er die Flasche in den Fluss. »Das ist besseres Wasser«, sagte er. So einen Lokalstolz kannte ich aus dem Urlaub, wenn Leute ihre Landschaften oder ihre Gerichte auf hingebungsvolle Art vergötterten. Aber auf einer Schlepper-Tour mit Flüchtlingen?

Ich ging als Letzter der Gruppe. Es ging bachaufwärts die Schlucht entlang.

Gegen 18.30 Uhr abends kamen wir in ein Lager von Schaf- und Ziegenhirten. Ihre Hunde bellten. »Jetzt kommen wir der Grenze immer näher«, sagte Many. Die Hunde machten furchtbaren Lärm, sie knurrten, fletschten die Zähne. Der Rest der Gruppe fürchtete sich. Ich packte meine Knochen aus und warf sie den Hunden hin. Kaum hatten sie sie aufgefressen, waren sie still. Die Stimmung in der Gruppe wurde wieder entspannter. Wir gingen an den Hunden vorbei zu zwei Zelten, die den Schaf- und Ziegenhirten gehörten. Many sagte zu mir: »Komm mit in eins der Zelte.« Im Zelt saßen fünf, sechs Männer. Wir zogen die Schuhe aus und setzten uns im Schneidersitz auf die Perserteppiche. Eine Frau servierte Tee, Many erzählte meine Geschichte.

Nach einer halben Stunde verließen wir das Zelt. Die anderen rasteten etwa 300 Meter entfernt in einer Kuhle.

»Wir sind etwa eine Stunde von der Grenze entfernt. Gehe zu den anderen und warte«, sagte Many.

»Was steht uns bevor?«, fragte ich.

»Es gibt zwei Möglichkeiten: Wir durchqueren entweder einen flachen Fluss oder nehmen den Weg über Felder und Wiesen. Da muss man aber schnell rennen.«

Ich setzte mich zu den anderen Flüchtlingen. Einer der Afghanen erzählte, dass drei Bangladeschis verlorengegangen seien. Einer, der Farsi konnte, übersetzte für mich:

»Die sind einfach dumm! Wie kann einem das passieren? Die sind vorgelaufen, haben nie zurückgeschaut. Die drei sind weg!«, regte er sich auf. Mir taten sie leid. Die Bangladeschis waren sowieso die Geächteten der Gruppe, in der Hierarchie ganz unten: Die Iraner sahen auf die Afghanen herab, die Afghanen auf die Bangladeschis und Pakistanis.

Wir rasteten etwa eine Stunde. Ich unterhielt mich mit einigen Afghanen. Alle wollten nur ins Ausland, so lange es die Zustände in ihrem Land nicht anders möglich machten, sagten sie.

»Was sollen wir denn machen, unsere Häuser sind zerbombt, wir finden keine Arbeit, unsere Frauen und Kinder sind dort – irgendwie müssen wir doch für sie sorgen und Essen kaufen. Aber wir wollen nichts sehnlicher als zu unseren Familien zurück«, sagte einer der Männer.

Um 20 Uhr stieß noch eine weitere Gruppe zu uns, zehn junge Männer, wieder Afghanen. Jetzt waren wir etwa dreißig. Zusammen mit den Afghanen kamen wieder zwei berittene Hirtenjungen auf ihren Ponys und fragten, wer was brauche. Ein paar der Afghanen bestellten Zigaretten, andere Kekse. Ich bestellte diesmal auch Kekse.

Die Kids auf ihren Ponys ritten los und besorgten die Bestellungen. Unter den neu dazugestoßenen Afghanen waren drei, die erzählten, sie hätten den Grenzübertritt vor drei Tagen schon einmal versucht und versteckten sich seitdem in den Bergen: Sie waren mit einer Gruppe von vierzig Flüchtlingen und Schleppern unterwegs. Nur zwei hatten es von der Gruppe in die Türkei geschafft, 35 wurden von Soldaten aufgegriffen.

Jetzt geriet Aufregung in die Gruppe: Jeder wollte wissen, was auf uns zukomme. Die Afghanen erzählten von Gräben mit Stacheldraht, die man überwinden müsse, von einem Feld mit Minen, von denen aber viele nur »Klick« machten, ohne zu explodieren, von schießenden Soldaten, die auf Jeeps mit Flutlicht angefahren kamen.

»Sie werden euch blenden, sie werden rufen: ›Wir schießen!‹, aber ihr dürft auf keinen Fall auf sie hören! Ihr müsst laufen, bleibt nicht stehen, lauft, lauft, die schießen nur in die Luft. Wenn einer stehen bleibt, bleiben nämlich alle stehen. Sobald einer die Arme hebt und sich ergibt, machen das alle nach. Genau das hatte einer aus der Gruppe getan. Darum konnten die Jeeps der Soldaten die Gruppe einkesseln.«

Ab dem Moment war bei den meisten die Stimmung gedrückt. Ein Vater rief seine Kinder zu sich, packte sie dick in Kleider ein, damit sie sich nicht am Stacheldraht verletzen. Alle schwiegen. Mir wurde klar: Entweder wir schaffen es zusammen – oder wir scheitern alle.

Als es dunkel wurde gegen kurz nach halb neun, stieß Many wieder zu uns. Er stieg eine Anhöhe hoch, beobachtete die Gegend und winkte uns, ihm zu folgen. Wir liefen eine halbe Stunde den Berg hoch. Plötzlich stießen wir auf eine dritte Gruppe Flüchtlinge, dreißig, vierzig Menschen, darunter Jugendliche, Kinder. Sie rasteten in einem Tal. Unsere Gruppe setzte sich neben sie.

Der Anführer der neuen Gruppe rief mich zu sich: Ich stach einfach hervor, er wollte sich unterhalten. Ich erzählte mal wieder meine Geschichte. Er sagte, er führe Flüchtlinge vier Monate im Jahr über die Grenze, immer in den Sommermonaten, jede Nacht, wie ein Saisonarbeiter. Er hätte auch drei Jahre in der Türkei gelebt und Flüchtlinge über den Evros nach Griechenland gebracht – über den Fluss, über den ich bei meiner Hinreise wollte. Das sei jetzt aber zu schwierig geworden, weil sich Europa immer mehr abschotte. Deswegen sei er zurückgekommen in den Iran und mache als Schlepper nun diese Bergroute, hauptberuflich, im Sommer täglich.

Wir pausierten etwa zwanzig Minuten. Die zwei Kekslieferanten kamen auf ihren Ponys angeprescht und suchten den »Almani«. Sie gaben mir meine Kekse, ich gab sie dem Anführer weiter, mit dem ich mich gerade unterhalten hatte: »Verteile sie bitte an die, die selbst nichts haben«, sagte ich.

»Bist du sicher? Du wirst sie brauchen.«

»Nein, ich habe noch welche.«

Er rief in seine Gruppe, ob jemand Hunger habe, und gleich schnellten ein paar Hände hoch.

Und schon wieder kam eine weitere Gruppe an. Wir waren jetzt um die achtzig Menschen, davon fünf oder sechs Frauen. Gegen 21.30 Uhr stiegen wir eine Stunde den Berg hoch. Die Menschen husteten, schwitzten, einige fielen weit zurück, ein Kind wimmerte. Alle dampften vor Anstrengung. Schließlich erreichten wir das letzte Lager kurz vor der Grenze. Und wieder stieß eine Gruppe, die vierte, zu uns, vielleicht zwanzig oder dreißig Menschen, wieder mit einem Anführer. Alle Anführer kannten sich. Wir waren jetzt bestimmt hundert Menschen, die auf einem Plateau lagerten. Plötzlich kamen auch noch 25 Pferde angetrabt, bepackt mit Schmuggelware, hauptsächlich Zigaretten.

Aus unseren vier Gruppen sollten zwei Gruppen werden: Zuerst wurde eine Gruppe aus den augenscheinlich Schwächsten eingeteilt, Frauen, Kinder, Alte und Menschen, die Kinder tragen wollten. Es waren vielleicht 25. Sie würden eine weniger beschwerliche, aber auch riskantere Route nehmen.

Wir anderen wurden um unsere vier Führer geschart, mit denen wir bis jetzt gegangen waren. Jeder der Führer instruierte seine Gruppe. Mein Führer Many schwor uns ein, etwa dreißig Menschen: »Eure Gruppe heißt ›Himmel von Many‹, habt ihr das alle verstanden? Sagt es alle nach!« Wir wiederholten es. Dann mussten wir einmal durchzählen und noch mal »Himmel von Many« rufen.

»Wir werden nun aus allen vier Gruppen eine große Gruppe bilden. Die zweite, kleinere Gruppe mit den Frauen und Kindern geht eine einfachere Route. Merkt euch aber ›Himmel von Many‹, damit wir später wissen, in welcher der vier Gruppen ihr ursprünglich wart.«

Wir hörten, was wir vorhin schon von den drei Afghanen erfahren hatten: »Ihr müsst diese Bergkuppe 150 Meter hochrennen, dahinter liegt die Grenze: Ein Stacheldrahtzaun in einem Graben. Springt über den Graben, helft euch untereinander, dahinter ein Berg, dann ein Feld. Rennt, rennt, so schnell ihr könnt. Und niemals stehen bleiben oder hinlegen! Niemals anhalten, niemals nach hinten blicken, auch wenn Solddaten schreien: ›Halt, sonst wirst du erschossen!‹ Nur zwei der Führer laufen mit euch, ich nicht. Der Führer entscheidet je nach Situation, welchen Sammelpunkt wir hinter der Grenze ansteuern. Der erste liegt hinter dem Feld, eine Felsformation. Wenn ihr dort ankommt, versteckt euch. Für den zweiten Sammelpunkt müsstet ihr nach dem Feld geradeaus laufen, den Berg runter, bis ihr an einen flachen, breiten Bach kommt. Versteckt euch am Ufer im Gebüsch. Falls sich euch Soldaten in den Weg stellen: wegschubsen und wegtreten.«

Schließlich kam Many zu mir: »Setz deine Kappe ab, steck sie in den Rucksack. Die hellgrüne Schrift ist zu grell. Gib mir deinen Rucksack, du kriegst ihn auf der Bergkuppe wieder.« Ich gab ihn ihm gern.

Einer der Anführer gab das Zeichen zum Start, alle rannten los, den Berg hoch, Pferde galoppierten. Ich lief auf einem Trampelpfad, wurde aber von einem Pferd überholt, das mich wegschubste. Ich machte eine Bauchlandung in eine Senke. Alle überholten mich, sprinteten an mir vorbei, ich war der Letzte.

Plötzlich drehte sich der Anführer, der oben auf der Bergkuppe Ausschau hielt, zu uns um und schrie: »Alle zurück, alle zurück!« Alle drehten um und liefen gehetzt wieder den Berg runter. Jetzt war ich plötzlich von allen der Erste. Unten stand ein anderer Anführer, der genau das Gegenteil schrie: »Wagt es nicht zurückzurennen, los, den Berg hoch, los, umdrehen.« Er drohte mit dem Stock. Wir rannten wieder hoch, aber da oben stand der andere, der auf keinen Fall wollte, dass wir weiterliefen, er gestikulierte wild, »zurück, zurück«, alle schubsten und fluchten, ein Hin und Her. Wir alle wieder runter, dann alle wieder hoch. In einer Grube voller Matsch verlor ich einen Schuh, lief zurück, fischte ihn aus dem Matsch, zog ihn an, rannte wieder hoch zum höchsten Punkt. Ich blieb außer Atem neben allen anderen auf dem Kamm stehen, schwitzend, hustend. Drei Meter weiter sahen wir den Grenzgraben, der auf dem Bergkamm verlief, mit dem Stacheldraht. Es schien, als wäre die Luft rein.

»Wo ist der Deutsche«, fragte Many hektisch und gab mir meinen Rucksack. »Jetzt lauf!« Ich war wirklich erledigt. »Rennt, rennt und bleibt bloß nicht stehen!«, rief Many. Und ich rannte.

Links von mir setzten zwei Pferde über den Graben. Ich sprang mitten in den Graben und sah, dass darin eine hüfthohe Nato-Rolle lag. Der Draht war an einer Stelle platt getreten. Ich sprang drüber.

Links und rechts von mir war die Rolle nicht niedergetreten, ein Mann verfing sich. Die Widerhaken bohrten sich ins Fleisch, Blut sickerte in seine Hose. Schreiend zog er sein Bein aus den Widerhaken. Dann mussten wir den Graben wieder hoch, fast zwei Meter. Ich versuchte mich an Grasbüscheln hochzuziehen, aber sie gaben nach, mir flog der Dreck entgegen. Wahllos stieg einer über den anderen, Rücksicht wird auf einer Flucht zum Fremdwort, ein Fuß trat in mein Gesicht. Many sah, dass ich nicht hochkam und sprang mir zu Hilfe: Er schob meinen Hintern nach oben. Ich warf meinen Rucksack über den Grabenrand, zog mich an festerem Gras über die Kante, während er von unten drückte. Als ich endlich oben war, schnappte ich meinen Rucksack und rannte, rannte, rannte, rannte, bis ich vor Anstrengung keine Luft mehr bekam.

Wir waren jetzt auf 3000 Meter Höhe, meine Lungen pumpten. Gerade als ich vor Erschöpfung stehen bleiben wollte, flitzte ein Vierzehn- oder Fünfzehnjähriger an mir vorbei. Jetzt kann ich auch nicht schlappmachen, dachte ich und rannte weiter. Wir überquerten jetzt das Minenfeld, wohl mit Blindgängern oder Attrappen, von denen die Afghanen vorher erzählt hatten. Trotzdem komisches Gefühl. Die Muskeln meiner Oberschenkel wurden hart, meine Füße brannten. Aber ich schaffte es. Ich sah schemenhaft Umrisse, als ich näher kam, ungefähr 100 Meter entfernt am Boden kauernde Menschen, vielleicht sechzig, siebzig, ein paar kamen noch hinter mir.

Einer der beiden Anführer, der mitgelaufen war, wartete dort mit allen und entschied, ob wir links zu unserem Sammelpunkt eins zu den Felsen oder geradeaus zum zweiten Sammelpunkt am Bach laufen sollten. Ich kam als einer der Letzten an, komplett kraftlos. Er entschied, dass wir zu den Felsen rennen sollten, und schon sprinteten wieder alle los, ich konnte mich keine Minute ausruhen. Dann rutschten wir einen steilen Berg runter. Man musste schräg am Felsen entlanglaufen. Der Boden war steinig. Ein paar fielen hin und schlitterten den Berg runter.

Nach ein paar Minuten kamen wir unten an. Alle wurden gezählt. »Gruppe ›Himmel von Many‹? Wo seid ihr?« Als alle durchgezählt waren, stand fest: Unsere große Gruppe von achtzig oder neunzig Männern hatte es vollzählig geschafft.

Es war 22.30 Uhr. Wir lagerten auf der Felsformation. Der Anführer sagte: »Ihr müsst euch jetzt hier verstecken und dürft keinen Mucks machen. Ihr wartet hier, bis ihr abgeholt werdet. Weiter oben auf dem Kamm patrouillieren Soldaten!«

Jeder suchte sich eine Stelle zum Schlafen. Ich suchte mir eine Mulde, ein Afghane legte sich neben mich, ich versuchte zur Ruhe zu kommen. Ein paar wisperten miteinander, jemand machte »pscht!«. Manchmal hustete einer. Niemand konnte sich so richtig freuen. Wir hatten zwar die iranische Grenze überwunden, lagerten aber jetzt im Niemandsland zwischen den Grenzen.

Ich hörte die Zähne der anderen klappern, auch der Mann neben mir bibberte, seine Sportjacke war zu dünn. Ich hatte mein Sweatshirt an und ein T-Shirt drunter, ich konnte die Bergkälte aushalten, etwa zehn Grad. Ich sah auf mein Handy: 2900 Meter Höhe. Ich gab dem Afghanen ein T-Shirt, das ich noch im Rucksack hatte, er dankte und nutzte es als Decke.

Ich konnte nicht schlafen. Um halb sechs, kurz vor Sonnenaufgang, erwachte der menschliche Felshaufen. Ich hatte kein Auge zugetan, stand auf, machte fünfzig Liegestützen und neunzig Kniebeugen, um mich aufzuwärmen, damit ich wieder Kraft hatte.

Etwa eine Stunde später hörte man die Rufe eines Mannes, alle verkrochen sich zwischen die Felsen, aus Angst, es könnte ein Soldat sein. Es wusste ja keiner, wie es weitergehen würde. Ich sah den Mann etwa 200, 300 Meter weit weg. Ich stand auf und ging in seine Richtung. Er winkte mir zu. Ich holte meinen Rucksack und ließ die anderen wissen, dass es losging. Als wir bei dem Mann ankamen, wurden unsere große Gruppe wieder in die ursprünglichen vier Gruppen zerlegt, »Himmel von Many« war meine.

Zwei Ford-Transporter parkten auf einer Wiese. »Zwei Gruppen in den einen Transporter, die anderen zwei in den anderen«, schrie der Mann, offensichtlich der Fahrer eines der Laster, im anderen saß noch ein anderer Fahrer. Alle sprinteten, um sich einen guten Platz zu sichern, als ich ankam, war der Transporter voll, vierzig Menschen wie ein Fleischberg über- und untereinandergepresst. Ich stand vor der geöffneten Schiebetür, der Fahrer schrie, ich solle einsteigen.

»Geht nicht, ist voll.«

Ich hatte Glück: Ich sollte mich vorne zum Fahrer setzen. Neben mich wurden noch zwei weitere Leute gepfercht. Ich saß halb auf dem Schaltknauf. Wir fuhren los, aber der Transporter schaffte es nicht auf den Hügel wegen der Überladung. Also mussten zehn Leute aussteigen. »Versteckt euch hier im Gras«, sagte der Fahrer. »Ich hole euch später.«

Wir heizten wie die Berserker den Weg hinunter, mit hundert Sachen in diesem immer noch überladenen Transporter. Der Fahrer kannte jedes Schlagloch, so oft ist er die Strecke wohl schon gefahren. Nach einer halben Stunde, es war 7 Uhr, sahen wir von weitem türkische Wachtürme.

Wir passierten keinen Grenzübergang. Als wir aber am ersten Dorf ankamen, wussten alle: Das war ein türkisches Dorf, aus dem Iran waren wir raus. Haben die Schleuser die türkischen Grenzer geschmiert, damit sie diesen Abschnitt nicht überwachen? Wir wissen es nicht. Alle waren erleichtert.

In dem Dorf hielt der Fahrer im Hinterhof eines Bauern. In dem Hof standen halbrunde Schlauchzelte aus Plastik wie Silos, in denen man Getreide lagert oder Gemüse zieht. Dort mussten wir rein. Unsere achtzig Mann starke Truppe wurde auf die zwei Zelte aufgeteilt, vierzig Mann pro Zelt. In unserem Zelt schlief schon eine alte Frau mit ihrer Tochter und ihrem Sohn. Einer unser Fahrer rief noch mal jeden Einzelnen auf. Unsere vier Gruppen hatten es geschafft.

Alle Menschen in dem Zelt hatten sich seit Tagen nicht gewaschen und eine Hochgebirgsbesteigung hinter sich. Es stank wie in einem Kuhstall. Ich hielt es nicht mehr aus und machte die Tür von dem Zelt auf. Einige Männer gingen aus dem Zelt und rauchten.

Plötzlich kamen Männer von dem Bauernhof mit Stöcken und schreiend angerannt: »Los, alle rein, seid ihr verrückt, seid mucksmäuschenstill, Polizei ist im Ort!« Mal wieder hielten sich die Afghanen nicht dran und quatschten einfach weiter. Die Afghanen hielten sich oft nicht an Verbote oder Regeln, ich weiß nicht, warum. Um 10 Uhr ging die Tür zum Zelt wieder auf, Entwarnung. Das bedeutete jedoch, dass wir weiterhin in der Hitze des Zelts schmoren mussten, dabei herrschten draußen vielleicht nur zwanzig Grad.

In unserer Gruppe war ein Neunjähriger. Bis kurz vor der Grenze war er mit seinen Eltern und Geschwistern unterwegs, hatte sie dann aber verlassen, um mit seinen Cousins die schwerere Route zu gehen. Einer seiner Cousins fragte, wo die schwächere Gruppe geblieben sei. »Die haben es nicht geschafft. Keiner von ihnen«, sagte einer der Schlepper.

Nun war der Junge allein. Er kämpfte mit den Tränen, wollte aber vor seinen Cousins den Starken spielen. Aber eigentlich war er ein Kind, das zu seiner Mutter wollte. So sahen sie also aus: unbegleitete minderjährige Flüchtlinge. Ich hatte über solche Jugendliche und Kinder gelesen. Aber es ist etwas anderes, von Kindern auf der Flucht zu lesen – oder sie traumatisiert vor einem sitzen zu sehen. Ob er seine Familie je wiedersehen würde?

Es sprach sich herum, dass die iranischen Grenzsoldaten gerade an der Stelle vorbeikamen, an der unsere Gruppe den Graben kreuzen wollte – deswegen also schickte uns der Schleuser auf dem Kamm vom Berg wieder runter. Ein paar Minuten später versuchte die Gruppe der Schwächeren die Grenze an einer anderen Stelle zu überqueren, und alle Soldaten wurden von unserer Stelle abgezogen, um die schwache Gruppe zu umzingeln. So haben sie für uns den Weg frei gemacht. Sie wurden alle festgenommen. Wir kamen alle durch. Kein gutes Gefühl.

Jetzt wurden wir nach Zielen aufgeteilt: Ankara, Istanbul. Doğubeyazıt. Weil noch viele meiner Sachen wie Zelt, Isomatte, Nachtsichtgerät von Karim aufbewahrt wurden, hatte ich mich für Doğubeyazıt entschieden. Von dort wollte ich eine Busfahrkarte nach Ankara zu meinem Jugendfreund Isi kaufen, wie bei der Hinfahrt.

Um halb zehn fuhr mein überladener Bus los. An sich gab es Sitzplätze für neun Personen, aber die Bänke waren herausgenommen, und sie pressten 31 Menschen hinein, auf dem Boden hockend. Nicht nur waren die Scheiben des Busses verdunkelt, es hingen zusätzlich Vorhänge vor den Fenstern, damit niemand hineinsehen konnte. Von innen war er bunt geschmückt wie viele türkische Busse. Als die Tür schon nicht mehr zuging, kam noch mal einer der Schlepper mit sechs Menschen, wir versuchten uns zu wehren, aber der Schlepper schrie, es setze gleich Prügel, und quetschte die sechs mit Gewalt rein. Der Fahrer raste die Straße entlang, wieder viel zu schnell, in enge Kurven, über Schlaglöcher. Er drehte die kurdische Folkloremusik so laut auf, dass die Boxen schepperten. Vor Angst beteten alle zusammen, nur ich nicht.

Nach einer Stunde Fahrt stoppten wir an einem Feld kurz vor Doğubeyazıt. Ein Junge holte uns ab: Anscheinend wollten die Schlepper nicht mit dem voll beladenen Bus an einem der vielen türkischen Kontrollpunkte vorbeifahren. Die letzten 12 Kilometer ging es zu Fuß über Stock und Stein. Das war der Moment, an dem ich endgültig die Nase voll von dieser ewigen Flucht hatte. Ich kannte keinen der Schleuser mehr, niemanden aus meiner Gruppe, und die mir fremden Menschen verhielten sich abweisend mir gegenüber: Ich passte nicht ins Bild. Einer fragte mich sogar, ob ich ein Polizist sei. Es wurde über mich getuschelt. Die Schleuser wechselten andauernd. Wir liefen in der prallen Sonne, es wurde unerträglich heiß. Immer wieder mussten wir eine Pause machen, weil die alte Frau mit ihrer Tochter und ihrem Sohn kaum laufen konnte.

Eine schwarze Limousine fuhr zu uns und lud die humpelnde Mutter mit ihren Kindern ein. Nach einer halben Stunde erreichten wir eine Hütte, an der uns der eine Schleuser an einen anderen übergab.

Jetzt war ein extrem unsympathischer Typ für uns zuständig, um die dreißig, ein düsterer, grober Mensch. Er ging schlecht mit den Flüchtlingen um, bot ihnen gleich an, ihre iranischen Rial in türkische Währung zu tauschen zum dreifachen Wechselkurs. Schlepperehre gibt es nicht. Er bläute uns auf Farsi ein: »Wenn ich sage rennt, dann müsst ihr rennen, wenn ich sage stopp, dann meine ich auch stopp, wenn ich sage verstecken, dann macht ihr das!« Uns kann man am helllichten Tag sowieso von weitem sehen, was soll ich mich da hinter Bäumen verstecken oder rennen?

Wir setzten uns wieder in Bewegung. Aus der Ferne sah man die Stadt, wir kamen an einer Siedlung vorbei. Ich dachte, ich bin in der Türkei, ich kann ab jetzt einfach alles machen, wie ich es bei der Hinreise gemacht hatte, ich würde Karim anrufen, damit er mir ein Taxi schickte. Ich muss doch gar nicht mehr bei diesem Anführer sein! Ich verlasse die Gruppe jetzt, der Typ merkt das nicht, dachte ich.

Ich ging in Richtung dieser Siedlung und schrieb Karim: Kann ich dir meine Location per WhatsApp schicken und du schickst mir ein Taxi hierher? Er schrieb zurück: Ich bin auf der Arbeit, aber ja, schick mal, ich versuche dir ein Taxi zu organisieren.

Aber der Schleuser ertappte mich dabei und schrie: »Du darfst dich nicht von der Gruppe trennen!«

»Doch«, sagte ich, »alles gut, hier ist es gut für mich, du musst dich nicht mehr um mich kümmern, ich habe hier Freunde, für mich war nur die Grenze wichtig!«

Aber er beharrte darauf, dass ich mit der Gruppe gehe. Ich schrieb Karim, ich bräuchte doch kein Taxi.

Kurz vor Doğubeyazıt sollten wir tatsächlich durch die Kanalisation bis zur Stadt waten. Ich sagte: »Leute, ab jetzt laufe ich allein zum Busterminal.« Aber der Schlepper packte mich am Arm: »Du gehst nirgendwo hin, du bleibst!«

Die Situation eskalierte: Er hob seine Faust, als ob er mich schlagen wollte. Ich hielt in der rechten Hand ein Taschenmesser bereit, das ich mir noch in Sirabia gekauft hatte.

»Runter in die Kanalisation jetzt!«, schrie er.

»Jok«, sagte ich, türkisch für »nein«.

Er wurde noch wütender.

»Mach den ersten Schlag!«, sagte ich auf Deutsch, was anderes fiel mir nicht ein.

Er ließ mich los. Mit Gesten machte er mir klar, dass ich da runtermüsse. Um eine Eskalation zu vermeiden, kletterte ich in die Kanalisation.

In der Kanalisation wurden wieder alle mit Namen aufgerufen und auf einer Liste abgehakt.

Endlich am Busterminal, nahmen wir den Hintereingang. Ich schrieb Karim: Kannst du mich abholen?

Ja, ich hole dich.

Aber nicht mal aus dem Busterminal durfte ich weg. Wieder wurden Listen geführt. Ich sah, dass die Schlepper einigen Leuten Telefone in die Hand drückten und die Leute danach auf Fahrer aufteilten. Ich wartete an einem Tisch, bis Karim kam. Ich wollte zu seinem Auto gehen. Da rastete einer der Schleuser total aus und sagte, ich könne nicht weg. Karim unterhielt sich mit ihm auf Kurdisch: »Warum kann er nicht weg?«

Der Schlepper redete aufgebracht auf Karim ein, und der übersetzte: »Er muss erst am Telefon seinem Kontaktmann in Bazargan Bescheid geben, dass du sicher angekommen bist und lebst. Sonst bekommen die ihr restliches Geld nicht.«

Jetzt verstand ich: Ich musste dem Schlepper, den ich in der Bank in Bazargan kennengelernt hatte, mein »Okay« geben, weil er diese Männer hier beauftragt hatte. Ich müsste bestätigen, dass ich am Leben sei. Ich war ihr Faustpfand, ich war Bargeld!

Der Schlepper sagte Karim auch, dass ich Ärger gemacht hatte. Ich wartete mit Karim in seinem Auto. Je länger wir dort warteten, desto unwohler wurde es Karim. Manchmal beschuldigen Schleuser auch Flüchtlinge und hängen sie als Schleuser hin, damit die Polizei Festnahmen vorzuweisen hat. Karim hatte Angst, dass sie das mit mir machen, weil ich Ärger bereitet hatte. Ich brachte Karim in eine gefährliche Situation.

Wir fuhren los. Doch plötzlich klingelte Karims Handy. Einer der Schleuser fragte, wo ich sei. Woher hatten sie Karims Nummer? Klar, Doğubeyazıt ist eine Kleinstadt. »Ich fahre ihn gerade zu mir, er hat dort noch Sachen, dann bringe ich ihn zurück!«, sagte er. Mein Auftraggeber aus der Bank in Bazargan hatte angerufen, aber ich war nicht aufzufinden. Kurz darauf klingelte es an meinem Telefon, der Mann aus Bazargan war dran.

»Geht es dir gut? Haben dich die Schlepper verloren?«, fragte er.

»Nein, alles gut, ich bin gut angekommen, aber ab jetzt möchte ich wieder auf mich allein gestellt sein, danke!«

»Gut, dann weiß ich Bescheid, gute Reise!«, sagte der Mann aus Bazargan. Die Schleuser würden ihr restliches Geld bekommen.

Was für einen Fehler ich soeben gemacht hatte, konnte ich in diesem Augenblick nicht abschätzen.

Wir fuhren kurz zu Karim, ich sagte seiner Schwiegermutter Yara »Hallo«, sie küsste und umarmte mich und freute sich, dass ich meine Mutter wiedergefunden hatte. Sie gab mir meine Sachen in Tüten. Wir fuhren zurück zum Busterminal, parkten auf dem Parkplatz, an dem wir zuvor auf den Schleuser gewartet hatten. Doch niemand kam. Also ging ich zum Busticket-Schalter, zeigte meinen deutschen Flüchtlingspass und sagte auf Englisch:

»Einmal nach Ankara, bitte.«

Der Mann sah meinen Pass an und sagt in schlechtem Englisch: »Du hast keinen Einreisestempel für die Türkei. Kein Einreisestempel bedeutet: Du bist illegal hier. Illegalen dürfen wir keine Tickets verkaufen.«

Nun wurde mir klar, warum sich die Leute gleich bis nach Ankara oder Istanbul schleppen ließen: Illegale würden hier nicht mehr wegkommen, anders als aus Istanbul oder Ankara. Rund um die Grenzstadt Doğubeyazıt, im Gebiet der PKK, gab es viele Kontrollen, und keiner durfte Illegale befördern. Auf der Hinreise hatte ich diese Probleme nicht, weil kein Mensch illegal in Richtung Iran wollte. Ich konnte gut durchschlüpfen. Aber nun war ich mit dem Flüchtlingsstrom unterwegs – und jetzt wurde das Netz engmaschig.

Karim und ich gingen zu allen Busanbietern, überall dieselbe Antwort: kein Einreisestempel, kein Busticket. Karim versuchte mit den Mitarbeitern der Busfirmen zu sprechen, wollte mit seinem Pass ein Ticket kaufen. »Leute, das hat doch keinen Sinn, der Bus fährt los, und schon kommen die ersten Kontrollen. Dann ziehen sie dich raus, und du landest im Gefängnis!«, sagte einer der Männer.

Das hatte ich nicht geahnt. Hätte ich mich nur nach Ankara schleppen lassen!

Ich dachte, dann spreche ich eben mit einem der Schlepper, die hier sicher noch vorbeikommen, dass ich nun doch nach Ankara wolle. Aber es kam keiner mehr. Die Gruppen, die Schleuser, alle waren weg, und Karim musste wieder zur Arbeit.

Nachdem ich noch eine Stunde gewartet hatte, rief ich den Mann in Bazargan noch mal an:

»Ich bin hier am Busterminal und warte auf die Schlepper.«

»Nein, alles okay, du musst nicht mehr warten, das mit dem Geld hat sich geregelt: Ich wollte deinen Schlepper nicht voll bezahlen, wenn ich nicht genau gewusst hätte, dass es dir gutgeht. Du hast ja dein Okay gegeben.«

»Ich komme hier nicht weg«, sagte ich, »die verkaufen mir kein Busticket.«

»Du bist doch Deutscher, hast du gesagt, und du musst nur in die Türkei, nach Doğubeyazıt, von dort kommst du allein weiter! Die sind jetzt alle weg. Und du hast doch einen deutschen Pass?«

»Ohne Einreisestempel kriege ich kein Busticket!«, sagte ich. »Ja, dann musst du eben fliegen!«, entgegnete er. Er verstand meine Situation nicht, und es war zu kompliziert, sie ihm zu erklären.

Ich sagte resigniert: »Danke, mach dir keine Sorgen, ich kriege das schon irgendwie hin«, und verabschiedete mich.

»Sag bloß niemanden, dass du aus dem Iran gekommen bist und einen iranischen Personalausweis hast – sonst wirst du sofort zurückgeschickt«, sagte er noch.

Ich ging zu einem Taxifahrer und fragte nach einem günstigen Hotel. Ich steckte knietief in Problemen. Den griechischen Pass von Evangelis mit dem Einreisestempel für die Türkei hatte ich im Iran gelassen, weil er mittlerweile abgelaufen war. Es wäre sicher auch keine gute Idee gewesen, mit einem abgelaufenen griechischen Pass eines anderen Menschen aufgegriffen zu werden, dazu mit meinem abgelaufenem deutschen Flüchtlingspass und einem gültigen iranischen Personalausweis.

Ich musste gründlich nachdenken und einen Plan schmieden.

14 IN DER TÜRKEI:
DOĞUBEYAZIT,
14. – 27. JULI 2018

Der Taxifahrer fuhr mich zu irgendeiner Pension im Stadtzentrum. Mir war nur wichtig, dass es dort WLAN gab.

Doğubeyazıt im Sommer sah freundlicher aus als im Winter: Bunte Wimpel hingen über den Straßen, es liefen mehr Menschen herum, sogar vereinzelt Frauen. Aber es war auch viel staubiger – so staubig, dass man ohne Sonnenbrille nicht auf die Straße gehen konnte und die Menschen sich ihre Kleidung vors Gesicht zogen. Das Sonnenlicht schien grell.

An der Rezeption der Pension *Izmir* saß niemand. Ich bestellte gegenüber in einem Grillrestaurant ein Adana Kebab, einen Hackfleisch-Grillspieß in einem Fladenbrot; ich hatte während der letzten beiden Tage nur zehn Kekse gegessen. Nach ein paar Minuten ging ein junger Typ in das Hotel, vielleicht zwanzig Jahre alt. Ich lief hinterher, es war tatsächlich der Rezeptionist, und gab ihm meinen deutschen Flüchtlingspass in der Hoffnung, er schaue ihn nicht so genau an. Tat er auch nicht, er schrieb nur meinen Namen ab. Das Zimmer kostete zehn Euro.

Das Bett war mal wieder durchgelegen, es gab keine Seife, keine Handtücher. Ich war einer der wenigen Gäste, alle Zimmertüren standen offen. Mein Fernseher ging nicht, also tauschte ich ihn gegen einen aus einem anderen Zimmer. Ich schaltete türkisches Musikfernsehen ein, das fühlte sich zumindest ein bisschen nach Normalität an.

Verdammt, ich hätte mich weiter nach Ankara oder Istanbul schleppen lassen sollen! Wie würde ich hier je wieder wegkommen? Ich ahnte nicht, dass dies der erste von vierzehn zähen Tagen in Doğubeyazıt war und ich keine Möglichkeit finden würde, diese Stadt zu verlassen; Doğubeyazıt wurde für mich zu einem Gefängnis.

Nach der Gebirgsüberquerung war ich ziemlich fertig. Ich duschte und zog eine kurze Hose und die Turnschuhe aus den Tüten an, die ich bei Karim gelassen hatte. Trotz der Hitze musste ich einen Kapuzenpulli anziehen, weil ich kein sauberes T-Shirt mehr hatte.

Als ich Seife kaufen wollte, starrten mich auf der Straße alle an. Ich kannte diesen Blick aus dem Iran: meine kurzen Hosen. Auch hier ging es streng konservativ und gläubig zu. Das war mir jetzt egal.

Außer Seife kaufte ich eine schwarze Jeans, ein schwarzes T-Shirt, Shampoo. Zurück im Hotel, wusch ich meine schmutzigen Sachen und aktivierte die Couchsurfing-App. Ich schrieb drei, vier Leute an, bekam keine Antwort. Das konnte jedoch auch an der App oder dem Internet liegen. Manchmal ist das bei Couchsurfing seltsam: Du siehst eine Antwort teilweise erst Tage später. So auch bei Ibrahim. Ich fragte ihn: *Wohnst du in Dogubeyazit?*, weil das aus seinem Profil nicht klarwurde, bekam jedoch seine Antwort, ja, er lebe in Doğubeyazıt, erst am nächsten Abend. Als ich die Nachricht gelesen hatte an diesem, meinem zweiten Abend, war er aber im 43 Kilometer entfernten Iğdır zum Kaffeetrinken und erst nach Mitternacht zurück. Warum er 43 Kilometer zum Kaffeetrinken gefahren war, verstand ich erst später. Ich traf ihn erst am dritten Tag.

In meinen ersten drei Tagen in Doğubeyazıt versuchte ich, an meiner aussichtslosen Situation nicht zu verzweifeln, sondern mich zu beschäftigen. Ich wollte meine Geburtsurkunde, die Kopie der Geburtsurkunde meiner Mutter, die Fotos meiner Familie und meinen Laptop mit der Post nach Deutschland zu meiner Schwester schicken, falls ich in der Türkei verhaftet werden würde. Auf der Post hieß es, ich könne von hier keine Pakete in den Westen schicken. Wo war ich hier bloß gelandet? Zur Sicherheit schickte ich es zu meinem Freund Isi nach Ankara.

Ich spielte meine Möglichkeiten durch: Sollte ich bei der deutschen Botschaft anrufen und um Hilfe bitten? Oder könnte ich auf eine türkische Polizeistation gehen, meine Geschichte erzählen und auf Verständnis bei den Polizisten hoffen? Die Afghanen hatten bei der Bergüberquerung erzählt, dass türkische Behörden Durchreisepapiere für ausreisewillige Flüchtlinge ausstellen, damit möglichst viele die Türkei schnell wieder verlassen: Ich dürfte nur nicht sagen, dass ich aus dem Iran wäre, sonst würden sie mich dorthin abschieben.

Ich rief eine Freundin in Deutschland an und fragte sie, was sie davon hielte, wenn ich auf einer türkischen Behörde erzählen würde, dass ich illegal eingereist sei und jetzt nicht mehr weiter nach Deutschland komme. Sie sagte: »Die Türkei ist kein Rechtsstaat, Menschen verschwinden wegen nichts in türkischen Gefängnissen und werden als Faustpfand für Verhandlungen mit ausländischen Regierungen eingesetzt. Das machst du auf keinen Fall!«

Erst am dritten Tag, es war der 17. Juni 2018, konnte ich meinen Couchsurfing-Gastgeber Ibrahim kennenlernen. Er sah aus wie ein Türke, wie man ihn sich malen würde: mit Vollbart, groß, beleibt, lustig, die Haare voll, das Lachen breit. Er war ein Mann, der gern aß und trank. Ibrahim liebte Couchsurfing. Es war die einzige Abwechslung für ihn in dieser tristen Stadt und sein Kontakt zur Außenwelt. Er hatte schon Koreaner, Engländer, Belgier zu Gast, davon viele, die durch den Iran mit dem Fahrrad fuhren, weil die Landschaft so schön ist.

In einem Imbiss erzählte ich ihm meine Geschichte. Danach besorgten wir uns auf dem Weg zu seiner Wohnung noch zwei Bier in einem der beiden Läden, in denen man in Doğubeyazıt Bier kaufen konnte – anderen Alkohol gab es gar nicht. Er zerbrach sich den Kopf, wie er mir helfen könnte, sagte aber, dass es schwer werden würde, hier wieder wegzukommen.

Ibrahim war Apotheker, unverheiratet, seine Wohnung groß. Ich bekam ein eigenes Zimmer, in dem ich bleiben konnte, so lange ich wollte. Wir tranken Bier, knabberten Erdnüsse und diskutierten alle Möglichkeiten, die Stadt zu verlassen: Auto oder Motorrad leihen konnte ich nicht, ich habe keinen Führerschein. Züge oder einen Flughafen gab es nicht.

Nein, wir fanden keine Lösung. An meinem vierten Tag war meine Laune endgültig im Keller. Ich rief bei der deutschen Botschaft in Ankara an, erzählte meine Geschichte drei Mal in Kurzform, bis ich zu der zuständigen Frau durchgestellt wurde. Sie war freundlich und hilfsbereit: »Einen Fall wie Ihren hatten wir noch nie. Für sie ist die Ausländerbehörde in Deutschland zuständig, weil Sie kein deutscher Staatsbürger sind. Ich kann Ihnen einen vorläufigen Reisepass ausstellen, wenn sie zu uns nach Ankara kommen, bis Sie Ihre Passangelegenheiten in Deutschland geklärt haben. Dennoch kann es Probleme bei der Ausreise geben, weil Sie keinen Einreisestempel haben.«

»Was, wenn ich sage, ich hätte meinen Reisepass mit dem Einreisestempel verloren und deswegen einen vorläufigen Reisepass?«, fragte ich.

»Die Daten sind elektronisch gespeichert. Wie wollen Sie erklären, dass es keine Daten über Ihre Einreise gibt?«

Ich schmiedete folgenden Plan: Ich würde meinen Freund Isi in Ankara bitten, mir ein Busticket online zu buchen und mir das Ticket zu mailen – in der Hoffnung, mit dem ausgedruckten Ticket in den Bus steigen zu können, ohne dass jemand meinen Reisepass kontrollierte. Zur Sicherheit schrieb ich eine kurze Zusammenfassung meiner Geschichte, die mir Isi auf Türkisch übersetzte. Falls ich kontrolliert werden würde, hoffte ich auf das Mitgefühl der Polizisten:

Hallo, mein Name ist Mehdi Maturi,
geboren bin ich am 15. Mai 1987 im Iran. Kurz nach meiner Geburt
sind wir (mein Vater, meine Schwester, mein Bruder und ich)
nach Deutschland geflohen. Von meiner Mutter hieß es immer, sie
sei verstorben. Nach über dreißig Jahren in Deutschland habe ich
kürzlich erfahren, dass meine Mutter im Iran doch noch am Leben
ist. Ich wollte sie unbedingt finden und kennenlernen. Da ich keine
iranischen Papiere besitze und mein Ausweis abgelaufen war, war
es mir leider nicht möglich, legal einzureisen. Daher bin ich von
Griechenland in die Türkei und dann über die Berge in den Iran,
um meine Mutter zu finden. Nachdem ich sie gefunden und das erste
Mal in meinem Leben Zeit mit ihr verbracht hatte, muss ich nun
wieder zurück nach Deutschland. Ich habe es über die Berge zurück
in die Türkei geschafft und bin jetzt auf dem Weg zur deutschen
Botschaft in Ankara. Ich werde dort erwartet und bekomme einen
neuen Ausweis, damit ich zurück nach Deutschland kann. Ich bitte
Sie um Entschuldigung und um Verständnis. Aber unter diesen
ungewöhnlichen Umständen blieb mir leider nichts anderes möglich,
als ungewöhnlich zu handeln. Ich bin mir sicher, Sie hätten dasselbe
für Ihre Mutter getan. Ich habe einen guten Freund in Ankara, mit
dem ich zusammen in Deutschland aufgewachsen bin. Er hat diesen
Text für mich vom Deutschen ins Türkische übersetzt und dient auch
als Ansprechperson für eventuelle Fragen.

Dann sollte Isis Kontakt folgen.

Ibrahim meinte, ich solle erst in zwei Tagen, am Samstag, fahren, dann könne er mich zum Busterminal bringen und zur Not übersetzen, wenn es Probleme gäbe. Isi buchte derweil in Ankara mein Ticket für den 21. Juli.

Ibrahim und ich wollten noch einmal zusammen ausgehen und fuhren an die türkisch-armenische Grenze nach Iğdır. Diese Stadt hat ein anderes Flair als Doğubeyazıt. Hier liefen auch Frauen und Mädchen auf der Straße, Kinder spielten, die Menschen genossen den Feierabend in Cafés. Man hatte das Gefühl, im Süden Europas zu sein. Iğdır war wie ein anderes Land: Jetzt verstand ich, warum mein Gastgeber manchmal diese 43 km auf sich nahm, nur um einen Kaffee zu trinken.

Am nächsten Tag, dem letzten vor meiner geplanten Abreise, kamen zwei weitere Couchsurfer zu Ibrahim – das sollte mein Glück werden: Es waren zwei Iraner, von denen sich der Ältere gut mit türkischen Polizeikontrollen auskannte. Davin hieß er, hatte acht Jahre in der Türkei gelebt und sprach Türkisch. Er fuhr die Strecken zwischen diesem Grenzgebiet und den türkischen Großstädten oft mit dem Bus. Arian war jünger und hatte seinen persischen Reisepass erst gestern bekommen. Die beiden wollten nach Kappadokien zu den Höhlenstädten.

Nachdem ich ihnen auch meine Geschichte erzählt hatte, warnte mich Davin: »Du darfst auf keinen Fall in einen Bus steigen, du wirst zu neunzig Prozent kontrolliert. Ich bin die Strecke schon unzählige Male gefahren. Und vertraue nicht auf die türkische Polizei: Sie sperren willkürlich Menschen ein und schlagen sie.«

Er riet mir, mit dem Auto oder per Anhalter zu fahren: Autos würden sehr viel seltener kontrolliert als Busse. Wenn obendrein eine Frau im Auto säße, läge die Wahrscheinlichkeit einer Kontrolle bei null. Gute Idee, dachte ich, und installierte die App Blablacar neu. Ich hatte sie im Iran gelöscht. Ich suchte nach Fahrtmöglichkeiten, aber es gab keine.

Davin sagte, ich solle auch nicht von hier nach Ankara fahren: »Am besten fährst du in den Norden, weg von den Kurdengebieten. Fahre Richtung Schwarzes Meer, nach Trabzon oder Samsun. Dort machen die Türken Urlaub, und es gibt weniger Kontrollen. Von Samsun kommst du ohne Kontrollen nach Ankara.«

»Was meinst du, mit welcher Strafe ich rechnen müsste?«, fragte ich.

»Illegaler Grenzübertritt? Sicher eine Geldstrafe, vielleicht auch eine Gefängnisstrafe«, sagte er.

»Insgesamt bin ich zweimal illegal über die Grenze gekommen, habe mich zweimal illegal in der Türkei aufgehalten und bin einmal offiziell ausgewiesen worden«, antwortete ich.

»Du traust dich was. Wenn die Türken das rausfinden, lassen sie dich schmoren«, sagte Davin.

Mein neuer Plan: Isi buchte in Ankara mein Onlineticket um. Morgen um 15 Uhr würde ich mit dem Bus Richtung Nordwesten fünfzehn Stunden in den Touristenort Samsun fahren, um 4 Uhr frühmorgens ankommen und um 8 Uhr den Anschlussbus nach Ankara nehmen.

Ibrahim lud uns vier zu einem letzten Abendessen ein: Dürüm, gegrillte Hähnchenflügel, Salate und Tee. Am nächsten Tag, es war Samstag, der 21. Juli, frühstückten wir alle zusammen und fuhren anschließend zum Busterminal: Davin und Arian kauften ihre Tickets nach Kappadokien für heute Mittag. Der Verkäufer kontrollierte genau, ob ihre Pässe gültig waren, von wann der Stempel war, von wo eingereist wurde, er stellte sogar ein paar kritische Fragen. Aber die zwei hatten nichts zu befürchten und bekamen ihre Tickets. Ich hoffte, mit meinen ausgedruckten Tickets später am Nachmittag in den Bus steigen zu können. Mit der Bitte, mir Bescheid zu geben, falls sie schon nahe Doğubeyazıt in eine Kontrolle gerieten, verabschiedeten wir uns von Davin und Arian und fuhren zurück zu Ibrahims Wohnung, um meine Sachen zu packen, um 14 Uhr wollte ich wieder am Busterminal sein.

Aber was sah ich kurz vor zwei? Davin und Arian hatten mir eine Sprachnachricht geschickt: »Nimm auf keinen Fall den Bus! Schon kurz hinter der Stadt war die erste Kontrolle auf einer Straße, auf der alle Busse aus der Stadt herausfahren mussten, egal, in welche Richtung sie wollten.«

Ich bat Isi, in Ankara meine Tickets zu stornieren. Und dachte nur: »Fuck, was mache ich jetzt?«

Nach einer Stunde rief ich noch mal bei Davin an: »Jetzt sind wir schon dreimal kontrolliert worden! Vielleicht sind sie wegen des Putsches vor zwei Jahren so übervorsichtig und streng! So oft bin ich noch nie kontrolliert worden.«

Ibrahim sagte: »Wahrscheinlich ist trampen das Beste.« Wir stellten uns auf die Straße, aber es hielt kein Truck, kein Auto. Nach eineinhalb Stunden gaben wir auf.

Zu Hause suchte ich wieder über die App Blablacar nach Mitfahrgelegenheiten. Ich schrieb mit wenig Hoffnung vier Fahrer an. Abends gingen Ibrahim und ich in den Supermarkt, um etwas für unser Abendessen zu kaufen. Da kam mir die Idee: ein Fahrrad! Ich würde mir ein Fahrrad kaufen und nach Ankara radeln!

Fest entschlossen fuhren wir nach Hause. Aber jetzt hatte ich zu meiner Überraschung eine Nachricht von Blablacar bekommen: eine Fahrt nach Ankara! Morgen Abend, 22. Juli, 19 Uhr, allerdings läge der Abfahrtsort 130 Kilometer von Doğubeyazıt entfernt. Ich sagte trotzdem sofort zu und schickte dem Fahrer eine Nachricht auf Türkisch, von Ibrahim übersetzt, dass ich mich auf die Fahrt freue. »Alles klar«, lautete die Antwort. Jetzt musste ich nur einen Weg finden, an den Abfahrtsort zu kommen. Mit etwas Glück fände ich einen Kleinbus, der die Orte miteinander verbindet. »Die geraten nicht so viel in Kontrollen, weil in den Bussen nur Pendler sitzen«, sagte Ibrahim.

Zumindest gab es nun ein Fünkchen Hoffnung. Als letzte Möglichkeit würde ich sogar Ibrahim fragen, ob er mich zu dem Ort 130 Kilometer entfernt führe. Doch ich wollte seinen guten Willen nicht überstrapazieren.

Am nächsten Tag kam eine Absage von meinem Fahrer. Ohne Erklärung. Ich hing nun schon seit neun Tagen in dieser Stadt. Ich war entmutigt und kurz davor, zu verzweifeln.

Ich rief Theresa in München an, mit ihr hatte ich während meiner Flucht immer Kontakt gehalten. Theresa war mein Anker: Sie verstand es, mich immer wieder aufzubauen.

»Was, wenn ich in die Türkei fliege, mir ein Auto miete und mit dir nach Ankara oder Istanbul fahre?«, schlug sie vor.

Um ehrlich zu sein, hatte ich diese Idee auch schon, wollte sie ihr aber selbst nicht vorschlagen. Es ist bestimmt auch in der Türkei nicht erlaubt, Illegale zu befördern. Noch dazu ist Theresa klein, blond, zart und war noch nie alleine in einem islamischen Land unterwegs. Sie müsste in die östlichste Stadt der Türkei fliegen, die einen Flughafen hat: Van. Und dann noch 170 Kilometer allein zu mir ins Kurdengebiet fahren. Aber es schien mir der einzige Ausweg.

Ich kochte für Ibrahim Spaghetti bolognese, um mich für seine Gastfreundschaft zu bedanken. Wir lebten jetzt schon fast zwei Wochen zusammen wie alte Freunde. Nach dem Essen telefonierte ich noch mal mit den beiden Iranern, Davin und Arian, die mit dem Bus nach Kappadokien gefahren waren. Die schickten mir drei Google-Maps-Punkte von Kontrollpunkten und Straßensperren, bei denen sie angehalten und kontrolliert wurden.

Am nächsten Tag, meinem zehnten in diesem Nest, rief Theresa an: Sie könne ab Mittwoch oder Donnerstag in die Türkei fliegen. Zufällig hatte sie ohnehin Urlaub angemeldet. Ich warnte sie, ich würde diese karge Bergregionen genauso wenig kennen wie sie. »Das schaffen wir schon«, antwortete sie. Ich glaube nicht, dass sie sich ausmalen konnte, wie es hier aussah und zuging. »Wenn wir aufgehalten werden, sagen wir, du hast von nichts gewusst und wolltest nur ein paar Tage Urlaub mit mir machen.«

Theresa buchte tatsächlich drei Flüge: München-Istanbul, Istanbul-Ankara, Ankara-Van für kommenden Donnerstag. Sie werde gegen 17 Uhr in Van landen, sich einen Mietwagen nehmen und 170 Kilometer zu mir fahren.

Ibrahim und ich gingen zum letzten Mal essen. Aus dem Restaurant beobachteten wir, wie eine Gruppe Flüchtlinge auf der Straße von der Polizei festgenommen wurde, vielleicht um die zwanzig Menschen. Einige weinten.

»Was wird mit ihnen geschehen?«, fragte ich Ibrahim.

Er zuckte die Achseln. »Flüchtlingslager, Ausweisung, viele werden zurückgeschickt.«

Ich wünschte Theresa per SMS einen guten Flug. Sie startete um 6.30 Uhr. Den ganzen folgenden Tag über konnte ich sie nicht erreichen und fing schon an, mir Sorgen zu machen. Um 21 Uhr dann tatsächlich eine SMS: Bin in fünf Minuten da! Sie parkte am Straßenrand. Ich sprang die Treppenstufen runter, froh und erleichtert, sie zu sehen.

»Ich habe versucht dich zu erreichen, aber dein Handy war aus!«, sagte ich.

»Mein Datenvolumen war sofort aufgebraucht, ich hatte kein Internet, kein Google Maps, ich habe nur mit Hilfe der Schilder hierhergefunden.«, sagte sie.

Wir umarmten uns und fuhren zu einem Grillrestaurant. Dabei sah ich, dass sie eine schwarze Leggings trug, die blonden langen Haare offen. »Hast du keine andere Hose?«, fragte ich.

»Wieso, die ist doch lang?«

»Ja, sie ist aber auch sehr eng. Das kennen die Menschen hier nicht.«

Auf dem Weg zum Lokal sah ich, wie die Männer ihr nachstierten.

»Gibt es hier keine Frauen auf der Straße?«, fragte sie.

»Nein, abends nie.«

Theresa hatte einen Kleinwagen gemietet, eine weißen Hyundai i20 mit 75 PS, ein unauffälliges Auto: Das war gut, aber uns kamen Zweifel – ob dieses windige Auto mit seinem schwachen Motor die vor uns liegenden Berge mit ihren steinigen Gebirgswegen packen würde?

15 IN DER TÜRKEI:
AĞRI – SAMSUN,
27. – 28. JULI 2018

Theresa und ich standen um 7.30 Uhr auf und frühstückten mit Ibrahim in einem Café. Wieder bestand er wie fast immer darauf, die Rechnung zu übernehmen, und wie so oft war ich erstaunt über die Hilfsbereitschaft, die ich im Laufe meiner Reise nun schon erfahren hatte.

Theresa wechselte 300 Euro in 1600 türkische Lira. Sie wusste, dass ich nur noch ein paar Münzen besaß und auf nichts zurückgreifen konnte, kein Konto, keine Kreditkarte.

»Ich gebe dir das Geld zurück, sobald ich wieder in Deutschland bin.«.

»Ist schon okay, ich helfe dir gern.«

Diesen Satz wiederholte sie, wann immer ich das Thema Geld anschnitt. Natürlich würde ich meine Schulden begleichen.

Was hätte ich ohne Theresa, ohne Ibrahim, Ismail, Karim, Evangelis, ohne all die Menschen gemacht, die mir auf dieser Reise halfen? Echte Flüchtlinge erleben das Gegenteil, werden bestohlen, betrogen, niemand schenkt ihnen etwas. Wenn ihnen nicht Angehörigen aus ihrer Heimat Geld senden, stranden sie, wie so viele, hier in Türkei.

Zum Abschied umarmte ich Ibrahim, bedankte mich und versprach, mich regelmäßig zu melden. Theresa und ich betankten das Auto, dann fuhren wir los, 11 Uhr, endlich raus aus Doğubeyazıt.

Aus der Stadt führte nur eine Straße, von der wir so schnell wie möglich verschwinden mussten: Nach den Erzählungen der Iraner Davin und Arian waren bald die ersten Straßensperren und Polizeikontrollen zu erwarten. Theresa fuhr, ich sah auf die Kartenfunktion ihres iPhones.

Bald glaubte ich, einen Schleichweg gefunden zu haben, das war jedoch falsch, wir konnten nicht abzweigen. Mist. Endlich sah ich auf der anderen Seite eine Schotterpiste, doch wo sie hinführen würde, wussten wir nicht.

Wir fuhren ins Niemandsland. Der erste Weiler, an dem wir vorbeikamen, hieß Dokuztaş, ein paar Steinhäuser, Schaf- und Ziegenherden, streunende Hunde, Kinder in zerlumpter Kleidung und Plastikschlappen drehten sich nach uns um. Hier fahren keine Autos und schon gar keine mit einer blonden, unverschleierten Frau am Steuer. »Am besten legst du deinen Schal als Schleier um«, sagte ich.

Nach der zweiten Ortschaft merkten wir, dass der Weg ins Nichts führte. Er verwandelte sich zum Trampelpfad für Hirten und plötzlich standen wir vor einem Steinhaufen. Wir wendeten, nahmen eine andere Abzweigung, die sich auf dem Weg angeboten hatte, ohne zu wissen, wo sie hinführen könnte. Die Leute aus dem Bergdorf schauten uns verwundert zu. Wir fuhren an Ruinen und riesigen Steinformationen vorbei, die aussahen wie Statuen. Die Landschaft wurde immer gebirgiger und unwegsamer. Theresa bekam Angst, ihr lief trotz Klimaanlage der Schweiß von den Schläfen.

Plötzlich endete der Weg wieder, und es ging steil einen Abhang hinunter. Theresa fragte mit zitternder Stimme: »Komme ich da runter?« »Ja, klar«, sagte ich, obwohl ich wusste, dass wir mit unseren paar PS niemals wieder hochkommen würden, sollte sich dieser Weg als Sackgasse herausstellen. Das Auto setzte auf, schleifte über den Boden, dann endete auch dieser Weg – vor uns lagen große Felsbrocken.

Theresa fing an zu zittern. »Komm, ich fahr jetzt«, sagte ich.

Wir stiegen aus, ich sah die Misere. Ich prüfte, ob man über die Steine fahren könnte. Ich lief ein paar Meter nach vorne über die Felsen und sah in der Ebene eine Ortschaft, ein paar Felder und: Traktoren.

»Ich versuche es«, sagte ich. Theresa hatte panische Angst. Ich dachte, falls wir auf diesen Felsen hängen bleiben und die Reifen durchdrehen, bitte ich einen Bauern, uns mit seinem Traktor zu befreien. Ich fuhr zentimeterweise voran, stieg immer wieder aus, um zu sehen, ob wir noch ein paar Zentimeter weiterkommen würden. Theresa lief neben dem Auto her. Irgendwann waren wir tatsächlich über die Felsen und den steilen Berg runter. Das Auto sah ramponiert aus, immerhin lief kein Öl aus.

Wir mussten weiter, mit Anlauf durch Bäche, manchmal endete ein Weg in einem Feld, wir drehten um, suchten uns neue Abzweigungen. So mühselig vergingen auch die nächsten drei Stunden: aussteigen, schauen, ob der vor uns liegende Weg überhaupt befahrbar war, das Auto über Trampelpfade, Feldwege, niedergetrampeltes Gras bugsieren, umkehren, neue Abzweigungen suchen.

Davin, Arian und Ibrahim hatten mir eingebläut, wir müssten es auf unserer ersten Etappe bis Erzurum schaffen. Das war knapp 280 Kilometer von Doğubeyazıt entfernt, jedenfalls über die Schnellstraße. Hinter Erzurum gäbe es in der Regel keine Straßenkontrollen mehr, sagten sie, dort beginnen die Touristengebiete. Aber nach drei Stunden hatten wir erst 60 Kilometer geschafft. Wir nutzten Google Maps und die Navigations-App Waze, verfuhren uns aber trotzdem zigmal.

Als wir nahe der Stadt Ağri waren, etwa 100 Kilometer von Doğubeyazıt entfernt, kam uns auf der Schotterpiste eine Militärkolonne entgegen, Panzerwagen, Mannschaftslaster. Zum Glück interessierten sie sich nicht für uns.

Statt nach Erzurum, wie man mir nahegelegt hatte, beschlossen wir, schon in Ağri Richtung Norden abzubiegen – wir kamen einfach nicht voran. Wieder brauchten wir viele Stunden, nahmen Um- und Nebenwege. Wir fuhren den ganzen Tag. Kein einziges Auto kam uns entgegen.

Zwischen Dibekkaya und Kars wurde es ein bisschen grüner. Jetzt fuhren wir Richtung Küste. Die Sonne ging unter. Plötzlich lagen Felsbrocken von einem Felsrutsch hinter einer Kurve. Niemand hatte die Straße geräumt. Ich fuhr vorsichtig um die Brocken herum, so langsam hatte ich Übung.

Manchmal fuhren wir durch Tunnel, die ewig durch den Berg hindurchführten: Ich konnte nicht fassen, wie lang ein Tunnel sein kann – und kein einziges Auto nutzte sie! Theresa fragte sich, ob die Tunnel noch im Bau wären.

Auf dieser Fahrt kam alles zusammen: dieses kleine, PS-schwache Auto, der Zustand der Straßen, die Berge, die Tunnel. Unsere Nerven lagen blank. Ich filmte einen Tunnel sieben Minuten lang, ohne Ende in Sicht.

»Wie eine Rutsche im Freibad«, sagte ich zu Theresa.

»Ja genau, und sie führt direkt zum Meer!«, antwortete sie, und wir lachten.

Als wir Richtung Meer kamen, wurden die Straßen fester, manche waren beleuchtet. Und dann sahen wir das erste Mal das Schwarze Meer. Wir waren müde, aber wir jubelten. Wir fuhren auf echten Straßen, sahen andere Autos, es war eine Befreiung. Wir hatten es geschafft. Wir entschieden, in Trabzon ein Hotel zu nehmen. Es war 3 Uhr nachts, wir waren sechzehn Stunden unterwegs – ohne kontrolliert worden zu sein.

Beim Frühstücksbüfett am nächsten Tag sahen wir aufs Meer und wirkten wie normale Touristen. Wir checkten aus und fuhren landeinwärts über Samsun Richtung Ankara und blieben auf der Hauptstraße – hier war alles touristisch und keine Kontrollen zu erwarten.

Keine Panzer, keine Polizei. Unterwegs kauften wir ein Kabel und schlossen unsere Handys an die Musikanlage an. Das Leben fühlte sich auf einmal wieder normal an. Durch unsere App Waze fühlten wir uns halbwegs sicher: Sie hatte einen Alarm für Kontrollstationen installiert.

Was wir nicht wussten: Ankara war komplett abgeriegelt. Alle Autos mussten Schranken passieren, egal, von welcher Richtung sie kamen, überall standen Polizisten und Militärfahrzeuge. Ob das alles wegen des Putsches, den Flüchtlingen oder den vorangegangenen Terroranschlägen war?

Man musste langsam an eine rote Ampel heranfahren, dann sprang sie auf Grün. Mein Jugendfreund Isi, der in Ankara lebt, erzählte mir später, dass die Kennzeichen gescannt werden: Daran kann man erkennen, wo die Autos gemeldet sind. Zum Glück konnten wir durchfahren.

Der schwierigste Teil der Autofahrt war vorbei. Ich schrieb Isi, wir seien in Ankara, und er nannte einen Ort, an dem wir uns treffen sollten. Wir fielen uns in die Arme. »Warum habt ihr denn eure Nebelschlussleuchte angeschaltet?«, fragte er. Das war Theresa und mir überhaupt nicht aufgefallen. »Glück gehabt«, meinte Isi. »Denn normalerweise wird man sofort herausgezogen mit eingeschalteter Nebelschlussleuchte, das ist nicht normal hier.« Er setzte sich ans Steuer, dann kauften wir erst mal ein paar Bier.

Wir fuhren in seine Wohnung. Es war der 28. Juli, 23 Uhr, ein Samstag, und Isi fragte, ob wir nicht ausgehen sollten. »Ihr könnt euch nicht vorstellen, wie gern ich das mal wieder tun würde«, sagte ich. Wir suchten einen Open-Air-Club mit Swimmingpool aus.

Wir hatten unser kleines Auto bei Isi gelassen und fuhren mit seinem: Ich kannte dieses Auto gut. Wir saßen schon als Jugendliche in diesem Opel Vectra, er musste über sechzehn Jahre alt sein, das Auto seiner Eltern. Er schaltete die Musik an. Ich musste lachen.

»Ist das etwa immer noch dieselbe CD, die wir damals gehört hatten, als wir mit fünfzehn in diesem Auto saßen?«

»Ja, ich habe sie nie gewechselt. Seit über fünfzehn Jahren nicht.«

Wir aßen, tranken, lachten, es war der erste Abend, an dem ich wieder westliches Leben erlebte. Die Mädchen trugen Highheels und Miniröcke, die Jungs aufgeknöpfte Hemden. Wir bestellten Fingerfood, frittierte Schrimps, Zwiebelringe, Calamari. Ich genoss jede Sekunde. Zu Hause tranken wir weiter, grüne Alcopops, die uns den Rest gaben. Als wir uns hinlegten, hörte ich ein Schluchzen. Theresa weinte.

»Warum weinst du?«

»Alles gut, ich weiß nicht warum.«

Am nächsten Tag waren wir verkatert. In Isis Wohnung wurde es wegen der Glasfront in seinem Wohnzimmer heiß wie in einer Wüste. Wir wollten bald aufbrechen nach Istanbul, dort eine Nacht verbringen, dann Richtung Grenze. Von dort musste ich es nach Griechenland in die EU schaffen. Theresa wollte mich noch in die Nähe der türkisch-griechischen Grenze zum Fluss Evros fahren, den ich nun ja schon ziemlich gut von meiner Hinreise kannte – aber von der gegenüberliegenden Seite in Griechenland. Wenn sie mich nun auf der türkischen Seite des Evros abgesetzt hätte, würde sie das Auto nach Istanbul zurückfahren und von dort nach München fliegen. Das war der Plan. Wir schmissen ihn zigmal um.

Zuerst entschieden wir uns gegen Istanbul, zu viel Verkehr. Wir umfuhren die Stadt. Wir entschieden, das Auto bei der letzten Avis-Station vor der griechischen Grenze abzugeben: in Tekirdağ.

Wir gelangten wieder an eine Straßenabsperrung, eine Art Mautstelle, rauschten viel zu schnell darauf zu – prompt raste ein Polizeiauto mit Blaulicht hinter uns her.

Theresa schrie panisch: »Was machen wir, was machen wir?«

»Bleib ruhig!«, sagte ich.

Wir hielten, ein Polizist trat an unser Auto und fragte etwas auf Türkisch.

Wir antworteten: »Turkije jok!« »Türkisch nein. Almanya or English«?

Der Polizist war schon jetzt überfordert, schüttelte den Kopf, wir sagten: »Touristi, Touristi, Germany, Almanya, Almanya!«

Wir merkten, wie er nachdachte. Dann winkte er uns weiter, wir waren erleichtert.

Ich sah im Internet nach, wo und wie von Tekirdağ Busse ins griechische Alexandroupoli führen. Unser Plan: Theresa würde mich an der Grenze absetzen, zurück nach Tekirdağ fahren, das Auto abgeben und am nächsten Tag mit dem Bus über die Grenze fahren. Ohne Pass war das für mich natürlich keine Option, ich würde in der Nacht mal wieder über den Grenzfluss Evros müssen – doch diesmal würde ich schwimmen. In Alexandroupoli hofften wir, uns wiederzusehen.

Für die Überquerung des Grenzflusses wollte ich ein kleines Schlauchboot kaufen, um meine Sachen draufzulegen und mich beim Schwimmen daran festzuhalten. Wir hielten an einem *Carrefour*-Supermarkt und entschieden uns für ein rotes Kinderboot.

Wir aßen noch ein letztes Mal zusammen und suchten Theresa ein Hotel nahe der Autovermietung in Tekirdağ. Während des Essens zoomte ich mich durch die Satellitenbilder vom Grenzfluss, diesmal von der türkischen Seite. Ich schrieb Evangelis, dem Soldaten, der mir seinen Pass auf der Hinreise gegeben hatte: »Ich bin auf dem Rückweg, kannst du mir einen Tipp geben, wo ich den Fluss überqueren könnte?« Er schrieb, er sei versetzt worden und wisse nichts über die türkische Seite. Ich fragte: »Meinst du, bei Tychero könnte man gut rüber?« Er meinte, das könnte o. k. sein.

Als es dämmerte, fuhren wir eine halbe Stunde in Richtung Tychero. Ich hatte auf Google Maps eine Stelle gefunden, an der eine Straße fast an den Fluss stieß, dahinter lag ein Ort mit einer Tankstelle, an der Theresa eine halbe Stunde warten sollte, falls ich nicht zum Fluss durchkäme. Allerdings kam uns auf dem Weg zum Fluss viermal ein Pick-up entgegen, der langsam wurde, wenn wir an ihm vorbeifuhren. Theresa fragte ängstlich: »Warum fährt der so langsam?«

An der Tankstelle, die verlassen und im Stockdunkeln lag, fragte sie: »Hier soll ich warten, ja?«

Sie fuhr mich an den vereinbarten Ort. Ich trug kurze Hosen und ein T-Shirt. Im Hotel hatte ich noch ein frisches T-Shirt, meinen Kapuzenpulli und eine lange Jogginghose in meinen kleinen Rucksack gepackt, damit ich frische Klamotten hätte, wenn ich am nächsten Tag irgendwo in Griechenland ankäme. Ich fotografierte meinen deutschen Flüchtlingspass so, dass eine Lichtreflexion das abgelaufene Datum unlesbar machte. So wollte ich mich ausweisen, wäre ich aufgegriffen worden. Meinen Flüchtlingspass und alles andere ließ ich bei Theresa.

Ich zoomte die Satellitenbilder auf dem Handy groß: Es sah so aus, als müsste ich nur ungefähr einen Kilometer bis zum Fluss laufen. Wir sagten »Tschüss« und »Viel Glück« und »Pass auf dich auf«. Ich ging los, sah die Lichter ihres Autos verschwinden.

Plötzlich ein Geräusch, wie ich es noch nie vorher gehört hatte: ein lautes Summen. Eine Drohne? Nein, eine Wolke Stechmücken! Sie fielen über mich her, sie fraßen mich fast auf. Ich zog, so schnell es ging, lange Hosen und meinen Kapuzenpulli an und schnürte die Kordel so eng, dass nur noch ein Sichtfenster frei blieb. Trotzdem war ich schon nach wenigen Augenblicken am ganzen Körper zerstochen. Ich ging los, mein Handy in der Hand, merkte aber schnell: Das waren keine Wege, auf denen ich lief. Das hatte überhaupt nichts mit Wegen zu tun. Plötzlich merkte ich, dass ich das Kinderschlauchboot im Kofferraum vergessen hatte, und rief Theresa an, sie kehrte um und brachte es mir.

Mit dem Boot unterm Arm marschierte ich über ein Feld. Der Boden war so weich und feucht, als ob das hier eine Sumpflandschaft wäre. Ich kam kaum voran. Überall quakte es. Plötzlich steckte ich mit einem Bein im Matsch. Ich kämpfte mich aus dem Dreck, dann ging es auf einmal zwei, drei Meter einen Abhang runter, fast wäre ich abgerutscht. Ich musste langsam machen, Schritt für Schritt. Ich sah einen Turm. Einen Wachturm? Außerdem Vogelscheuchen in den Wiesen. War das die türkische Grenzsicherung? Ich hatte schon oft gehört, dass sich die Türken an den Grenzen zur EU nicht viel Mühe gaben, Flüchtlinge aufzuhalten. Ich brauchte für 300 Meter eine halbe Stunde. Ich machte kein Licht, weil ich nicht gesehen werden wollte.

Ich kam so schlecht voran, dass ich mich entschied abzubrechen. Theresa ging erst bei meinem dritten Versuch sie anzurufen dran, sie war in einem Funkloch und schon wieder unterwegs nach Tekirdağ. »Bitte hol mich ab, genau an der Stelle, wo du mich rausgelassen hast.«

Doch auf meinem Rückweg sahen alle Kurven gleich aus. Wieder rief ich sie an, aber Theresa fand selbst ihren Rückweg nicht.

»Fahr nach der Brücke links«, sagte ich. »Ich warte an der Straße. Jetzt kommen zwei Autos! Bist du es, mach die Warnblinker an!« Aber sie war es nicht.

Ich versteckte mich hinter einem Busch, immer mit ihr per Handy verbunden. Ich sah ein Auto mit Warnblinker in der Ferne.

»Bist du das?«, rief ich ins Telefon, »fahr noch hundert Meter weiter, da bin ich.« Dann riss ich die Tür zum Auto auf.

»Was ist passiert?«, fragte sie.

»Es gab kein Durchkommen. Alles Sumpf. Ich muss mich besser vorbereiten.« Dann sagten wir beide eine Weile nichts mehr. Wir waren erschöpft.

»Ich hatte sowieso kein gutes Gefühl«, sagte Theresa nach einer Weile. »Das war viel zu hektisch, viel zu ungeplant, so unvorbereitet.«

Wir saßen im Auto, kaputt und ernüchtert.

16 ÜBER DEN GRENZFLUSS:
TEKIRDAĞ – ALEXANDROUPOLI,
31. JULI – 1. AUGUST 2018

Gegen halb 2 Uhr nachts kamen Theresa und ich in Tekirdağ an. Das Hotel sah edel aus, eine glänzende Lobby mit dunkelblauen, weichen Teppichen und Designlampen. Gleich fühlten wir uns wohler, das Schweigen fiel von uns ab.

Das Zimmer kostete dreißig Euro. Ich war total zerstochen. Bevor ich mich aufs Bett legte, zog ich meine schlammverschmierten Schuhe aus. Wir dachten nach, wie wir den zweiten Versuch der Grenzüberquerung besser planen könnten.

»Ich brauche Mückenspray. Und andere Schuhe, um durch die Sumpflandschaft zu kommen: Badeschuhe, die nicht vom Fuß rutschen. Ich habe solche Wasserschuhe im *Carrefour* hängen sehen, als ich das Boot gekauft habe.«

»Ja, lass uns morgen als Erstes zum *Carrefour* fahren«, antwortete Theresa.

»Und ich muss einen besseren Platz zum Überqueren des Flusses finden.«

Ich googelte ein bisschen. Plötzlich fiel mir eine Reportage auf YouTube ein, die ich vor Wochen im Iran gesehen hatte, abends im Bett, bei meiner Mutter zu Hause. Der norddeutsche Rundfunk zeigte einen Beitrag eines Journalisten-Kollektivs, das sich STRG_F nannte, ein Angebot für junge Menschen der »Panorama«-Redaktion. In dem Beitrag ging es um Syrer, die sich in Deutschland unwohl fühlten und in einem muslimischen Land wie der Türkei leben wollten. Sie bekamen mit ihrem deutschen Flüchtlingspass kein Visum für die Türkei, weshalb sie sich Schleppern anvertrauten. Tatsächlich fand ich die Sendung wieder, sah, wie es ein Syrer bis an die griechisch-türkische Grenze geschafft hatte und mit einem Schlepper telefonierte, der ihm ein Dorf in Griechenland nannte, von dem er über den Grenzfluss Evros schwimmen sollte: Kornofolia. Ich dachte: Das Dorf auf der anderen, der türkischen Seite der Grenze, könnte vielleicht ein guter Ausgangsort für mich sein: Kadidondurma.

Wir schliefen bis mittags, fuhren dann zum *Carrefour*-Supermarkt, kauften extra starkes Mückenspray und Badeschuhe. Ich packte meine Ausrüstung in den kleinen Rucksack: Badehose, ein T-Shirt zum Wechseln – ich durfte nicht schmutzig aussehen wie ein Flüchtling, der gerade von der anderen Seite über den Fluss gekommen war. Meine neuen Badeschuhe kamen auch in den Rucksack und das Käppi mit der auffälligen neongrünen Schrift, das zu sehr in der Nacht leuchtete, als dass ich es jetzt hätte tragen können. Ich wollte es auf der griechischen Flussseite aufsetzen, um wie ein Tourist auszusehen.

Ich zog Jeans, T-Shirt, Kapuzenpulli, Socken, Turnschuhe an. Wenn ich zum Fluss käme, wollte ich Kleidung und Schuhe zu meinem Handy in den wasserfesten Beutel stecken und nur noch mit Badehose laufen. Den Beutel würde ich in den Rucksack stecken und auf das Boot legen. Ich hatte hundert Euro von Theresa dabei. Meinen Flüchtlingspass ließ ich wieder bei ihr, das Foto meines Passes war ja in meinem Handy gespeichert. Ich sprühte mich mit Mückenspray ein.

Um 19.30 Uhr fuhren wir von Tekirdağ Richtung Grenze, vorbei an schier endlosen Sonnenblumenfeldern, die im Licht der untergehenden Sonne leuchteten.

Plötzlich machte es wieder einen Knall – wie vor drei Wochen im Iran –, und wir hatten eine Schleiereule im Kühlergrill hängen.

»Warum ist die denn nicht weggeflogen, was macht die da auf der Straße, ich habe sie nicht gesehen!«, rief Theresa.

»Genau das Gleiche ist meiner Mutter und mir vor meiner letzten geglückten Grenzüberquerung im Iran auch passiert,« sagte ich. »Vielleicht ist das ein Omen.«

Wir hielten an einer Tankstelle, ich kaufte zwei Red Bull und einen Schokoriegel. Wasser vergaß ich, was ich später bereute.

Unsere Stimmung war besser als beim ersten Versuch, weil wir uns diesmal die Dämmerung für die Ankunft im Grenzgebiet ausgesucht hatten: Wir fühlten uns wohler, weil wir uns orientieren konnten.

Wir hielten am Ortsrand von Kadidondurma, etwa 2 Kilometer vom Fluss entfernt. Schafe und Gänse liefen über die Schotterwege. Wir warteten noch, bis der Schäfer seine Herde an uns vorbeigetrieben hatte. Ich wollte von niemandem gesehen werden.

Ich verabschiedete mich, stieg aus, schulterte meinen Rucksack und das gefaltete Schlauchboot und lief los. Auch diesmal sollte Theresa kurz warten, aber heute fühlte sie sich wohler dabei, weil es nicht stockdunkel war. Ich bildete mir ein, schon griechische Bäume am Horizont zu sehen. Um mich hüpften bei jedem Schritt zu Hunderten Frösche aus dem Gras.

Ich lief an einem Kanal entlang, fand aber keine Brücke. Er lief parallel zum Grenzfluss, etwa drei Kilometer entfernt, sah ich auf Google Maps. Irgendwie musste ich da rüber. An einer Stelle hatte sich Treibgut, Schilf und Müll gestaut, was fast so aussah wie ein Wall oder eine Art Staudamm über den Kanal. Ich zog meine Klamotten aus und meine Badehose an und verpackte alles wasserfest. Als ich aber einen Fuß auf den Wall setzte, sank ich sofort bis zur Hüfte ein. Also stieg ich ins Wasser und schwamm durch den Kanal.

Den wasserfesten Beutel, der nun mit Kleidung vollgepackt und mit Luft gefüllt zu groß war, um in den kleinen Rucksack zu passen, hielt ich mit einer Hand, den Rucksack mit den Energiedrinks, den Schokoriegeln und dem zusammengefalteten Kinderschlauchboot trug ich auf dem Rücken. Ich schwamm etwa fünf Züge, geschätzte sieben Meter, bevor ich auf der anderen Seite wieder aus dem Kanal herauskletterte. Als ich den Kanal hinter mir gelassen hatte, ging ich in Badehose weiter und stieß auf einen Erdwall, auf dem ich gut laufen konnte, der Untergrund war fest und trocken.

Doch auf einmal sah ich direkt vor mir zwei Scheinwerfer, die meine Umrisse fast eingefangen hätten, und hinter mir zwei Taschenlampen-Kegel. Ich musste runter von dem Erdwall. Wahrscheinlich war das ein Weg für Grenzpatrouillen. Es war nun stockdunkel, ich warf den wasserfesten Beutel und meinen Rucksack vom Erdwall in die Tiefe, es machte »platsch«. Ich sprang hinterher und stand knietief in einem überfluteten Feld. Bis die Lichtkegel verschwunden waren, duckte ich mich im hohen Gras.

Das Laufen wurde anstrengend. Der Untergrund war schlammig, das Gras höher als ich, das machte mich fast unsichtbar – aber es schnitt meine Arme, Beine und das Gesicht auf.

Ich schaltete die Taschenlampenfunktion meines Handys an – und sofort wieder aus, als der Lichtkegel riesige Spinnen und ihre Netze und Insekten erfasste. Ich wollte die Schlangen, die es sich im Matsch gemütlich gemacht hatten, lieber gar nicht sehen. Blieb ich stehen, sank ich sofort ein, also ging ich so lange weiter, bis ein ziemlich großer Stein auf meinem Weg lag, auf den ich steigen konnte. Im Dunkeln zog ich mich an, Jeans und meinen Kapuzenpulli, den ich eigentlich aufheben wollte, um nach der Grenzüberquerung in Griechenland nicht schmutzig auszusehen – aber ich hatte keine Wahl, meine blutigen Kratzer vom hohen, scharfkantigen Gras auf der Haut schmerzten zu sehr. Ich trank eine Dose Red Bull und marschierte weiter.

Immerhin schnitt nun das Gras nicht mehr. Ich machte einen großen Bogen um die Lichter, die ich zuvor auf dem Erdwall gesehen hatte. Generatoren wummerten. Plötzlich stand ich vor einem riesigen Betonwall. Oben auf dem Wall fuhr ein Auto, ich duckte mich ins Gras. Ein Geländewagen fuhr Patrouille, immer hin und her. Dieser Wall war Teil der Grenzsicherung, so viel war klar, und ich musste darüber. Aber er war so glitschig, hoch und steil, dass ich nicht über ihn klettern konnte. Ich ging einige Zeit an dem Wall entlang. Plötzlich hörte ich Wasser fließen und dachte, bin ich schon am Fluss? Aber es war nur eine Abwasserrinne, es roch nach Gülle. Dennoch schien sie die einzige Möglichkeit, diesen Wall hochzukommen. Also klettere ich an der Rinne hoch. Der ganze Schmodder kam mir entgegen.

Oben angekommen, sah ich, dass auf dem Wall eine etwa sechs Meter breite Straße verlief, zum Glück war das Auto weg. Ich kreuzte die Straße und kletterte auf der anderen Seite den Wall wieder runter, allerdings rutschte ich nur und sprang den Rest. Ich landete in einem Dornengestrüpp. Aber ich hatte es geschafft. Wieder stieß ich auf Felder, die unter Wasser standen, so hoch, dass es mir bis zur Hüfte reichte. Ich watete trotzdem durch.

Ich hangelte mich von Feld zu Feld: Immer Richtung Bäume, denn wo Bäume waren, musste der Untergrund fest und der Fluss nicht weit sein. Als ich ein Maisfeld erreichte, dachte ich, hier würde mich niemand sehen, denn der Mais stand hoch und reichte über meinen Kopf.

Ich hatte es noch gar nicht betreten, als ich plötzlich einen so starken Stromschlag bekam, dass ich nach hinten umfiel. Im Licht meines Handys sah ich, dass nur ein einzelner Draht um das Feld gespannt war, nicht sehr hoch, wahrscheinlich sollte er Wildschweine abhalten. Weil das gesamte Feld obendrein voller Spinnweben war, beschloss ich, am Feld entlangzugehen, statt mittendurch.

Das Rauschen des Flusses hörte ich schon von weitem. Ich hatte es fast geschafft. Vor mir lag der Evros. Ich fand eine Stelle, an der das Gestrüpp lichter war, ich musste nun nur 4 oder 5 Meter vom Fluss entfernt sein. Zwei Stunden hatte ich für diese 3 Kilometer vom Auto zum Fluss gebraucht.

Ich setzte mich ans Ufer und gönnte mir ein paar ruhige Minuten. Der Fluss trug nicht so viel Wasser wie im Winter. Er floss langsam, und sein Wasser sah in der Dunkelheit pechschwarz aus. Ich konnte das Ufer auf der gegenüberliegenden Seite kaum erkennen. In diesem Augenblick fing es an zu blitzen und zu donnern. Ich trank meine letzte Dose Red Bull, aß meinen letzten Schokoriegel und ärgerte mich, dass ich Wasser vergessen hatte – dabei lag noch so viel Anstrengung vor mir.

Ich saß zwanzig Minuten am Ufer, als es wie aus Kübeln zu schütten begann. Das Unwetter entwickelte sich schnell zum Sturm. Wenn es blitzte, war ich einerseits kurz zu sehen für andere – doch das Licht würde mir vieles erleichtern. Es war gefährlich, bei Gewitter durch einen Fluss zu schwimmen. Aber gerade deshalb würde zu diesem Zeitpunkt auch niemand Schwimmer auf dem Fluss erwarten. Hoffte ich jedenfalls. Noch dazu würde der Donner meine Geräusche übertönen. Ich blies mein Boot auf, zog meine nassen, schlammigen Klamotten aus, packte sie in das Boot, legte meinen Rucksack und den wasserfesten Beutel hinein, in dem nur mein Handy, ein T-Shirt, das Käppi, meine Turnschuhe und ein paar Socken waren. Alles andere war nass.

Dann ließ ich mich mit dem Boot ins Wasser gleiten, es fühlte sich angenehm erfrischend an nach den Strapazen. Die Strömung war nicht zu stark, so dass ich gut vorankam. Das Boot schob ich mit beiden Händen vor mir her, ich konnte mich gut daran festhalten. Der Fluss war tief, ich konnte nicht stehen und stieß nirgends an. Ich wurde langsam weiter flussabwärts getrieben. Es regnete in Strömen und blitzte.

Als ich das gegenüberliegende Ufer erreichte, ließ ich mich ein bisschen treiben, um eine gute Stelle zu finden, an der ich an Land gehen könnte. Ich sah einen Hügel aus dem Wasser ragen. Auf dieser Stelle wurde auch Holz angeschwemmt. Ich hielt mich an einem Holzstamm fest, der von dem Hügel ins Wasser ragte, und hangelte mich daran entlang.

Ich war nicht der Erste, der diese Stelle für gut befunden hatte: Am Strand lag ein typisches Flüchtlingsboot, wie ich es aus dem Fernsehen kannte, auf das fünfzehn, sechzehn oder mehr Leute gepackt wurden. Es lag platt am Ufer. Ich legte mein Kinderboot daneben, ließ es aber aufgepumpt, falls es jemand brauchen konnte.

Geschafft! Griechenland, Europäische Union, Wahnsinn! Ich konnte es kaum glauben. Weit und breit kein Licht, kein Wachturm, keine Grenzbefestigung. Ich versuchte meine dreckige Jeans, die eigentlich meine Reservejeans sein sollte, zu waschen, zog die nasse Jeans und meinen nassen Kapuzenpulli an. Ich nahm das iPhone in die Hand, nahm die Stirnlampe aus dem kleinen Fach im Rucksack und merkte, dass sie nicht wasserfest war, obwohl sie mir als wasserfest verkauft wurde: Sie funktionierte nicht mehr. Ich sah auf Google Maps nach, um einen Weg vom Fluss weg zu finden.

Es gab zwei Möglichkeiten: die eine war, nach Kornofolia zu gehen. Doch vielleicht war es keine gute Idee, mitten in der Nacht – es war ungefähr 23 Uhr –, durch einen kleinen Ort zu laufen, so verdreckt und nass wie ich war.

Die andere Möglichkeit: Alexandroupoli, die nächstgrößte Stadt, Richtung Süden erreichen. Ich gab auf Google Maps Alexandroupoli ein, und das System zeigte mir tatsächlich einen Weg: dreizehn Stunden zu Fuß, vorbei an Kornofolia. Ich entschied mich für diese Möglichkeit, ging wieder los, wieder Gestrüpp, Bäume, Felder. Es regnete, unter meinen Füßen klebten Matschklumpen, meine Hüfte schmerzte, weil ich nach jedem Schritt die Füße mit viel Kraft aus dem Matsch heben musste.

Als ich auf eine Straße kam, die von einer Bahnlinie gekreuzt wurde, entschied ich mich, auf den Bahngleisen entlangzulaufen. Von meinem Hinweg wusste ich noch, dass auf diesen Gleisen kein Zug mehr fuhr.

Ich ging auf den Querbalken der Gleise aus Beton, Kilometer um Kilometer. Das wurde zur Folter, meine Hüfte tat höllisch weh. Der Abstand zwischen den einzelnen Balken war zu klein, ich konnte nur Mini-Schritte gehen, das war anstrengend. Ich kam am verlassenen Bahnhof Kornofolia vorbei, Klamotten und Essensreste lagen in dem Wartehäuschen, es stank nach Urin.

Ich zog die Badeschuhe aus und meine Turnschuhe an, die meine Schritte besser abfederten, doch geringer wurden meine Schmerzen dadurch nicht. Nach vielen Stunden beschloss ich, einen befestigten Weg zu suchen. Ich verließ die Gleise und ging auf einer Straße in die nächste Ortschaft. Damit ich wie ein Tourist aussähe, zog ich mein Käppi auf. Als ich ein Auto hinter mir hörte, streckte ich schnell den Daumen raus, in der Hoffnung, der Fahrer würde mich mitnehmen. Es war aber gar kein Auto, es waren viele: ein Militärkonvoi! Zum Glück nahmen die Soldaten keine Notiz von mir.

Frühmorgens gelangte ich nach Tychero, vielleicht um 5 oder 6 Uhr. Meine rechte Leiste schmerzte, und ich machte eine Pause auf einer Treppe vor einem Hotel. Kaputt wie ich war, dachte ich daran, mir für ein paar Stunden ein Zimmer zu nehmen.

Ein paar Stufen höher lagen ein Wintergarten und die Eingangstür vom Hotel. Um zu prüfen, ob es schon offen war, ging ich die Treppen hoch und sah nach, ob vielleicht jemand an der Rezeption arbeitete. Aber es war alles verschlossen bis auf den Wintergarten. Dort fiel mir eine Kiste mit Wasserflaschen auf, ich ging durch die Tür und nahm mir eine kleine Flasche. Hoffentlich war das okay.

Auf den Stufen sitzend, las ich mir die Bewertungen und Beschreibungen des Hotels durch. Bei den Kritiken stand dabei, dass es im Umkreis von 50 Metern eine Bushaltestelle geben sollte. Auch gut, dachte ich, dann suche ich diese Bushaltestelle. Mal sehen, wann hier ein Bus nach Alexandroupoli fährt.

Bei meiner Suche nach der Haltestelle stieß ich auf ein Café, das allem Anschein nach geöffnet hatte. Ich fragte – im Türrahmen stehend – die beiden einzigen Gäste: »Busstation? Autobus?«

Die Männer starrten mich an: Ich war dreckig, zerstochen, erschöpft, und es war 5 oder 6 Uhr morgens. Einer der Männer, ein dunkelhaariger Mann mit Geheimratsecken, vielleicht fünfzig Jahre alt, fragte zurück: »Syria? Syria?«

»No, no«, sagte ich: »Aleman, Aleman«.

Er lachte und antwortete auf Deutsch: »Guten Morgen.« Es stellte sich heraus, dass er eine Zeitlang in Deutschland gelebt hatte, deshalb sprach er gebrochen deutsch. Er war auch kein Gast, sondern arbeitete als Aushilfe in dem Café, er übernahm meist die Frühschicht. »Woher kommst du?«, wollte er wissen.

Ich deutete ihm mit schwimmenden Bewegungen an, dass ich über den Fluss geschwommen sei. Er zeigte mir mit einer Handbewegung, dass ich mich zu ihm setzen sollte. Der andere Mann an dem Tisch verabschiedete sich und zahlte seinen Kaffee.

»Warum? Du bist doch Alleman!« Ich versuchte ihm mit sehr einfachen Worten auf Deutsch zu erklären, dass ich wegen meiner Mutter im Iran war und keinen gültigen Pass habe, um legal die Grenzen zu überqueren. Ich fragte ihn, wo die Bushaltestelle sei. Er zeigte aus der Tür heraus auf den Platz gegenüber von dem Café. »Aber ... niemand wird dir ein Ticket verkaufen. Ohne Pass kein Ticket. Das ist verboten: Flüchtlinge kriegen keine Tickets.«

»Aber ich habe meinen Pass fotografiert«, sagte ich und zeigte ihm auf meinem Handy das Foto.

»Zählt nicht. Man darf kein Ticket verkaufen, ohne den Pass gesehen zu haben.«

»Was kostet ein Taxi nach Alexandroupoli?«, fragte ich.

»Fünfzig Euro«

»Können Sie mir ein Taxi bestellen?«

»Ein Taxi darf dich ohne Pass auch nicht mitnehmen. Es ist verboten, und die Fahrer haben Angst.«

»Dann nehme ich am besten ein Zimmer und warte, bis mich meine Freundin mit dem Auto abholt.«

»Du bekommen auch kein Zimmer ohne Pass. Und selbst die Autos werden in dieser Gegend so nah an der EU-Außengrenze kontrolliert.«

Das darf doch nicht wahr sein! Ich sah den Mann verzweifelt an. Plötzlich sagte er: »Aber ich verkaufe hier in meinem Café auch Bustickets. Und ich verkaufe dir eins. Aber sprich kein Wort mit dem Busfahrer, sprich mit niemandem im Bus. Die Fahrt dauert 45 Minuten.« Er zwinkerte. Ich bedankte mich und zahlte 5,50 Euro für das Busticket.

»Kann ich meine Hose sauber machen?«, fragte ich. Er nickte. Dann führte er mich hinter das Café in einen Hof. Es wurde schon hell. In der Morgensonne zeigte er mir einen Steinkrug mit einem Wasserhahn. Ich solle leise sein, und er legte seinen Finger vor den Mund: »Pscht!« Er brachte mir noch einen Lappen.

Als ich fertig war, zog ich die nasse Hose wieder an, dazu mein trockenes T-Shirt und stopfte den nassen Pulli in meinen Rucksack. Ich setzte mich wieder ins Café. Der Mann zeigte mir mit erhobenem Daumen, dass ich nun okay aussehe.

»So passt das. Wenn jemand fragt, sagst du, du bist Tourist.«

Ich bestellte ein Croissant und einen Kaffee. Mit der Rechnung gab er mir das Ticket und zeigte mir, wo der Bus auf der anderen Straßenseite abfuhr. Pendler warteten bereits. Und Soldaten. Noch bevor der Bus kam, wurden sie von einem Laster abgeholt.

Endlich kam der Bus. Ein Mitarbeiter kontrollierte die Tickets. Da der Bus voll war, blieb ich im Gang stehen und versuchte niemanden anzurempeln, damit keiner merkte, dass ich durchnässt war. Nach einigen Stopps wurde ein Sitzplatz frei, ich setzte mich und spürte, wie ich den ganzen Sitz nass machte.

Eine Haltestelle später stieg ein junger Mann zu, der sich neben mich setzen wollte. Da ich am Gang saß, bat er mich, ans Fenster zu rutschen, damit er nicht über mich steigen müsse. Ich konnte schlecht nein sagen. Er wollte ein Gespräch beginnen, aber ich tat so, also ob ich schliefe. Trotzdem fragte er mich, was ich hier mache. Ich nuschelte: »Holidays!« Ich schloss die Augen und hoffte, die Nässe des Sitzes möge nicht durch seine Hose und Jacke dringen. Glück gehabt: Seine Arbeitskleidung war dick und die Jacke lang.

Gegen 9 Uhr morgens kam ich in Alexandroupoli an. Ich lief wieder zum *Hotel Regina*, in dem ich auf der Hinreise schon gewohnt hatte. Ich war kaputt und wollte mich nur noch hinlegen. Hoffentlich würde sich der Besitzer noch an mich erinnern. Doch die Rezeption war noch nicht besetzt, das Hotel abgesperrt. Ich legte mich gegenüber auf eine Bank. Eine Dreiviertelstunde später lief ich wieder rüber, immer noch keiner da, nach weiteren vierzig Minuten noch mal. Endlich kam der Besitzer zur Frühschicht. Er erinnerte sich an mich. »Ja, natürlich!«, sagte er. Und ich sagte: »Ich brauche ein Zimmer, nur bis 16 Uhr.

»Ich habe noch eins, aber es ist das größte, es kostet eigentlich neunzig Euro, ich gebe es dir für vierzig Euro.«

»Perfekt, nehme ich.«

Um 16 Uhr sollte Theresa ankommen. Meinen Pass wollte der Hotelbesitzer zum Glück nicht sehen; er hatte noch ganz altmodisch ein Buch, in das er die Gäste eintrug.

Ich duschte, versuchte meine Sachen zu waschen und fiel danach in einen tiefen Schlaf.

17 IN GRIECHENLAND:
ALEXANDROUPOLI – THESSALONIKI,
1. – 3. AUGUST 2018

Ich checkte kurz vor 16 Uhr aus dem Hotel *Regina* aus. Meine Kleider waren natürlich nicht trocken geworden: Ich musste wieder in die nassen Hosen schlüpfen. Die Jeans war jetzt zwei Tage nass und stank nach Schlamm und Abwasser.

Der Besitzer vom Hotel stand nicht an der Rezeption. Es war überhaupt niemand da. Ich hatte schon beim Einchecken gezahlt und keinen Pass abgegeben. Deshalb ging ich direkt zur Bushaltestelle und bog gerade um die Ecke, als Theresa aus dem Bus stieg. Als sie mich erkannte, sah ich an ihrem Blick, wie ihr ein Stein vom Herzen fiel.

Wir nahmen uns in die Arme. Ich hatte ihr kurz vor dem Grenzfluss meinen Livestandort auf WhatsApp geschickt: Sie hätte meine Flussüberquerung live verfolgen können, aber sie hatte einige Zeit kein Internet. Ich hatte ihr auch geschrieben, als ich in Alexandroupoli im Hotel ankam; trotzdem war sie überglücklich, mich gesund und leibhaftig zu sehen.

Sie sagte: »Ich habe ein Foto vom Evros gemacht, als ich mit dem Bus über die Brücke gefahren bin. Ich habe nicht gewusst, dass der so breit ist.«

Ich grinste. »Und er riecht auch nicht so gut«, sagte ich und zeigte mit angewidertem Gesichtsausdruck auf meine Hose.

Sie lachte und sagte: »Ich habe eine dabei für dich – und für die suchen wir einen Waschsalon!«

Wir gingen in ein Café in der Hauptstraße von Alexandroupoli. Auf dem Klo zog ich meine frische Hose an. Wir bestellten Pfannkuchen, Coke Zero und Kaffee. Ich erzählte ihr von meiner Flussüberquerung und zeigte ihr ein paar Fotos und Handyvideos, die ich von mir gedreht hatte.

Vor sieben Monaten und dreizehn Tagen verließ ich Stuttgart, um im Iran meine Mutter zu finden. Jetzt war ich wieder in der Europäischen Union. Ich fühlte mich befreit und sicher, ich fühlte mich zu Hause. Der Rest wäre ein Kinderspiel, dachte ich, überzeugt, es geschafft zu haben. Wir würden in den nächsten Tagen in ein Flugzeug nach München steigen und das Leben würde wieder seinen gewohnten Gang nehmen – mit dem Unterschied, dass ich nun meine Mutter kannte, meine Familie und meine Wurzeln in einem Land, das plötzlich meins war.

Wir suchten im Internet nach einem Flug von Alexandroupoli nach München. An diesem Tag gab es keinen mehr. Auffallend war, dass es viel mehr und auch günstigere Flüge von Thessaloniki gab, einer Touristengegend. »Wir fahren mit dem Bus dorthin und fliegen von da!«, sagte Theresa, »und wenn wir schon mal hier sind, sehen wir uns auch Thessaloniki an!« Wir hatten beide noch nie Ferien in Griechenland gemacht, sie hatte noch ein paar Urlaubstage – warum jetzt die Reise nicht auch genießen?

Wir zogen durch die Straßen und fanden ein kleines, nettes Hotel: Das *Sali Boutique Hotel*. Wir buchten ein hübsches Doppelzimmer für achtzig Euro. Das Hotel war frisch renoviert und sollte bewusst so aussehen, als hätten sich auch Großmütter darin wohl gefühlt: Möbel wie in einem Puppenhaus, pastellfarben lackierte Anrichten, Häkeldeckchen. Das Hotel führten junge Leute, die nur einen unserer Pässe sehen wollten.

Nach dem Einchecken suchten wir einen Waschsalon, jedoch sperrte der Besitzer genau in dem Augenblick ab, als wir kamen. Er sprach deutsch, ein netter, gemütlicher Typ, Mitte dreißig, braungebrannt, helle Haare. Ob wir morgen früh wiederkommen könnten? Er werde die Wäsche innerhalb von drei Stunden fertig waschen, trocknen, falten. »So machen wir das!«, sagten wir.

Wir liefen zur Promenade von Alexandroupoli und spazierten herum, aßen in einem Restaurant zu Abend.

Am nächsten Tag standen wir früh auf, checkten aus, gingen zum Waschsalon und überbrückten die Zeit, bis wir meine Wäsche wieder abholen konnten, indem wir frühstückten und unsere Bustickets nach Thessaloniki online buchten.

Zurück im Waschsalon lag meine Kleidung schon sauber gefaltet auf einem Stapel. Der Besitzer faltete gerade einen anderen Stapel Wäsche, dabei hob er ein T-Shirt hoch, dunkelblau, mit weißer Aufschrift darauf. Auf Deutsch stand auf dem T-Shirt zu lesen: Polizei.

Vielleicht ein deutscher Polizist auf Urlaub? In diesem Augenblick kam ein Mann, gut trainiert, dunkelbraune Haare, glattrasiert. Er hörte, wie wir mit dem Besitzer deutsch sprachen.

Wir kamen ins Gespräch. »Du bist auch aus Deutschland?«, fragten wir.

»Ja, aus Hannover. Und ihr? Macht ihr Urlaub?«

Ein bisschen verdruckst antworteten wir: »Äh, ja Urlaub, genau. Aus München sind wir. Und du, auch im Urlaub?«

»Nee, kein Urlaub, auf Arbeit.«

Da fiel der Groschen: Er war ein deutscher Bundespolizist, der bei Frontex eingesetzt war, um die Außengrenzen der EU zu sichern.

»Du bist von Frontex und für die Grenzsicherung zuständig?«

»Woher weißt du das?«

Ich zeigte auf seinen Stapel Polizeiklamotten.

»Ah. Ja genau. Aber ich bin nicht direkt an der Grenze, sondern ich überwache eher digital.«

Theresa schaute mich von der Seite an. »Frag doch nicht so viel«, schien sie mir mit ihrem Blick sagen zu wollen. Aber natürlich interessierte mich dieser Typ.

»Kommen denn noch viele über den Fluss?«, fragte ich scheinheilig.

»Es kommen leider immer wieder Menschen, und immer noch sterben viele bei der Flussüberquerung. Erst letzte Woche mussten wir eine Familie mit zwei kleinen Kindern tot bergen. Aber es hat sich herumgesprochen, dass dieser Fluss gefährlich ist, vor drei Jahren kamen noch viel mehr Menschen: Im Evros gibt es Wasserpflanzen, in denen sich die Menschen verheddern, sie bleiben hängen und ertrinken. Und es schwimmen in diesem Fluss Welse, die bis zu sechzig Kilo schwer werden. Die können nach Kindern schnappen und sie unter Wasser ziehen.«

Ich sah, wie sich Theresas Pupillen vor Schreck weiteten. Ich versuchte, mir nichts anmerken zu lassen.

»Und wie überwacht ihr den Fluss?«

»Mit Wärmebildkameras. Wenn es jemand trotzdem über den Fluss schafft, empfangen wir ihn schon auf der gegenüberliegenden Seite!«

Ich dachte in diesem Augenblick: Wenn du wüsstest. Einen habt ihr gestern übersehen! Vielleicht hatte ich einfach Glück und die Soldaten waren wegen des Unwetters nicht aufmerksam – was weiß ich.

»Wie lange bleibt ihr noch?«, wollte der Polizist wissen.

»Wir fahren heute ab!«, sagten wir und verabschiedeten uns, weil wir zum Bus mussten.

Theresa sah mich an. »Da bist du gestern Nacht noch rüber«, flüsterte sie.

Als ich später mehr über den Evros las, war ich froh, dass ich das alles nicht wusste, bevor ich loslief. 362 Tote wurden bis 2018 geborgen. Allein im Jahr 2018 überquerten 4600 Menschen den Fluss, schrieb die österreichische *Kronenzeitung,* und in einem *Spie-*

gel-Artikel stand, ein griechischer Gerichtsmediziner schätze, es könnten noch bis zu 1200 Leichen im Schlamm des Flusses liegen, die niemals geborgen werden.

Wir kamen in der Dämmerung in Thessaloniki an, suchten ein Hotel in der Nähe und checkten im *Colours* ein, einem Designhotel. Theresa wollte, dass sich unser Trip nun ein bisschen nach Urlaub anfühlte. Wir aßen Burger an der Promenade und tranken einen Moscow Mule in einer Bar. Wir schlenderten durch die Stadt und schliefen in unseren Designbetten, wie ganz normale Urlauber.

Am nächsten Tag wollten wir um 11 Uhr Richtung München fliegen.

18 VON GRIECHENLAND NACH SPANIEN:
THESSALONIKI – BARCELONA,
3. – 8. AUGUST 2018

Heute war der Tag gekommen, nach dem ich mich lange gesehnt hatte: Ich würde nach Hause fliegen. Nach Deutschland. Zurück in meine Heimat, zurück in die Zivilisation. Ich hatte richtig Sehnsucht nach dieser Welt, in der alles in Ordnung war, auch wenn ich mit kurzen Hosen auf die Straße ging. Ich freute mich darauf, alles einkaufen zu können, worauf ich Lust hatte, und alle Freunde treffen zu dürfen, wann immer ich wollte, egal ob Frauen oder Männer. Ich konnte es kaum erwarten: funktionierender Verkehr, Internet, Telefone. Die öffentlichen Verkehrsmittel fahren wirklich nach Plan, die Luft ist sauber, und auf den Straßen liegen keine Müllberge. Am meisten aber freute ich mich darauf, jederzeit und überall meine wahre Meinung sagen zu dürfen.

Theresa und ich standen um 8 Uhr auf und checkten um kurz vor 9 Uhr aus dem Hotel aus. Ein schneller Kaffee, Taxi zum Flughafen. Wir gingen durch die Sicherheitskontrollen und waren eine halbe Stunde vor der angegebenen Boardingzeit am Gate. Wir hatten online eingecheckt und unsere Bordkarten auf unsere Handys geladen.

Als das Boarding startete, ließen wir uns Zeit, weil wir nicht in der Schlange stehen wollten. Wir kamen als Letzte am Gate an. Dort zeigte ich meinen Boardingpass auf meinem Handy und ließ den QR-Code scannen. Das Lämpchen leuchtete grün, und ich wollte schon durch die Sicherheitssperre gehen, als eine tiefe Stimme auf Deutsch sagte: »Hey, zeig mal deinen Pass!«

Ich hatte den Mann gar nicht wahrgenommen. Er trug dunkelblaue Kleidung. Ich dachte erst, er wäre ein Mitarbeiter der Fluglinie. Er war vielleicht fünfzig, groß, trug eine Brille und seine dunkelbraunen Haare kurzgeschoren.

Ich zeigte ihm meinen Pass.

Er fragte: »Wo ist die Aufenthaltskarte, die man mit diesem Pass immer bei sich haben muss?« Hatte ich natürlich nicht, sie war genau wie mein Pass abgelaufen mit einer alten Adresse darauf, außerdem hatte ich sie bei meinem Kumpel Olek in Stuttgart liegen lassen.

Ich sagte: »Die habe ich nicht mit. Die habe ich bisher noch nie gebraucht.«

Er fotografierte meinen Pass und sagte, er schicke ihn seinem Kollegen zur Überprüfung. Mir wurde mulmig.

»Sind Sie Bundespolizist?«, fragte ich den dunkelblau gekleideten Mann.

»Korrekt.«

»Sie arbeiten für Frontex?«

»Genau.«

Shit, dachte ich. Ich wusste zu diesem Zeitpunkt nicht, dass Frontex auch an den Flughäfen stand. Erst im Nachhinein wurde mir klar, dass seit den Flüchtlingsströmen 2015 die Flughäfen, an denen besonders viele Flüchtlinge zu erwarten waren, auch von Frontex gesichert wurden. Ich war vorher noch nie an einem Flughafen in einem Flüchtlingsankunftsland. In Barcelona, Ibiza, Zürich, Mallorca oder in anderen europäischen Städten hatte ich nie Probleme. Dort wurde ich auch nie nach meiner Aufenthaltskarte gefragt.

Nach kurzer Diskussion sagte der Polizist, dass ich ins Flugzeug steigen und nach Deutschland fliegen dürfe – immerhin spräche ich fließend Deutsch.

»Aber werden Ihre Kollegen in München am Gate schon auf mich warten?

»Ja, es wird Sie jemand in Empfang nehmen. Doch das wird nicht schwierig zu lösen sein. Sie haben ja sicher eine Aufenthaltskarte, richtig?«

Mein ursprünglich gutes Gefühl war dahin. Sogar wenn Olek in Stuttgart die Karte finden würde, stünde dort nur die Adresse einer Freundin, bei der ich mal gemeldet war, und sie wäre genauso lang abgelaufen wie mein Pass, was der Polizist aber noch nicht gemerkt hatte.

Er ließ uns dennoch durch, und wir betraten das Rollfeld. Ich ging auf den Bus zu mit dem Gedanken, was ich gleich der Bundespolizei in München erzählen würde. Mir war klar, was nun wieder auf mich zukäme, Haft, Anwaltskosten, Strafanzeigen.

Plötzlich blieb Theresa kurz vor dem Bus stehen, der uns zum Flugzeug bringen sollte.

»Warte mal, ich gehe noch mal zurück und frage, welche Konsequenzen das genau für dich hat«, sagte sie.

»Jetzt ist es auch schon zu spät umzudrehen.«

»Nein, es ist nie zu spät«, rief sie und sprintete los – zurück über das Rollfeld in Richtung Treppen. Ein Sicherheitsmitarbeiter versuchte noch, sie aufzuhalten, aber sie ließ sich nicht abbringen.

Sie verschwand für eine Minute und kam aufgelöst zurück: »Lass uns lieber nicht in dieses Flugzeug einsteigen!«, rief sie.

»Es ist zu spät!«

»Niemand kann uns zwingen, in das Flugzeug einzusteigen.«

»Okay, gut, lass uns zurücklaufen!«, entschied ich und sprang aus dem Bus.

Wieder versuchte uns ein Flughafenmitarbeiter aufzuhalten. Wir rannten zurück, vorbei am verdutzten Bundespolizisten, dem wir zuriefen, wir würden den Flug verfallen lassen. Er versuchte uns noch zu überzeugen, dass wir uns keine Sorgen machen sollten. Sogar eine Mitarbeiterin der Fluggesellschaft versuchte uns noch zu überreden, diesen Flug anzutreten – aber wir pochten auf unser Recht, nicht fliegen zu müssen. Daraufhin bat sie uns, unsere Boardingpässe zu zeigen, und checkte uns aus.

Außer Puste und verschreckt, verkrümelten wir uns in eine Ecke im Sicherheitsbereich des Terminals. »Sicher wissen die Kollegen in Deutschland jetzt schon, dass hier einer ohne gültigen Pass und Aufenthaltskarte nach Deutschland will. Es ist bestimmt besser, wenn wir jetzt nicht nach Deutschland fliegen«, sagte ich. »Wir fliegen einfach woanders hin!«

Theresa buchte auf ihrem Handy Flüge nach Paris, Boarding in drei Stunden ab jetzt. Von dort würden wir den Zug nach Deutschland nehmen. Wir könnten um Mitternacht bei Theresa zu Hause in München sein. Ich hoffte, dass die französischen Frontex-Kollegen keine Ahnung hatten, dass mein deutscher Flüchtlingspass ohne Aufenthaltskarte ungültig ist.

Drei Stunden später standen wir wieder am Gate. Theresa und ich hatten ausgemacht, dass ich ein paar Meter vor ihr stehe. Wenn ich einstiege, würde sie auch kommen. Aber nachdem die ersten Passagiere durchgewunken wurden, traute ich meinen Augen nicht: Der deutsche Frontex-Polizist, der mich gerade auf dem Flug nach München kontrolliert hatte, tauchte am Gate auf und sprach mit seinem französischen Kollegen. Die beiden sahen in meine Richtung, der Deutsche zeigte mit dem Finger auf mich, der französische Kollege nickte. Diesen Flug würde ich auch nicht nehmen können.

Ich trat aus der Schlange. Den Flug konnten wir nicht mehr stornieren und mussten ihn verfallen lassen, wieder um die 200 Euro pro Person. Ich schlug Theresa vor, sie solle heute alleine nach Hause fliegen, ich müsse hier irgendwie alleine wegkommen.

»Aber wie?«

»Ich frage einen Freund, der mir ähnlich sieht, ob er mir seinen Pass schicken kann. Das sollte klappen, zumindest innerhalb der EU. Da schauen sie nicht so genau.«

Theresa wollte mich erst nicht alleine lassen, akzeptierte dann aber. Sie buchte einen Flug, der gegen 21 Uhr nach München starten sollte. Ich rief meinen Freund an: Er würde mir erst Anfang nächster Woche seine Papiere schicken können, weil er ihn noch für eine Prüfung in der Uni brauchte. Das war mir zu spät.

Ich schrieb fünf Menschen über Couchsurfing an und wartete auf Antwort. Als Theresa zu ihrem Flug musste, wollte ich raus aus dem Flughafen. Ich fragte einen der Sicherheitsmitarbeiter, wie ich den Sicherheitsbereich verlassen könne. Er fragte mich, warum – und ob ich keine Bordkarte hätte? Als ich antworten wollte, klingelte sein Telefon. Nachdem er die ersten zwei, drei Sätze gesprochen hatte, bewegte er sich ein paar Meter zur Seite. Nun stand ich direkt im Sichtfeld einer Überwachungskamera. Und was war mit dem Flughafenpersonal weiter hinten, das in meine Richtung sah? Wollten die verhindern, dass ich den Flughafen verließ? Nach zwei Minuten beendete der Sicherheitsmitarbeiter aber das Telefonat und zeigte mir den Weg nach draußen, indem er eine Sicherheitsabsperrung öffnete. Ich war schon paranoid.

Draußen kaufte ich mir ein Busticket in die Stadt. Mittlerweile hatte ich einige Absagen über Couchsurfing bekommen, immerhin bot mir ein gewisser Achmed eine Bleibe für den morgigen Tag an, er sei aber noch in Bulgarien. Einen Tag konnte ich in einem billigen Hostel überbrücken. Theresa hatte mir ein bisschen Geld gegeben, 150 Euro.

Woran ich nicht gedacht hatte: Es war Hochsaison, Sommerferien, mitten im August, alle Traveller in Europa suchten günstige Zimmer. Bei einem Hostel jedoch machte mir das nette Mädchen an der Rezeption ein Angebot: Ich könne im Garten auf einer Couch schlafen, die sie mir sogar beziehen würde. Ich musste allerdings bis Mitternacht warten, bis alle Gäste im Haus waren, damit sie mir meine Schlafgelegenheit vorbereiten konnte – in der Zwischenzeit lud sie mich auf ein Bier ein, und ich durfte duschen.

Das Hostel stellte sich als Perle heraus, nette Mitarbeiter und Gäste, mit denen ich mich auf ein paar Drinks zusammensetzte. Kurz nach Mitternacht ließ mir das Mädchen meine Schlafgelegenheit herrichten. Ich ging noch ein letztes Mal zur Toilette, bevor ich in den Garten eingesperrt wurde. Zum Glück hatte mir das Mädchen noch Räucherstäbchen und Anti-Mücken-Spray hingestellt.

Am nächsten Tag, es war der 4. August 2018, weckte mich der Morgendienst. Beim Frühstück lernte ich wieder ein paar nette Gäste kennen, mit denen ich durch die Stadt spazierte. Ich konnte den niedrigen griechischen Preisen bei H&M nicht widerstehen. Mein komplettes neues Outfit hat mich weniger als zehn Euro gekostet: Endlich wieder mit kurzer Hose und T-Shirt auf die Straße. Mein Couchsurfing-Gastgeber meldete sich, und ich lief zu der Adresse, die er mir per WhatsApp schickte. Achmed empfing mich herzlich. Auch er war Iraner, lebte aber seit zehn Jahren, seitdem er sein Studium der Psychologie in Istanbul beendet hatte, in Griechenland. Jetzt arbeitete er als Sozialarbeiter mit Flüchtlingen.

Bei ein paar Gläsern Ouzo mit Wasser und einem Salat erzählte er mir, dass er eigentlich nach Bulgarien auf ein Technofestival wollte, jedoch am Flughafen von Geheimdienstmitarbeitern aufgehalten worden war, die ihm die Einreise verweigerten, weil sie dachten, er sei vom iranischen Geheimdienst und würde in Bulgarien spionieren. Seinen Rückflug von Sofia nach Thessaloniki hatte er erst drei Tage später gebucht; die Zeit verbrachte er im Transitbereich mit ein paar anderen, deren Einreise ebenfalls verweigert wurde.

»So kann es uns Menschen mit den schwierigen Pässen ergehen«, sagte er. »Ich werde zwar immer gründlich kontrolliert, aber dass ich gar nicht einreisen darf, ist mir noch nie passiert.«

Nach dem Ouzo tranken wir das Bier, mein Gastgeschenk. Auf die Frage, was ich in Thessaloniki mache, antwortete ich, dies sei eine längere Geschichte, die ich ihm morgen bei einer Tasse Kaffee erzählen würde, ich war nicht in Erzählstimmung. Er akzeptierte und fragte nicht weiter nach.

Am nächsten Tag wachte ich um 9 Uhr auf, als Achmed zur Arbeit ging. Sein Angebot, so lang zu bleiben wie ich wollte, nahm ich dankend an. Ich lag bis 14 Uhr oder 15 Uhr herum und dachte nach. Ich spielte mit dem Gedanken, nach Athen zu fahren: Der Flughafen war größer und der deutsche Frontex-Mann vom Flughafen in Thessaloniki würde mich bestimmt immer wieder erkennen.

Ich wartete, bis mein Couchsurfing-Gastgeber von der Arbeit kam, erzählte ein weiteres Mal meine Geschichte und fragte, was er an meiner Stelle tun würde. Er fand meine Geschichte cool. »Versuche, aus Athen wegzufliegen«, riet er. Er wollte mir auch sofort seinen Pass geben. Leider sahen wir uns wirklich gar nicht ähnlich.

Gegen halb zehn am nächsten Morgen stieg ich in Thessaloniki in den Bus nach Athen und kam nachmittags an. Ich hatte Theresa gebeten, mir online einen Flug von Athen nach München zu buchen, er sollte um 18 Uhr fliegen, wurde aber zweimal nach hinten verschoben. Endlich stand auf der Anzeigetafel, das Gate werde gegen 21.30 Uhr geöffnet. Der Flug schien tatsächlich zu gehen, ich reihte mich in die Schlange, gleich würde sich entscheiden, ob ich einsteigen könnte. Ich zeigte meine Bordkarte und den Pass dem Mitarbeiter der Airline und sah das Lämpchen grün leuchten. Ich jubelte innerlich.

Doch plötzlich sagte der Mitarbeiter der Fluglinie auf Englisch: »Und Ihre Aufenthaltskarte bitte.«

»Die habe ich in München! Ich fliege seit fünfzehn Jahren ohne!«

»Das ist eigentlich nicht möglich«, murmelte er und wählte eine Telefonnummer. Kurz darauf erschienen ein deutscher Frontex-Beamter und zwei griechische Polizisten. Dem Frontex-Polizisten fiel schnell auf, dass mein Pass abgelaufen war.

»Was soll ich denn jetzt machen, soll ich zur deutschen Botschaft?«, fragte ich scheinheilig.

»Keine schlechte Idee«, sagte der Frontex-Mann. Mein Pass sei im Prinzip wertlos, ich dürfe nicht in die Maschine, ich solle meine Passangelegenheiten bei der Botschaft klären.

Trotzdem blieb ich am Flughafen, rief Theresa an und sagte ihr, dass ich diesen Flug auch nicht antreten konnte. Wir entschieden uns, es auf einer ganz anderen Route zu versuchen: von meinen vielen Reisen nach Ibiza wusste ich, dass die Spanier am wenigsten genau die Papiere kontrollieren. Also buchte sie für mich einen Flug nach Barcelona noch in derselben Nacht, um 1.35 Uhr, in drei Stunden. Vielleicht kennen spanische Frontex-Mitarbeiter einen Flüchtlingspass wie meinen gar nicht, und eine Aufenthaltskarte erst recht nicht.

Theresa konnte mich aber nicht mehr online einchecken, dafür war es zu spät. Also ging ich um 23.40 Uhr zum Schalter zurück ins Terminal, legte meinen Pass aufgeschlagen vor den Mitarbeiter der Fluglinie und verwickelte ihn in ein Gespräch. Er tippte meinen Namen ein und gab mir die Bordkarte. Das war ja fast zu einfach! Auf der Toilette zog ich mir ein anderes T-Shirt an und machte meinen Haarzopf auf, falls ich auf die griechischen Polizisten von vorhin treffen würde, hoffte ich, sie würden mich nicht erkennen.

Um sieben Minuten nach Mitternacht schaffte ich es wieder durch alle Sicherheitskontrollen. Am Gate sah ich einen Frontex-Mitarbeiter in seiner dunkelblauen Uniform neben der Schlange stehen, er könnte Spanier sein. Die Mitarbeiter beim Boarding waren dieselben wie vom Check-in. Wenn ich Glück hätte, würde ich meinen Pass nicht herzeigen müssen, weil die Mitarbeiter ihn schon gesehen hatten.

Um 0.32 Uhr überprüfte mich derselbe Mitarbeiter, der mich eingecheckt hatte. Ich begrüßte ihn mit einem »Hello again«, zeigte ihm meine Boardingkarte und meinen aufgeschlagenen Pass. Er sagte kurz »Hello«, scannte meine Bordkarte – und ließ mich tatsächlich durchgehen!

Jetzt nur noch in den Flieger steigen und weg hier. Um 1.30 Uhr saß ich im Airbus nach Barcelona. Die Maschine hob ab, und ich betete, dass ich es von dort nach Deutschland schaffte. Ich schlief, so gut es ging, mit dem Kopf auf dem aufgeklappten Tisch und bekam nicht viel vom Flug mit. Kurz vor der Landung in Barcelona um 3.30 Uhr wachte ich auf. Es war jetzt der 08.08.18 – hoffentlich würde mir das Datum Glück bringen.

Im Transitbereich des Flughafens schlief ich sofort auf einer Sitzbank ein. Als ich um 6.30 Uhr vom Handyklingeln geweckt wurde, hatte das Boarding schon begonnen. Die Dame, die die Bordkarten kontrollierte, ließ mich müde meinen Boardingpass selbst scannen und warf nur einen flüchtigen Blick auf meinen Pass.

Ich glaube, ich hatte ein ziemlich schiefes Lächeln im Gesicht, als ich kurz vor 7 Uhr endlich im Flieger nach München saß. Ziemlich kaputt setzte ich mich in die Maschine mit lauter Barcelona-Touristen, die durchgefeiert hatten: Ich sah aus wie einer von ihnen und schlief sofort wieder ein.

19 ZURÜCK IN DEUTSCHLAND:
MÜNCHEN, 8. AUGUST 2018

Am Morgen des 8. August 2018 war ich wieder zu Hause: Ich lief durch den gläsernen Münchner Flughafen und wunderte mich, wie sauber und schön alles aussah. Kein Polizist nahm Notiz von mir.

Um 9.45 Uhr trat ich aus Terminal 1, Ankunft A durch zwei Glastüren, deren elektrisches Aufschieben sich wie ein erlösendes Ausatmen anhörte. Theresa wartete auf mich. Wir umarmten uns und liefen schweigend zu ihrem Auto.

Vor sechs Monaten und 21 Tagen hatte ich Stuttgart verlassen. Insgesamt war ich 11 832 Kilometer unterwegs, reiste durch sechs Länder und zwei Klimazonen, 4586 Kilometer im Flugzeug, 3446 Kilometer über Land auf dem Hinweg, 3800 Kilometer auf dem Rückweg. Zu Fuß, im Bus, im Auto, im Laster, auf Motorrädern und Maultieren, durch Sümpfe und Flüsse, über Geröll und Gestein, Schnee und Eis, durch sengende Hitze und Wolken von Mücken, auf Schotterpisten, Schmugglerpfaden, Schleuserrouten. Beim Hinweg überquerte ich 1900 Meter, beim Rückweg 3000 Meter.

Die 202 Tage meiner Reise und meiner Zeit im Iran haben mich verändert. Meine Erlebnisse und Begegnungen haben mir gezeigt, wie glücklich ich sein kann, in einem Land wie Deutschland zu leben. Und ich werde das Privileg eines gültigen Reisepasses nie mehr auf die leichte Schulter nehmen.

Ich bin den Menschen, die mir unterwegs geholfen haben, unendlich dankbar. Obwohl ich nicht gläubig bin, denke ich, dass ich so etwas wie Nächstenliebe erlebt habe.

Und noch etwas hatte ich gelernt: Menschen, die flüchten, flüchten nicht, weil sie gerade nichts anderes zu tun haben. Alle Menschen, mit denen ich gesprochen habe, wollen zurück, sobald keine Gefahr mehr für Leib und Leben besteht. Eigentlich wollen diese Menschen bei ihren Familien sein. Sie retten sich vor Krieg, Tod und Hunger in irgendein Land, um ihre Leute am Leben zu halten.

Seit meiner Rückkehr denke ich anders über Ausländerfeindlichkeit. Ich hatte selbst noch nie Probleme, mich hat noch nie jemand blöd angemacht. Doch auf meiner Reise bin ich mit Fremdenhass in Berührung gekommen: Die Afghanen sprachen über die Bangladeschis wie Untermenschen. Die Iraner behandelten Afghanen abfällig. Im Iran fühlte ich mich anfangs fremd, obwohl es das Land meiner Herkunft ist: Ich lebte bei meinen Verwandten, deren dunkelbraune Augen- und Haarfarbe ich habe. Die Form unserer Nasen ähnelt sich. Aber ich sprach ihre Sprache nicht, kannte ihre Lebensweise nicht, ihre Erzählungen, die Geschichte ihres Landes, ihre Gesten, was sie gut finden und was nicht. Ich war ein Ausländer, obwohl ich dort meine Wurzeln habe.

Deutschland ist mein Zuhause, auch wenn ich keinen deutschen Stammbaum habe. Das kann mir niemand nehmen. Meine Geschichte ist genauso verwoben mit diesem Land wie von jedem anderen Deutschen, mit Pommes rot-weiß im Freibad, Mittelfeld links beim SSV Schwäbisch Hall, einem VW Passat als Familienkutsche, einem Nebenjob im Hagebaumarkt, Eis vom Eiswagen, dessen Klingeln ich nicht vergessen habe.

Mein Vater, von dem wenig Gutes kam, hat zumindest uns Kindern, unfreiwillig oder nicht, ein gutes Leben ermöglicht. Wir müssen nicht in diesem Gefängnis Iran leben.

Meine Mutter war überglücklich, als ich sie aus Deutschland anrief und erzählte, dass ich es gesund zurückgeschafft hatte. Aber ihre Situation verschlechtert sich von Tag zu Tag. Die Spannungen mit den USA, die Kriegsgefahr, die Inflation wachsen. Als ich kürzlich mit ihr telefonierte, sagte sie traurig: »Es ist schlimm, mein Sohn. Die wirtschaftliche Situation lässt keinen glücklichen Gedanken mehr aufkommen.« Im iranischen Fernsehen aber: kein Wort über Kriegsgefahr oder Inflation. Meine Mutter kann sich nicht mal mehr die Kleinigkeiten leisten, die ihr Leben lebenswert gemacht haben, wie einen Karottensaft auf dem Markt: Das ist jetzt für sie Luxus. Ich unterstütze sie, wann immer es mir möglich ist.

Ich habe mit meiner Familie im Iran viele Diskussionen geführt. »Warum geht ihr nicht weg?«, fragte ich.

»Unsere Familie ist hier«, heißt es dann. »Die Alten könnten wir nicht mitnehmen.«

»Aber es geht doch um die Kinder!«, sagte ich.

»Das ist eine schwere Entscheidung: Nimmst du deinen Kindern ihre Familie – oder gibst du ihnen eine Zukunft?«

Genauso war es bei uns – keine Familie, keine Mutter. Aber eine Zukunft und das Glück der Demokratie.

»Merkel ist eine gute Frau«, sagte einer der Kids, die mich bei meiner Hinreise über die türkischen Berge geschleppt haben. Ich bin nicht politisch und habe noch nie gewählt; als Flüchtling darf ich nicht wählen. Aber ich war erstaunt über diesen Ausspruch eines Jugendlichen im Kurdengebiet zwischen der Türkei und dem Iran. Merkel genießt einen ungebrochen guten Ruf. Sie wird als gerechte und gütige Frau betrachtet. Es hat weltweit die Runde gemacht, wie sie mit geflüchteten, armen Menschen umgegangen ist. Merkel hat in einem Augenblick der Not das einzig Richtige entschieden. Sie ist ein Vorbild für viele Menschen. Sie wird verehrt wie andere deutsche Stars, wie Bastian Schweinsteiger zum Beispiel, den die Kids im Iran genauso lieben. Politisch kann man das betrachten, wie man will. Aber bei ihr siegte die Menschlichkeit.

Meine Geschwister wollen unsere Mutter auch bald kennenlernen. Vielleicht können wir sie in der Türkei oder in Aserbeidschan treffen. Wir arbeiten daran.

Nachdem ich schon wieder einige Wochen von meiner verbotenen Reise zurückgekehrt war, fragte mich eine Freundin, nach allem, was ich auf diesem Weg erlebt hatte, nach allen Strapazen, Qualen, Gefahren: »Würdest du es wieder tun?«

Ich dachte nach. Dann sagte ich: »Ja, ich glaube, ich würde es noch mal tun. Nur für diesen einen Augenblick, als ich verschwitzt die Treppen zu meiner Mutter hochgesprungen bin und sie mich das erste Mal sah: Für dieses eine Lächeln meiner Mutter würde ich es wieder tun.«

Meine neue Familie und ich versuchen, Kontakt zu halten, so gut es geht. Wir telefonieren und schreiben, wenn wir Glück mit dem iranischen Kommunikationsnetz und der Zensur haben. Der Nachrichtendienst Telegramm ist meist gesperrt, genauso WhatsApp. Man kann nicht einfach mit einem deutschen Handy auf einer iranischen Festnetznummer anrufen und wenn, dann kostet das Gespräch Unsummen. Deswegen ist meine Mutter zeitweise monatelang nicht erreichbar. Wenn ein Dienst oder eine App wieder funktioniert, sehe ich das an den roten Herzchen und süßen Hundestickern, die sie mir vielfach schickt. Wenn wir uns nicht schreiben können, denken wir aneinander, das weiß ich.

Auch mein Freund Dariusch in Teheran, der mich immer ermutigt hatte, meine Mutter zu suchen, erreichte mich, nachdem er mehrere Wochen nichts von mir gehört hatte. Er sorgte sich und erfuhr von meinen iranischen Verwandten, dass ich das Land verlassen hatte. Er ahnte gleich, dass ich genauso zurückgegangen bin, wie ich gekommen war, und ihm wieder nicht Bescheid gesagt hatte. Er wusste, wie riskant eine illegale Rückreise sein würde. Über eine VPN-Verbindung rief er mich über Internet an.

Wir vereinbarten ein Treffen in Deutschland. Ich war erleichtert, als das Gespräch vorbei war. Es ist nicht immer leicht, seinen

Freunden die Wahrheit zu verheimlichen, gleichzeitig ist es auch nicht einfach, alles zu erzählen. Ich will niemanden beunruhigen. Mein Leben lief anders als das meiner Freunde, die normale Pässe haben, normal aufgewachsen sind, normal arbeiten, normale Familien haben. Ich musste oft ungewöhnliche Wege gehen.

Mit Theresa verbindet mich bis heute eine tiefe Freundschaft. Unsere Reise hat uns zusammengeschweißt. Ich werde ihr immer dankbar sein für ihre Befreiungsaktion.

Wie ich in den Iran gekommen bin und das Land wieder verlassen habe, wissen nur wenige meiner Familienangehörigen.

Ich hoffe, eines Tages legal in ein Flugzeug zu steigen, um meiner Familie die wahre Geschichte erzählen zu können: wie ich eines Tages beschlossen habe, meine Mutter im Iran zu finden, zu Fuß und ohne Pass. Ich bin gespannt auf ihre Gesichter.

NACHWORT

VON MEHDI MATURI

Keine Ahnung, wer diesen schlauen Satz gesagt hat: »Denke nicht darüber nach, was du nicht tun sollst. Denke darüber nach, was du tun sollst.« Ich habe ihn mir jedenfalls zu Herzen genommen.

Alles in diesem Buch ist wahr. Aber um Menschen zu schützen, sind fast alle Namen, Beschreibungen und Berufe verändert; auch viele Namen von Hotels oder Cafés. Keiner aus meiner Familie wusste von meinem Plan oder unterstützte mich bei meinem Vorhaben. Zur Sicherheit meiner Familienangehörigen haben wir auch die Orte im Iran verändert, in denen sie leben: Manschahm, Sirabia, Shishgen und Tiskaria sind Phantasienamen und keine existenten Orte im Iran.

Heute bin ich ein anderer Mensch als der, der ich vor meiner Reise war. Ich weiß heute mehr. Jeder Mensch will ein gutes Leben. Und alle wünschen sich das Gleiche: Arbeit, Freunde, Liebe, Familie, Erfolg, Geld, Sicherheit. Alle werden gleich geboren und sterben gleich, alle essen, trinken, lieben, streiten, glauben, hoffen, träumen, weinen, lachen, hassen, verzeihen.

Aber manche werden in besseren Verhältnissen geboren und haben andere Chancen, je nachdem, in welchen Landesgrenzen sie das Leben zufällig abgeworfen hat. Doch das Schicksal ist unberechenbar: Die, die sich gerade noch in Sicherheit fühlen, rennen morgen um ihr Leben in ein anderes Land. Manche Menschen müssen hart für ihr Glück arbeiten. Andere graben tief nach Antworten, während einigen das Leben nicht mal Fragen schickt. Und einigen schenkt das Leben Unverhofftes. Bei mir trifft irgendwie alles zu.

Ich hätte meinen Weg nicht gehen könne ohne die Hilfe vieler guter Menschen. Die meisten kann ich zu ihrem Schutz nicht nennen: Evangelis, Karim, Ismael, Ibrahim, Dariusch und Theresa – das sind nicht eure echten Namen. Aber wenn ihr das lest, wisst ihr schon, wer gemeint ist. Vielen Dank auch an Solomun für seine magische Musik und die Party in Ibiza, die der Auslöser für meine Reise war. Dort habe ich Dariusch getroffen, und damit ging alles los.

Ich danke meiner Koautorin Kerstin, die sich als junge Mutter perfekt in die Situation hineinversetzen konnte. Liebe Kerstin, ich danke dir sehr, dass du so für dieses Projekt gebrannt hast und mich auf meinem Weg begleitet hast.

Vielen Dank auch an Christian Prommer und Theo, Kerstins Mann und Sohn. Ein Jahr habt ihr zurückstecken müssen und habt uns, wo es nur ging, unterstützt, damit dieses Buch entstehen konnte. Das Jahr mit euch zusammen unter einem Dach hat mir viel bedeutet und mich verstehen lassen, wie wichtig eine Mutter und ein liebender Vater für ein Kind sind, für die gemeinsame Zeit habe ich mich viel zu selten bedankt. Christel und Peter Greiner, danke für eure Unterstützung und die schöne Zeit auf Elba. Zu guter Letzt auch ein großes Dankeschön an den Fischer Verlag, unsere Lektorin Lexa und unsere Agentin Franziska Günther, die alle Feuer und Flamme für das Projekt waren. Nicht immer war es einfach mit mir, aber es hat sich gelohnt. Zusammen haben wir etwas Schönes geschaffen.

An alle, die mich auf meiner Reise unterstützt haben: Ich werde euch nie vergessen!

DANKE!

Mehdi Maturi,
Berlin im Herbst 2019

Mehdi und ich lernten uns 2013 über einen gemeinsamen Bekannten im Münchener Technoclub *Kong* kennen. Mein Freund legte dort als DJ auf. Mehdi und ich saßen im Backstage-Bereich und unterhielten uns. Ich erzählte ihm von meiner Arbeit als Redakteurin beim Magazin der Süddeutschen Zeitung und meinen Reportagen. Danach liefen wir uns immer wieder in Münchner Clubs und Bars über den Weg, wir hatten denselben Freundeskreis.

Dann sah ich Mehdi lange Zeit nicht und hörte auch nichts von ihm. Ich bekam einen Sohn mit meinem Freund, zog nach Berlin, nahm drei Jahre Elternzeit. Im Sommer 2018 rief Mehdi mich plötzlich an. Mein Sohn war zweieinhalb Jahre alt, ich war aus dem gröbsten Mutterglückgedusel raus und brach nicht mehr in Freudentränen aus, wenn er sich das Gesicht mit Eis verschmiert hatte: Ich konnte mir vorstellen, bald wieder zu arbeiten.

»Hallo, Mehdi, ich habe ewig nichts von dir gehört! Wie geht es dir?«

»Ich bin in Teheran, und das ist eine lange Geschichte.«

»Du weißt, ich mag lange Geschichten.«

»Vielleicht ist es eine Reportage für dich«, sagte Mehdi und erzählte. Eine Stunde später wusste ich, dass ich nicht nur eine Reportage für das *Magazin der Süddeutschen Zeitung*, sondern wir auch gemeinsam dieses Buch schreiben würden: ein Vater, der seine drei kleinen Kinder entführte. Eine Mutter, die dreißig Jahre lang nach ihnen suchte. Ich versuchte, mir die Gefühle von Mehdis Mutter vorzustellen, als ihre drei kleinen Kinder von einem auf den anderen Tag verschwanden – und wie sie wohl fühlte, als sie ihren Jüngsten, den sie nur als Säugling kannte, endlich in die Arme schließen konnte, nachdem er zu Fuß zu ihr in den Iran gelaufen war. Ich sah meinem Sohn beim Schlafen zu und wollte mir nicht ausmalen, wie es sich anfühlen würde, ihn zu verlieren.

Bei seiner Rückreise begleitete ich Mehdi telefonisch und per WhatsApp. Ich bat ihn, jeden seiner Schritte so gut wie möglich zu dokumentieren mit Fotos, Videos, Memos und GPS-Daten: »Sprich in dein Handy, was du gegessen hast, zu welcher Uhrzeit, in welchem Café, wie der Boden beschaffen war, auf dem du liefst, was für ein T-Shirt du an welchem Tag anhattest. Wie sah die Brille von deinem Gegenüber aus, welche Farbe hatten seine Socken?«, sagte ich zu ihm. Er schickte mir fast täglich Fotos und Google-Maps-Punkte, so dass ich immer wusste, wo er sich aufhielt, und sprach mir Memos ein. Als Journalistin weiß ich, wie wichtig die Details für eine wahre Geschichte sind – und wie schnell einen die eigene Erinnerung ohne Aufzeichnungen trügen kann.

Schon während Mehdis Rückreise protokollierte ich unsere Gespräche und zeichnete viele Telefonate auf. Es war eine sonderbare Zeit: In Deutschland drehte sich alles um den Nationalschmerz, weil Deutschland so früh bei der Fußball-WM ausgeschieden war, und um diese unglaubliche Hitzewelle: Berlin schwitzte in seinem Betongefieder. Aber dieser Junge erzählte am Telefon, wie er gerade sein Leben riskierte, weil er seine Mutter kennenlernen wollte. Neben mir sabberte mein Sohn vor sich hin und krähte manchmal »Mama, Mama«, während mir Mehdi außer Atem erzählte, wie er gerade durch den Morast watete.

Als ich Mehdi fragte, warum er das alles auf sich genommen hatte, antwortete er: »Ich konnte nicht anders.« »Lass uns deine Geschichte aufschreiben, sobald du wieder hier bist«, sagte ich, »damit alle Menschen, die das lesen, vielleicht ein bisschen mehr verstehen von Flucht, vom Ge- und Vertriebenwerden, vom Entwurzeltsein, und von der Liebe überhaupt.«

Es dauerte noch viele Wochen, bis Mehdi wieder in Deutschland war. In der Nacht, als er endlich durch den Evros, den Grenzfluss zwischen der Türkei und Griechenland geschwommen war, führte ich um 3 Uhr nachts ein Interview mit ihm. Ich hörte seine Schritte auf den Bahngleisen und erschrak über Hundegebell im Hintergrund. Ich spürte seine Erschöpfung bei diesem Gespräch und konnte ihm nicht helfen.

Nach seiner Rückkehr bot ich ihm an, zu mir nach Berlin zu ziehen, damit wir gemeinsam seine Geschichte aufschreiben. Er hatte nach den knapp sieben Monaten seiner Reise kein Geld, keinen Pass, keine Wohnung mehr. Es wurde Winter. Wir lebten ein Jahr zusammen, bis dieses Buch fertig war. Schreiben ist ein langer, intensiver Prozess. Ich habe ein Jahr in Mehdis Leben gelebt, er ein Jahr in meinem.

Beim Aufzeichnen von Mehdis Geschichte kam uns die Digitalisierung der Welt zu Hilfe: Erschreckend zu sehen, wie jeder Punkt unseres Lebens, jede Bewegung in Google Maps wiederzufinden war, jedes Foto eine Markierung hatte, wann und wo es aufgenommen wurde – in diesem Fall dienten uns die Daten, denn so konnten wir Mehdis Weg fast minutiös rekonstruieren. In unzähligen Stunden suchten wir Orte und Landschaften mit Satellitenprogrammen und versuchten, mit Hilfe von Übersetzungsprogrammen Namen von türkischen, griechischen, iranischen Dörfern ausfindig zu machen.

Vielen Dank, Mehdi, dass du mir deine Lebensgeschichte anvertraut hast.

Außerdem danke ich Karin Graf und Franziska Günther von der Literatur-Agentur Graf & Graf für die gute Vermittlung und Beratung, Lexa Rost, Mirjam Schenk, Verena Glunk und Kerstin Seydler vom Fischer Verlag für die intensive Zusammenarbeit bis zur Verwirklichung dieses Buches und Timm Klotzek, Michael Ebert und Lara Fritzsche vom *SZ Magazin* für die Unterstützung des Projekts. Ganz besonders aber danke ich meiner Kollegin, Freundin und wichtigsten Mentorin Susanne Schneider, von der ich alles gelernt habe, was gutes Schreiben ausmacht. Sie war auch Erstleserin dieses Buches und machte so wunderbare Kommentare. Mein liebster bei diesem Buch:

Kerstin, das ist der falsche Konjunktiv, nämlich der Irrealis. Der richtige, der Konjunktiv der indirekten Rede, wird in diesem Fall gebildet wie der Indikativ, ja, blöd, passiert aber immer wieder. Dennoch ist es keine Lösung, deshalb zum falschen Konjunktiv zu greifen!

Danke auch an meine Freunde Bob Shahrestani, Dr. Dr. Rainer Erlinger, Gabor Thier für Rat und Tat, was Titel und Cover angeht, und Philipp Redlich, Christian Willert, Robert Golz für den Rechtsbeistand. Danke Armin Smailovic, nicht nur für viele tolle Reportagen, die wir schon zusammen gemacht haben, sondern auch für die großartigen Fotos bei diesem Projekt.

Allergrößter Dank geht aber an meinen Lebensgefährten Christian Prommer: Er hielt Mehdi und mir in dem Jahr des Schreibens den Rücken frei, bekochte uns, bespielte unseren Sohn Theo und ertrug das Chaos aus Computern, Ausdrucken, Notizen, Landkarten auf dem Küchentisch. Damit Theo verstand, warum er seine Mutter so viele Stunden entbehren musste, erzählte ich ihm, es werde sein Buch, was da am Tisch entstand. Theo, ich hoffe, du magst dein Buch, wenn du es eines Tages lesen kannst. Danke an Maxi, Marisol und Marion, Theos Kinderfeen, die auf ihn aufpassten, damit ich zum Schreiben kam. Zweimal fuhren Mehdi, meine Familie und ich zudem in die Abgeschiedenheit der italienischen Insel Elba, um dort zu schreiben, während Christian und meine Eltern Christel und Peter sich derweil um Theo kümmerten. Vielen Dank für eure unermüdliche Unterstützung.

Denn eins weiß ich nach diesem Buch sehr genau: Es ist nicht selbstverständlich, in einer intakten Familie geboren worden zu sein, mit liebevollen und unterstützenden Angehörigen in einem Land in Wohlstand, Sicherheit und Gerechtigkeit. Dafür bin ich unendlich dankbar.

Kerstin Greiner,
Berlin im Herbst 2019

INHALTSVERZEICHNIS